AF525225

Roswitha Gruber

Der Fluch der Altbäuerin

Roswitha Gruber

Der Fluch der Altbäuerin

rosenheimer

3. Auflage

www.rosenheimer.com

Titelbild: © Bundesarchiv, Bild 137-050171 / Fotograf: o. Ang.
Lektorat und Bearbeitung: Christine Weber, Dresden
Satz: SATZstudio Josef Pieper, Bedburg-Hau
Druck und Bindung: GGP Media GmbH, Pößneck
Printed in Germany

ISBN 978-3-475-54804-8

Inhalt

Die Vorgeschichte

Die folgende Geschichte begann mit einer Mail, die ich im Oktober 2015 erhielt:

»Sehr geehrte Frau Gruber,
ich bin eine Anhängerin Ihrer Bücher. Sie erinnern mich lebhaft an meine eigene Geschichte. Wenn es Ihnen recht wäre, würde ich Ihnen davon erzählen. Vielleicht lässt sich daraus auch ein Buch machen.
Liebe Grüße vom Bärenhof
Marianne T.«

Neugierig, wie ich bin, hängte ich mich gleich ans Telefon. Dabei erfuhr ich so viel Interessantes über diese Frau und ihre Familie, dass es mich reizte, sie kennenzulernen.

Einige Zeit später war sie bei mir zu Gast, ich ließ mir erzählen und machte eifrig Notizen. Spontan entschied ich mich für den Titel »Der Fluch der Altbäuerin«.

Für diejenigen, die mit dem Begriff nichts anzufangen wissen, sei hier kurz erklärt: Eine Altbäuerin ist die Frau, die den Hof ihrem Sohn oder ihrer Tochter übergeben hat und sich aufs Altenteil zurückzieht.

Im Jahr darauf machte ich einen Gegenbesuch auf dem Bärenhof. Für mich ist es wichtig, die Örtlichkeiten und das Umfeld der Protagonisten zu erforschen.

Anschließend waren noch einige Telefonate nötig, und viele Mails gingen hin und her, bis ich alle notwendigen Informationen beisammenhatte. Dann setzte ich mich an meinen Schreibtisch und das Ergebnis liegt nun vor Ihnen. Wie immer wünsche ich Ihnen viel Freude beim Lesen.

Roswitha Gruber

Im Vaterhaus

Jetzt lasse ich Marianne zu Wort kommen.

Ich möchte von meiner am längsten zurückliegenden Erinnerung berichten: Es war ein heißer Sommertag, mein fünfjähriger Cousin Richard und ich saßen in einem von meinem Vater grob zusammengezimmerten Sandkasten im Schatten eines Apfelbaumes. Einträchtig backten wir viele Kuchen, indem wir feuchten Sand in unsere Förmchen pressten und sie dann mit Schwung auf die Umrandung des Sandkastens kippten.

Ein Erntewagen, gezogen von zwei Kühen, rumpelte vom Hof. Der Vater, mit der Peitsche in der Hand, ging neben den Tieren her, während hinten auf dem Wagen meine Mutter und Richards Mutter Liesl saßen. Sie winkten uns freundlich zu, nachdem sie uns zuvor eindringlich ermahnt hatten, brav zu sein, schön zu spielen und nicht vom Hof zu laufen. Sie wollten bald wieder da sein.

Ihre Ermahnungen beherzigten wir auch geraume Zeit, doch irgendwann wurde uns die Kuchenbackerei zu fad. Wir machten uns einen Spaß daraus, alle Kuchen mit der flachen Hand platt zu hauen und den Sand wieder in den Kasten zu scharren.

»Was machen wir jetzt?«, fragte ich Richard, nachdem es nichts mehr zu zerdrücken gab. Mein Cousin hatte immer tolle Einfälle.

»Wir schauen mal nach, ob wir was zu essen finden. Ich hab Hunger.«

Mein Magen knurrte auch. Also schlichen wir uns in die Speisekammer, wo wir bald einige Kiachl (kleine in Fett ausgebackene Küchlein) fanden, die vom Vortag übrig geblieben waren. Jeder von uns nahm sich eines auf die Faust, und mit vollen Backen kauend strolchten wir durchs ganze Haus.

Zunächst nahmen wir den Dachboden in Augenschein. Dort entdeckten wir für unsere Begriffe wahre Schätze: alte Matratzen, auf denen wir wunderbar herumhopsen konnten, und ausrangierte Schränke, in denen es allerlei Zeug aus vergangenen Zeiten hervorzukramen gab. In allen Ecken lagen und standen eine Menge Dinge herum, die wir gar nicht benennen konnten. Nach einer Weile stießen wir auf eine Kiste mit alten Kleidern und Hüten. Wir probierten alles an, bewunderten uns gegenseitig und fanden uns todschick.

Bald wurde uns die Modenschau aber auch zu langweilig. Wir stiegen wieder hinab in den ersten Stock, wo die Schlafkammern lagen. In diese warfen wir nur kurze Blicke, denn, was es dort zu sehen gab, wussten wir längst. Auch im Erdgeschoss war nichts Neues für uns zu entdecken – da gab es nur die Küche und die Stube, die wir in- und auswendig kannten. Unternehmungslustig begaben wir uns also in den Keller.

Zunächst sahen wir gar nichts, denn durch die winzigen Kellerfenster fiel nur wenig Licht. Nachdem sich unsere Augen an die Dunkelheit gewöhnt hatten, fiel unser Blick auf einen Kohlehaufen, der in einer Ecke aufgeschüttet war. Die Waschküche schien uns uninteressant zu sein, wir ließen sie links liegen. In einem etwas größeren Kellerabteil befand sich eine Kiste, in der verschrumpelte Kartoffeln lagen. Daneben standen einige völlig leere Stellagen, in denen wohl die Winteräpfel aufbewahrt wurden. Die diesjährigen hingen jedoch noch an den Bäumen, ebenso wie die Zwetschgen, Birnen und Nüsse. Auf einem Regal standen ein paar Gläser mit eingemachten Stachelbeeren und Gläschen mit verschiedenen Marmeladen.

Im nächsten Kellerraum wurde es endlich interessant. Rundum waren Regale angebracht, auf denen sich alles Mögliche angesammelt hatte. Am meisten beeindruckte uns ein Apparat mit einem großen bauchigen Teil, das rotgolden glänzte und von dem allerlei gewundene Röhren abgingen. Wir wagten es aber nicht, ihn anzurühren, denn er schien sehr kostbar zu sein. Wenn wir den kaputt machten, würde das eine gehörige Strafe nach sich ziehen.

Neben diesem geheimnisvollen Ungetüm befanden sich allerlei leere Flaschen, nur eine sah aus, als sei sie gefüllt. In dem Fach darüber lagerten leere Blechdosen, kaputte Töpfe, Schüsseln und Pfannen. In einem anderen Regal stapelten sich leere Gläser verschiedener Größen. Nachdem wir nichts gefunden hatten, das zum Spielen geeignet gewesen wäre, wandte sich Richard der vollen Flasche zu. Er witterte ein wohlschmeckendes Getränk darin und hatte nach dem Verzehr des süßen Kiachls großen Durst.

Geschickt entfernte er mit zwei Fingern den Korken, der nicht allzu weit hineingedrückt war, und setzte die Flasche an den Mund. Da ich ebenfalls durstig und neugierig war auf das geheimnisvolle Getränk, wartete ich geduldig ab, bis ich an die Reihe käme. Doch daraus wurde nichts. Plötzlich rutschte die Flasche aus Richards Händen, zersprang auf dem Boden in tausend Stücke, und die Flüssigkeit ergoss sich um ihn herum. Sekunden später schlug er der Länge nach hin.

»Richard, mach keinen Blödsinn!«, rief ich erschrocken und bückte mich zu ihm hinunter. Seine Augen waren geschlossen, er gab keinen Ton von sich. Verzweifelt rüttelte und zerrte ich an ihm und rief immer wieder seinen Namen, doch der Arme regte sich nicht.

Panik ergriff mich. Ich schrie aus voller Kehle und versuchte, aus dem Keller zu laufen, um Hilfe zu holen, doch ich bekam die Tür nicht auf. Vorsichtshalber hatte mein Cousin sie abgesperrt, damit wir nicht mitten in unserer Erkundungstour überrascht werden konnten, sollten die Erwachsenen zurückkehren. Da ich das Schloss nicht aufbekam, schrie ich immer wieder um Hilfe. Das Kellerfenster, das einen Spalt breit geöffnet war, befand sich zum Hinausklettern viel zu hoch über mir.

In einer Ecke entdeckte ich einen Reisigbesen. Mit dem Stiel klopfte ich immer wieder gegen die trübe Scheibe und auch gegen die Tür, weil das mehr Lärm verursachte, als mit den kleinen Fäusten dagegenzuhämmern. Auf einmal wurde mir bewusst, dass mich niemand hören konnte – Eltern und Tante waren ja auf dem Feld, um das Getreide einzufahren! Und da wir am Rand einer kleinen Gemeinde lebten, wohnten unsere Nachbarn so weit entfernt, dass sie mich unmöglich hören konnten.

Immer wieder schüttelte ich meinen Cousin, der kein Lebenszeichen von sich gab. Entmutigt setzte ich mich schließlich auf einen umgestülpten Eimer und begann, bitterlich zu weinen.

Wie lange ich so dasaß, bis ich endlich den Wagen in den Hof rumpeln hörte, weiß ich nicht. Nun witterte ich meine Chance. Erneut schrie ich aus Leibeskräften, um mich bemerkbar zu machen, und wieder klopfte ich mit dem Besenstiel ans Kellerfenster. Doch die Heimkehrenden hörten mich nicht. Offenbar waren sie direkt hinters Haus zur Tenne gefahren, um abzuladen.

Es kam mir wie eine Ewigkeit vor, bis ich Mutter und Tante im Haus rufen hörte: »Nannerl, Richard, wo seid ihr?«

»Hier! Hier sind wir!«, rief ich mit einer Stimme, die vom vielen Schreien schon ganz heiser war.

Endlich machten sich Mutter und Tante an der Kellertür zu schaffen.

»Ja, Kinder, was tut ihr denn im Keller?«, rief Mama aufgebracht. »Macht sofort auf!«

»Ich kann nicht«, jammerte ich.

»Dann soll Richard aufsperren!«, befahl die Tante.

»Der kann auch nicht.«

Die beiden Frauen mussten kurz darauf ums Haus herumgeeilt sein, denn auf einmal erschien Mamas Gesicht am Kellerfenster. »Habt Geduld«, rief sie. »Ich werde den Papa rufen!«

Wenig später tauchte tatsächlich dessen Gesicht an dem kleinen schmuddeligen Fenster auf. Er versuchte vergeblich, hineinzugelangen, doch die als Einbruchssicherung angebrachten Metallspangen ließen sich nicht lösen. Angesichts der erfolglosen Hilfeversuche begann ich abermals, zu schreien und zu weinen.

»Nannerl, bleib ganz ruhig. Der Richard soll an die Tür gehen, dann erkläre ich ihm, wie man sie aufmacht.«

»Der kann nicht! Er schläft«, stieß ich in jämmerlichem Ton hervor.

Nun sprach der Papa beruhigend auf mich ein: »Nannerl, ich komm jetzt zur Kellertür, um dir zu helfen. Du gehst auch zur Tür und passt gut auf. Ich sage dir dann, wie du sie aufmachen kannst.«

Mit dem Handrücken wischte ich mir die Tränen ab und konzentrierte mich ganz auf das, was der Papa mir vom Kellergang aus erklärte. Der erste Versuch, die Tür zu öffnen, klappte nicht. Der Papa erklärte wieder und wieder mit unaufhörlicher Geduld, und endlich sprang das Schloss auf. Ich weiß nicht, wer erleichterter war, meine Eltern oder ich.

Mein Vater sah den Buben unbeweglich am Boden liegen. Aufgrund des Geruchs, den die verschüttete Flüssigkeit verströmte, war ihm sofort klar, was geschehen sein musste. »Mein Gott! Der Junge hat von dem Nachlauf getrunken«, rief er den beiden Frauen zu, die sich hinter ihm in den Kellerraum gedrängt hatten. »Ich muss sofort einen Krankenwagen bestellen!«

Er rannte nach draußen, wo er sein altes Radl aus dem Schuppen zerrte, ein anderes Verkehrsmittel stand ihm nicht zur Verfügung. Wenig später trat er so kräftig in die Pedale, wie er nur konnte. Das nächste Telefon befand sich zu der Zeit im Postamt, von wo aus er einen Krankenwagen anforderte.

Tante Liesl wurde unterdessen von Panik ergriffen, als sie ihren Sohn inmitten der Alkohollache und der Glasscherben leblos am Boden liegen sah. Spontan wollte sie ihn hochreißen, doch meine Mutter rief: »Halt! Ich will erst die Scherben wegkehren, damit du ihn und dich nicht verletzt.«

Wenig später trug Liesl ihren Sohn hinauf in die Küche und legte ihn auf den Tisch. Sie rüttelte Richard immer wieder, gab ihm leichte Watschn auf die Wangen und beschwor ihn wieder und wieder: »Richi, mein Liebling, wach doch auf!«

Endlich vernahmen wir das erlösende Tatütata. Zwei Sanitäter hoben den immer noch Bewusstlosen in den Sanka, seine Mutter stieg dazu, schon brauste der Wagen mit Blaulicht und grell tönendem Martinshorn davon. Im Spital diagnostizierte man eine massive Alkoholvergiftung und leitete die notwendigen Maßnahmen ein.

Nach einigen Tagen war der Bub schon wieder quietschvergnügt, und seine sehr erleichterte Mutter konnte ihn heimholen. Zu ihrer großen Beruhigung versicherte man ihr, er werde keine bleibenden Schäden davontragen.

Normalerweise kam bei uns sowohl bei kleineren als auch bei größeren Vergehen der Kochlöffel zum Einsatz, in diesem Fall sah man aber von einer Bestrafung für uns beide ab. Mich hielt man wohl noch für zu jung, um für die Tat verantwortlich gewesen zu sein. Mit Recht nahm man an, dass Richard mit seinen fünf Jahren der Rädelsführer gewesen war. Doch mit seiner Alkoholvergiftung schien er gestraft genug. Die Eltern zogen die Konsequenz aus dem Geschehenen, indem sie den bewussten Kellerraum fortan unter Verschluss hielten – schließlich gab es noch weitere kleine Kinder in der Familie, die sich zu diesem Zeitpunkt aber nicht im Haus befunden hatten.

Ich, im Februar 1954 geboren, war zu der Zeit ziemlich genau dreieinhalb Jahre alt. Noch verstand ich nicht, was da eigentlich geschehen war. Darüber klärte man mich erst eine ganze Weile später auf.

Nun muss ich einige Jahrzehnte zurückgehen. Der Großvater meines Vaters war so weitblickend gewesen, eines seiner Grundstücke mit Obstbäumen zu bepflanzen. Deshalb fielen bei uns im Herbst so viele Äpfel, Birnen, Zwetschgen und Marillen an, dass wir sie gar nicht alle verzehren konnten. Das hatte meinen Vater auf die Idee gebracht, sein bescheidenes Einkommen aus der Landwirtschaft aufzubessern und fortan eine Schnapsbrennerei zu betreiben. Die Konzession dazu hatte er bereits vor Jahren erhalten.

So verwandelte er die meisten unserer Früchte in Obstler, für den er genügend zahlende Abnehmer fand. Auch Nachbarn und Bekannte ließen ihr überschüssiges Obst beim Papa brennen, wodurch er zusätzliche kleine Einnahmen erzielte. Die Zeit des Brennens begann Anfang September, wenn das erste Obst anfiel, und erstreckte sich bis nach Weihnachten. Nach Beendigung des eigentlichen Brennvorgangs befand sich immer noch ein wenig Flüssigkeit in der Destille, wie der Vater den geheimnisvollen Apparat, der so golden glänzte, bezeichnete. Dieser Rest war der sogenannte Nachlauf. Dessen Alkoholgehalt fiel noch hoch genug aus, um bei einem Fünfjährigen eine verheerende Wirkung auszulösen.

Da der Nachlauf nicht so wohlschmeckend und hochprozentig war wie der eigentliche Schnaps, ließ er sich nicht verkaufen. Trotzdem wurde er abgefüllt und aufbewahrt. Man verwendete ihn gern zum Einreiben, wenn sich bei Mensch und Tier die verschiedensten Wehwehchen zeigten.

An all das, was sich vor diesem Tag ereignet hatte, habe ich keine Erinnerung. Erst nach dem erschütternden Erlebnis im Keller begann ich, meine Umwelt wahrzunehmen. So habe ich noch vor Augen, dass meine Mama Wally meist in der Küche stand und in Haus und Stall für Ordnung sorgte. Auch begriff ich, dass Friedrich, der Papa, dafür zuständig war, im wahrsten Sinne des Wortes unser tägliches Brot herbeizuschaffen. Denn er säte und erntete das Getreide, brachte die Säcke zur Mühle und holte das Mehl wieder ab. Unser Bauernhof befand sich in Österreich, in einem Seitental des Inn. Das Anwesen hatte mein Papa von seinem Vater, meinem 1946 verstorbenen Opa Fritz geerbt, und dieser hatte es von seinem Vater übernommen. Anna, meine Großmutter väterlicherseits, war gestorben, als ich gerade ein mal ein Jahr alt war.

Martin, mein großer Bruder, drei Jahre älter als ich, hatte sich während der Zeit, als das Alkoholunglück geschah, im Nachbarort bei seinen Großeltern mütterlicherseits aufgehalten. Meinen kleinen Bruder Fritz, zwei Jahre jünger als ich, hatte meine Mutter für die Zeit der Ernte bei ihren Eltern, die etwa fünfzig Kilometer von uns entfernt wohnten, für einige Tage in Obhut gegeben, um ungebundener beim Einbringen des Getreides helfen zu können. Mit auf dem Hof lebte noch die erwähnte Tante Liesl, eine Schwester meines Vaters, mit ihrem Buben Richard. Sie packte im Haushalt und in der Landwirtschaft ordentlich mit an.

Wer der Vater ihres Sohnes war und warum sie diesen nicht geheiratet hatte, habe ich nie erfahren. Eines Tages hieß es nur: »Tante Liesl heiratet. Sie hat einen tüchtigen Bauern gefunden, der ihr und Richard auf seinem Hof ein Zuhause bietet.«

Dem Richard weinte ich keine Träne nach, denn mir blieben als Spielkameraden noch meine beiden lebhaften Brüder.

Kurz bevor ich eingeschult wurde, brachte meine Mutter mich und Fritz per Bus zu ihrer Mutter, der Burgi. Deren Mann, unser Großvater Korbinian, war bereits 1939 gestorben. Unterwegs versicherte uns Mama, dass wir bei der Oma ganz lange bleiben dürften.

Großmutter verwöhnte mich nicht nur, sie verstand es auch, in einer Weise auf mich einzugehen, die ich bei meiner Mutter vermisste. Vermutlich verstand ich mich deshalb so gut mit dieser Oma, weil ich aus dem gleichen Holz geschnitzt war wie sie. Noch heute frage ich mich dann und wann, wie wohl meine Oma in diesem oder jenem Fall entscheiden würde.

Die Zeit im Haus der Großmama verging viel zu schnell. Völlig unerwartet stand mein Vater vor der Tür, um meinen Bruder und mich heimzuholen. »Warum ist die Mama nicht gekommen?«, wollte ich wissen.

»Die hat keine Zeit«, antwortete Papa verschmitzt lächelnd. »Aber sie wartet daheim mit einer Überraschung für euch.«

Da ließen wir uns nicht weiter bitten, Überraschungen liebten wir sehr. Die Oma konnte unsere Sachen gar nicht schnell genug zusammensuchen, und wir zappelten voller Ungeduld, sodass sie Mühe hatte, uns in unsere Jacken zu helfen.

Die Busfahrt genossen wir beiden Kleinen sehr. Zu Hause kam dann die große Enttäuschung. Unter einer Überraschung hatten wir uns Gott weiß was vorgestellt. Aber uns erwartete ein kleines quäkendes Etwas in der alten Wiege, das die Eltern uns als unser Schwesterchen Marita vorstellten.

»Jetzt hast du eine lebendige Puppe«, meinte meine Mutter hinzufügen zu müssen, um meine Begeisterung anzufachen.

Bisher hatte ich mir nicht viel aus Puppen gemacht. Darüber war sie eigentlich nie sonderlich verwundert gewesen, denn die aus ihrer Kindheit stammende Stoffpuppe wirkte schon ziemlich mitgenommen, und die von Tante Liesl geerbte Puppe sah nicht minder zerzaust aus. Zum letzten Weihnachtsfest hatte man versucht, mich mit einer brandneuen Puppe aus Zelluloid, mit Schlafaugen und echtem blonden Haar, zu beglücken. Aber auch dieses Prachtstück ließ ich – sehr zur Enttäuschung meiner Eltern – achtlos in der

Ecke liegen. Nun also eine lebendige Puppe, aber auch diese interessierte mich herzlich wenig. Darüber zeigte sich meine Mutter sehr enttäuscht, hatte sie doch erwartet, in mir eine begeisterte Kindsmagd zu finden. Dennoch blieb es mir nicht erspart, mich hin und wieder als solche zu betätigen. Mein Interesse galt jedoch zunächst mehr dem alten Fahrrad meines Vaters. Häufig half ich ihm, daran herumzuschrauben – und das mit einem Geschick, dass er nur so staunte.

Da mein Vater sich genötigt gesehen hatte, für seinen alkoholisierten Neffen Hilfe herbeizurufen, war ihm sein Fahrrad deutlich zu langsam gewesen. Damit er in Zukunft schneller Hilfe herbeiholen könne, hatte er seitdem eifrig jeden erübrigten Schilling beiseitegelegt. Als er genug Geld beisammenhatte, kaufte er sich ein Moped, ein gebrauchtes, versteht sich. Für ein neues hätte er viele weitere Jahre sparen müssen. An Vaters Neuerwerbung gab es zu meiner Freude auch immer wieder etwas zu schrauben und zu basteln.

Er ließ sich von mir aber nicht nur beim Reparieren seiner Zweiräder helfen, sondern er brachte mir auch schon sehr früh bei, damit zu fahren. Da eine Stange zwischen Lenker und Sattel seines Herrenrades saß, erwies sich das Fahren als gar nicht so einfach. Doch ich war gelenkig genug, mein rechtes Bein unter der Stange durchzuschieben, um das rechte Pedal zu erreichen. So eierte ich durch die Gegend und hatte einen Heidenspaß dabei. Auch das Mopedfahren brachte Papa mir schon bei, lange bevor ich mit sechzehn den entsprechenden Führerschein machen konnte. Uns war klar, dass ich mit diesem Fahrzeug nur auf Feldwegen herumdüsen durfte. Hätte man mich damit auf der Landstraße erwischt, wäre das meinen Vater teuer zu stehen gekommen.

Als sich mein Papa Ende der Sechzigerjahre seinen ersten Schlepper, einen Traktor, zulegte – einen gebrauchten roten Steyrer –, kannte meine Freude keine Grenzen. Am Steyrer gab es ebenfalls viel zu reparieren, und mit diesem erlaubte er mir, schon bald zu fahren. Obwohl ich damit nur auf den Feldern meine Bahnen ziehen durfte, machte mir auch das riesigen Spaß, und es freute mich, dass ich dadurch meinem Vater so einiges an Feldarbeit abnehmen konnte.

Doch ich bin meiner Zeit vorausgeeilt. Zunächst gilt es, noch mehr aus meiner Familiengeschichte zu berichten. Dass mein großer Bruder Martin eigentlich mein Halbbruder war, erfuhr ich erst, als ich bereits zur Schule ging. Seine Mutter war die erste Frau meines Vaters gewesen. Papa hatte Wally, eine Bauerntochter aus einem Nachbardorf, 1949 beim Maitanz zum ersten Mal gesehen. Bei beiden hatte es auf den ersten Blick gefunkt. Da sie beide schon nicht mehr die Jüngsten waren, schoben sie die Heirat nicht allzu lange hinaus. Schon bald nach der Hochzeit erwartete die junge Bäuerin ein Kind, da schien ihr Glück vollkommen.

Obwohl Hausgeburten in unserer Region damals noch üblich waren, wollte das junge Paar kein Risiko eingehen. Friedrich scheute weder Kosten noch Mühen und ließ seine Frau, sobald die Wehen einsetzten, per Taxi zum nächstgelegenen Spital bringen. Obwohl Wally mit ihren einunddreißig Jahren als

»alte Erstgebärende« galt, verlief die Entbindung ohne Komplikationen, und ihr Mann war glücklich, nach einigen aufregenden Stunden einen strammen Stammhalter im Arm zu halten.

Das Krankenhaus lag ein gutes Stück von seinem Wohnort entfernt, dennoch machte sich der junge Vater jeden Tag die Mühe, mit dem Radl dorthin zu strampeln, so sehr erfreute er sich am Anblick seines Sohnes. Da der Bub im März geboren war, konnte Papa sich das erlauben, denn auf den Feldern gab es noch nicht allzu viel zu tun.

Die Wöchnerinnenstation befand sich im ersten Stock des kleinen Spitals. Vaters erster Gang führte ihn jedes Mal zum Säuglingszimmer, damit er seinen Buben sehen konnte, den ihm eine Schwester hinter der Glasscheibe hochhielt. Anschließend besuchte er seine geliebte Frau. Nach einigen Tagen machte sie einen etwas apathischen Eindruck. Auf seine Frage hin erklärte sie, dass sie Fieber habe.

»Ach, das ist gewiss nichts Schlimmes«, bemühte er sich, sie zu beruhigen. »Das wird bald vorübergehen. Kein Grund, die Flügel hängen zu lassen.«

»Ja«, entgegnete sie traurig, »aber man bringt mir den Buben nicht mehr zum Stillen. Das sei zu gefährlich für ihn, behaupten sie.«

»Ja, um Gottes willen! Da wird er ja verhungern!«

Trotz ihres schlechten Befindens musste sie lächeln. »Nein, nein, mach dir deswegen keine Sorgen. Sie füttern ihn jetzt mit der Flasche, mit aufgelöstem Milchpulver.«

»Dann ist ja alles in Ordnung«, kam es erleichtert von ihrem Ehemann.

Nach weiteren Tagen, Friedrich hatte sich an der Glasscheibe davon überzeugen können, dass sein Sohn einen satten und zufriedenen Eindruck machte, klagte die Wöchnerin über Druckschmerzen im Unterleib und über eine unnormal starke Blutung. »Hast du das dem Arzt gesagt?«, wollte der Bauer wissen.

»Selbstverständlich. Der war es ja, der meinte, die Blutung sei ungewöhnlich stark.«

Das Ganze gefiel Friedrich nicht, aber er fand die richtigen Worte, um seine Frau erneut zu beruhigen: »Hier im Spital bist du in den richtigen Händen. Die Ärzte und Schwestern werden gewiss alles tun, um dir zu helfen.«

Sie nickte matt.

Am neunten Tag nach der Entbindung, an dem Tag also, an dem in damaliger Zeit eine Wöchnerin aus dem Krankenhaus entlassen wurde, war sie in einem dermaßen schlechten Zustand, dass ihr Ehemann gar nicht daran denken konnte, sie abzuholen. Sie sah kreidebleich aus, wirkte abgemagert und war kaum ansprechbar. Von einer Krankenschwester erfuhr Friedrich, dass ihr seit dem Vorabend übel war und sie immer wieder erbrochen hatte. Wally wälzte sich unruhig hin und her, ihre Stirn glühte und sie atmete auffallend schnell. Doch ihr Zustand besserte sich auch in der nächsten Zeit nicht, stattdessen kam es dem Ehemann so vor, dass es ihr sogar schlechter ging.

Nach wenigen Tagen fing man Friedrich zur Besuchszeit auf dem Gang ab und führte ihn ins Stationszimmer, wo ihm der Oberarzt eröffnete, Wally sei vor wenigen Minuten einem Kreislaufschock erlegen. Glücklicherweise saß der junge Vater, er wäre sonst umgekippt. Der erwachsene Mann, ein Bauer von kräftiger Statur, der aussah, als könne ihn so leicht nichts umhauen, sackte in sich zusammen, brach in Tränen aus und heulte wie ein kleines Kind.

Der Arzt war einfühlsam genug, eine schickliche Zeit zu warten, bis er sein Beileid aussprach und ihm anbot, von der Verstorbenen auf deren Zimmer Abschied zu nehmen.

Als Friedrich das Krankenzimmer seiner Frau betrat, hätte er es beinahe wieder rückwärts verlassen. Die Person, die er da im Bett vorfand, hatte mit der Frau, die er geliebt hatte, mit der Mutter seines Sohnes, nicht mehr die geringste Ähnlichkeit. Doch die Schwester, welche sich gerade an deren Nachtkastl zu schaffen machte, drückte ihm mitleidsvoll die Hand und erklärte ihm, wenn er noch einen Moment warten wolle, könne sie ihm gleich die persönliche Habe seiner Frau mitgeben.

Wieder zurück im Stationszimmer, wollte der junge Witwer vom Oberarzt wissen, woran seine Frau eigentlich gestorben sei.

»An einem Kreislaufschock, das habe ich Ihnen doch bereits mitgeteilt.«

»Ja, das haben Sie. Aber ein Kreislaufschock kommt nicht von alleine. Der muss doch eine Ursache haben.«

Nun sah sich der Mediziner genötigt, Farbe zu bekennen: »Ihre Frau ist am Kindbettfieber gestorben.«

»Am Kindbettfieber?« Heftig und vorwurfsvoll kam dieses Wort aus dem Mund des Bauern. »Ich dachte, diese Krankheit sei seit fünfzig Jahren ausgerottet!«

»Leider nicht. Bedauerlicherweise flammt sie immer wieder mal auf.«

»Jetzt habe ich meine Frau zur Entbindung extra ins Spital gebracht, um zu verhindern, dass sie am Kindbettfieber erkrankt, und nun ist hier genau das eingetreten!«

»Ja, das tut mir für sie leid.«

»Das hilft ihr jetzt auch nicht mehr. Irgendetwas muss falsch gelaufen sein. Seit der Wiener Arzt Semmelweis im vorigen Jahrhundert die Ursache für diese Krankheit entdeckt hat und allenthalben Hygiene predigte, dürfte so etwas doch nicht mehr vorkommen!«, machte der Witwer seinem Herzen Luft.

»Ja, Sie haben recht. Wir stehen selbst vor einem Rätsel. Wir haben alles getan, was in unserer Macht stand.«

»Bestimmt nicht alles«, entgegnete der aufgebrachte Bauer. »An irgendeiner Stelle muss unsteril gearbeitet worden sein.«

Hilflos zuckte der Mann im weißen Kittel die Schultern. »Wieso wissen Sie eigentlich so gut Bescheid über diese Krankheit?«

»Meine Mutter hat mir davon erzählt. Für eine Bauersfrau ist sie erstaunlich belesen und interessiert an allem, was mit Medizin zu tun hat.«

Dazu gab der Arzt keinen Kommentar. Er zeigte sich offensichtlich erleichtert, als der Witwer das Thema wechselte. Dessen Frage, wie es nun mit dem Neugeborenen weiterginge, beantwortete der Doktor ausweichend: »Säuglingspflege fällt nicht in mein

Gebiet. Ich werde Ihnen die Schwester vom Kinderzimmer schicken.« Weg war er und ward nicht mehr gesehen.

Die Säuglingsschwester erklärte sich bereit, den kleinen Martin unentgeltlich so lange im Spital zu behalten, bis eine Lösung für ihn gefunden sei.

Dass mein Vater seiner damals schon einundsiebzig Jahre alten und schon ziemlich gebrechlichen Mutter keine Säuglingspflege mehr zumuten konnte, war ihm klar. Er musste froh sein, dass sie noch kochte und den Haushalt einigermaßen aufrechterhielt.

Für den leidgeprüften Mann wurde es kein leichter Gang, seinen Schwiegereltern die Nachricht vom Tod ihrer Tochter zu überbringen. Wie erhofft, zeigten sich diese spontan bereit, den Enkel zu sich zu nehmen. Mit ihren zweiundsechzig Jahren fühlte sich Walburga durchaus in der Lage, die Rolle einer Pflegemutter zu übernehmen, bis Friedrich wieder eine Frau fand. Denn dass er bald wieder heiraten musste, stand außer Frage. Auf einen Bauernhof, mochte dieser noch so klein sein, gehörte eine Bäuerin. Und eine Mutter für sein Kind auch, der Bub sollte schließlich in seinem Vaterhaus aufwachsen.

Nach der Beisetzung, an der viele Bewohner aus Friedrichs Dorf und auch viele aus der Gemeinde der Verstorbenen teilgenommen hatten, saßen die Verwandten noch beim Mahl zusammen. Natürlich beschäftigte alle das Thema, dass die junge Mutter an einer Krankheit hatte sterben müssen, die man damals längst besiegt glaubte. Von mehreren Seiten gab man dem Witwer den Rat, er solle gerichtlich dagegen vorgehen. Er müsse die Ärzte, die Schwestern, die Hebamme, ja, das ganze Krankenhaus verklagen.

In aller Ruhe hörte sich der gepeinigte Mann die Vorschläge an, bevor er dazu seinen Kommentar gab: »Um gegen die Anwälte anzugehen, die sich das Spital leisten kann, fehlt mir das Geld. Und selbst wenn ich den Prozess gewinnen sollte, was bringt mir das? Davon wird meine Frau auch nicht wieder lebendig.«

Doch einige der Trauergäste ließen nicht locker: »Man muss ein Exempel statuieren! Man sollte schon deshalb gegen das Spital prozessieren, damit es nicht zu ähnlichen Vorfällen kommt!«

Doch der junge Witwer entgegnete in seiner bedächtigen Art: »Meiner Meinung nach ist das nicht nötig. Durch den Tod meiner Frau wurde die Klinik dermaßen aufgerüttelt, dass man in Zukunft die hygienischen Vorschriften gewiss genauestens beachtet, damit es nicht zu weiteren Todesfällen dieser Art kommt.«

In den folgenden Wochen blieb Friedrich nicht viel Zeit, seiner Trauer nachzuhängen. Mittlerweile war es April geworden, da mussten die anstehenden Feldarbeiten und die Stallarbeit, die sonst weitgehend seine Frau übernommen hatte, erledigt werden. Seine Wäsche durfte er allerdings zu den Schwiegereltern bringen, so musste er seine arme kranke Mutter damit nicht auch noch belasten.

Dass bald wieder eine Frau ins Haus musste, war nicht nur seiner Mutter, das war auch ihm klar.

Allerdings würde ihm keine Frau einfach so zulaufen. Wenn er wieder heiraten wollte, musste er aktiv werden. Ihm schien es jedoch unschicklich, sich als frisch Verwitweter auf dem Tanzboden nach einer Braut umzusehen.

Nach einigen Wochen schlug seine Mutter ihm vor, doch einmal in der Zeitung nach Angeboten von heiratswilligen Frauen zu schauen. Diese Möglichkeit schlug er nicht aus, doch auch dies schien ihm verfrüht. Mit der Heu- und der Getreideernte wurschtelte er sich mithilfe eines Nachbarn einigermaßen durch.

Im September, rechtzeitig bevor die Kartoffelernte losging, eröffnete sich ein Lichtblick, mit dem man nicht hatte rechnen können. Friedrichs Schwester Liesl, die auswärts in Stellung gewesen war, kehrte ins Vaterhaus zurück. Sie befand sich in anderen Umständen und wusste nicht, wohin sie sich sonst wenden sollte. Mutter und Bruder nahmen sie mit offenen Armen auf. Für beide bedeutete es eine enorme Erleichterung, eine junge Frau im Haus zu haben. Die Rückkehr von Liesl bot einen nicht zu unterschätzenden Vorteil: Als Tochter des Hauses kannte sie sich im Haushalt, im Stall und auch mit allen Feldarbeiten bestens aus. Ende April brachte sie im Elternhaus mithilfe der erfahrenen Dorfhebamme ihren Buben Richard zur Welt. Dem Spital traute man nicht mehr.

Im Juni zur Heuernte war Liesl wieder voll einsatzfähig. Während sie auf dem Feld arbeitete, wurde der Bub von seiner Oma betreut. Sie konnte sich zwar nicht viel mit ihm beschäftigen, aber zumindest nach ihm schauen, wenn er schrie, und die Flasche geben konnte sie ihm auch.

Ja, und dann meinte es der Zufall ein zweites Mal gut mit dem jungen Witwer. Der Bauer, dessen Getreidefeld an das seine grenzte, hatte eine neue Magd eingestellt. Obwohl Friedrich selbst sehr viel zu tun hatte, entging ihm nicht, dass diese gut zupacken konnte.

»Das wäre bestimmt die richtige Frau für dich«, stellte Liesl fest, der die Blicke des Bruders nicht entgangen waren.

»Wenn du meinst. Dann lass uns den Jausenplatz direkt am Feldrand zum Nachbarn wählen.«

Die neue Magd auf der anderen Seite mochte einen ähnlichen Gedankengang gehabt haben, denn sie bereitete die Jause für ihre Leute ebenfalls ganz nah an der Grenze zu Friedrichs Feld vor. Wie der junge Witwer sich erhofft hatte, kam er auch tatsächlich bald mit der Magd des Nachbarn ins Gespräch. Zufälligerweise hieß sie ebenfalls Wally, war Jahrgang 1921 und stammte aus einem etwa fünfzig Kilometer entfernten Ort.

Mehr ist mir über das Kennenlernen meiner Eltern nicht bekannt. Es dauerte noch kein ganzes Jahr, da hielten die beiden Hochzeit, und mein Vater konnte seinen Sohn aus erster Ehe endlich nach Hause holen.

Übers Jahr lag ich dann in der alten Familienwiege und zwei Jahre später Klein-Friedrich, der zur besseren Unterscheidung Fritz gerufen wurde. Mein Vater war glücklich, einen zweiten Sohn zu haben. Diesem konnte er endlich seinen Namen geben. Den ersten Sohn hatte er Martin genannt, dem Schwiegervater zu Ehren, der nur vier Madln hatte. Nachdem dessen Tochter Wally so plötzlich verstorben war, bedeutete der Name Martin für ihren Enkel einen kleinen Trost für die verlorene Tochter.

Ja, und dass dann 1960 noch ein Mädchen bei uns ankam, wissen wir bereits. Wenig später wurde ich eingeschult, was mich einigermaßen glücklich machte. Wenn auch das Lernen eigentlich nicht so mein Ding war. Doch während der Schulstunden konnte ich jedenfalls nicht als Babysitter eingesetzt werden. Die Schule bot mir aber noch einen weiteren Vorteil: Endlich fand ich Freundinnen. Da wir ziemlich weit entfernt von allen Nachbarn wohnten, bot sich mir vorher nie die Gelegenheit, mit Mädchen zu spielen. In unserem Dorf gab es damals noch keinen Kindergarten, sonst hätten sich dort vielleicht schon entsprechende Kontakte ergeben.

Mit einigen Mitschülerinnen war ich mehr, mit anderen weniger eng befreundet. Meine beste Freundin Kathi heckte mit mir gemeinsam allerlei Unsinn aus.

Wenn ich im Allgemeinen auch nicht gern lernte, so genoss ich doch die Deutschstunden. Sie eröffneten mir eine neue Welt. Am Schluss der Stunde, wenn wir besonders brav gewesen waren, erzählte uns die Lehrerin noch ein Märchen oder las uns eines vor.

Die Mutter hatte uns nie welche vorgelesen. Gewiss, ihr war immer wenig Zeit dazu geblieben, aber vermutlich gab es noch einen anderen Grund, der sie daran hinderte. In den gängigen Märchen wie

»Hänsel und Gretel«, »Frau Holle«, »Aschenputtel« oder »Schneewittchen« kommt stets eine böse Stiefmutter vor. Da meine Mutter aber selbst Stiefmutter von Martin war, hatte sie es bestimmt vermeiden wollen, unser Augenmerk auf diese Situation zu lenken.

In der Tat verhielt sie sich ihm gegenüber keineswegs wie eine böse Stiefmutter. Im Gegenteil, schon recht früh gewann ich den Eindruck, dass sie Martin uns, ihren leiblichen Kindern, vorzog. Mir kam es vor, als behandelte sie ihn wie einen Prinzen, uns hingegen wie Aschenputtel. Wahrscheinlich wollte sie damit dem Ruf einer typischen »bösen Stiefmutter« vorbeugen.

Im Frühjahr 1961 gab es eine umwälzende Neuerung auf unserem Hof. Der Vater verkaufte zwei unserer sechs Kühe und erstand dafür zwei Rösser. Natürlich langte der Erlös für die Kühe nicht ganz, um den Preis für die Pferde zahlen zu können, Papa musste also noch die gesamten Ersparnisse drauflegen.

Mit den Pferden aber, das merkte selbst ich als Kind schon, war es ein ganz anderes Arbeiten. Kraftvoll zogen sie den Pflug und die anderen Ackergeräte. Auch die vollen Heu- und Erntewagen heimzuziehen, schien für sie ein Kinderspiel zu sein. Wie sich vorher die armen Kühe immer hatten plagen müssen! Unsere restlichen vier Kühe gaben bald genauso viel Milch wie zuvor die sechs zusammen, weil sie keine schwere Feldarbeit mehr leisten mussten. Jede von ihnen brachte, wie bisher auch, jedes Jahr ein Kalb zur Welt, alle waren kräftiger und gesünder als die Kälber, die sie in den Jahren zuvor geboren hatten.

Es zahlte sich also wirklich aus, dass unsere Kühe nicht mehr so geschunden wurden.

Im Frühherbst desselben Jahres kam der Vater auf eine neue Idee. Weil es der liebe Gott mit der diesjährigen Ernte besonders gut gemeint hatte, gab es bei uns Kartoffeln und Obst im Überfluss. Diese Gaben konnten wir gar nicht alle für uns verwenden. Um alles zu Schnaps zu brennen, waren dem Vater die Früchte zu schade. Außerdem schien es fraglich, ob er solche Mengen an Obstler würde absetzen können.

An einem frühen Samstagmorgen im September, ich genoss noch meine Schulferien, lud der Vater einige Säcke mit Kartoffeln, Kisten mit Obst, Kartons voller Schnapsflaschen und eine Dezimalwaage auf unseren Leiterwagen. Einen Sack mit Heu für die Gäule warf er auch noch hinauf, dann spannte er die Pferde davor. Wie eine Königin durfte ich vorn auf dem Wagen thronen, während Papa neben den Pferden herging und sie am Zügel führte. So zockelten wir auf die Stadt zu.

Dort angekommen, stellte sich der Papa mit seinem Gespann auf den Marktplatz und schickte mich los, damit ich ihm Kunden »einfing«. Ich hatte keinerlei Hemmungen, an der ersten Haustür zu klingeln.

Als die Hausfrau öffnete, ließ ich mein Sprüchlein los, das mir unterwegs vom Vater eingetrichtert worden war: »Auf dem Marktplatz steht mein Papa mit einem Wagen voll frischer Kartoffeln, Äpfel, Birnen und Zwetschgen – und er hat selbst gebrannten Obstler.«

»Danke, Kind«, die Frau tätschelte mir den Kopf. Dann holte sie sich ihren Einkaufskorb und Geld und eilte in Richtung Marktplatz.

Unterdessen war es mir längst gelungen, weitere Leute zu animieren, auf dem Marktplatz einzukaufen. Mit Taschen, Körben und Schüsseln kamen sie herbei, manche sogar mit einer Schubkarre, auf die sie gleich einen ganzen Zentner Kartoffeln luden. Der ein oder andere Kunde steckte mir sogar ein kleines Geldstück zu, mit der Bemerkung: »Das ist für deine Spardose.«

Als es vom Kirchturm Mittag läutete, war unser Wagen leer und Papas Geldsack prall gefüllt. Sogar den ganzen Schnaps hatte er an den Mann gebracht. Wirklich an den Mann! Deshalb fuhren wir gut gelaunt nach Hause.

Der Papa war schlau genug gewesen, jedem, der bei ihm einkaufte, anzukündigen, dass wir am fol genden Samstag wieder am Markt stünden.

Deshalb musste ich dann mein Sprüchlein nur noch bei einigen neuen Kunden aufsagen, die meisten anderen riefen erfreut, nachdem sie mich vor der Tür erblickt hatten: »Danke, Kind, ich komme gleich!«

Der Verkauf auf dem Marktplatz machte mir riesigen Spaß. Im Jahr darauf hatten wir unser Angebot um Zwiebeln, Karotten und Eier erweitert.

Vom Vater fühlte ich mich bevorzugt behandelt, weil ich ihn auch in den folgenden Jahren auf seinen Verkaufsfahrten begleiten durfte. Deshalb gab ich mir alle Mühe, dass er mit mir zufrieden sein konnte.

Erst Jahre später gestand er mir, dass er mich als Begleitperson ausgewählt hatte, weil ich von seinen vier Kindern die Mutigste gewesen war und keinerlei Scheu zeigte, auf Menschen zuzugehen.

Noch bevor ich in die zweite Klasse kam, ereignete sich bei uns Anfang Juni 1961 etwas Ungewöhnliches. Mutter hatte die Jüngste, die immer vor der gemeinsamen Mittagsmahlzeit gefüttert wurde, schon zum Mittagsschlaf hingelegt. Wir anderen waren gerade mit dem Essen fertig, da klopfte es an der Küchentür.

Auf Papas kräftiges: »Herein!«, wurde diese vorsichtig aufgeschoben, und es drängte eine kleine Gruppe fremder Menschen in unsere Küche – offensichtlich Vater, Mutter und zwei Kinder. Die Mädchen mochten etwa acht und zehn Jahre alt sein.

Der Familienvater kam gleich zur Sache. Er fragte an, ob wir sie nicht als Feriengäste aufnehmen wollten. Sie hätten schon überall im Dorf angefragt, es sei jedoch alles belegt.

Zunächst verschlug es meinen Eltern die Sprache, eine solche Frage war noch nie an sie gerichtet worden. Gewiss, wir wussten, dass mehrere Bauern im Ort seit einiger Zeit Zimmer an Sommerfrischler vermieteten, aber meine Eltern waren gar nicht auf diese Idee gekommen – zum einen, weil wir nicht über die entsprechenden Räumlichkeiten verfügten, zum anderen, weil wir recht weit entfernt vom Dorfzentrum wohnten.

»Darüber könnte man reden«, meinte die Mutter schließlich, nachdem sie tief Luft geholt hatte. »Was meinst du dazu?«, fragte sie ihren Mann.

»Das musst du selbst wissen, du hast schließlich die Arbeit zu machen.«

Damit hatte sie freie Bahn. Sogleich hieß sie uns Kinder auf der Eckbank zusammenzurücken, damit sich die beiden fremden Mädchen dazugesellen konnten. Den Erwachsenen bot sie die beiden freien Stühle an. »Wie lange möchten Sie denn bleiben?«, wandte sie sich geschäftstüchtig an den Familienvater.

»Zwei Wochen«, antwortete dieser.

»Das lässt sich machen«, kam zu meinem Erstaunen aus dem Mund meiner Mutter. »Aber Sie müssen wissen, dass es in den Zimmern kein fließendes Wasser gibt.«

Die Fremden nickten. »Wer hat das schon auf den Dörfern?«, antwortete die Frau. »Dort, wo wir im vorigen Jahr Urlaub machten, hatten sie auch keines. Komfort ist uns nicht so wichtig, uns genügt es, einen Platz zu haben, worauf wir am Abend unser müdes Haupt betten können.«

Das Familienoberhaupt fügte hinzu: »Wir werden sowieso den ganzen Tag auf Achse sein, um Ihre wunderschöne Gegend zu erwandern.«

»Dann sehe ich kein Problem. Sie können sich gerne in unserem Bad waschen.« Und um zum Ausdruck zu bringen, wie fortschrittlich wir schon waren, fügte sie stolz hinzu: »Wir haben es schon vor vier Jahren einbauen lassen. Wenn Sie sich aber lieber auf den Zimmern waschen möchten, die Waschschüsseln und die Wasserkrüge haben wir noch aufgehoben.«

»Das mit dem Bad geht in Ordnung«, versicherte der Mann. »Das bedeutet also, wir können bleiben?«

Dienstbeflissen nickte die Mutter. Während der ganzen Diskussion hatten wir anderen stumm und staunend dabeigesessen. Mich beschäftigte ein Gedanke: Wo wollte die Mama nur die vier Leute unterbringen? In der Kammer, in der bis vor Kurzem noch Tante Liesl mit Richard geschlafen hatte, standen doch nur die Ehebetten unserer Großeltern. Liesl und Richard hatten dieses Zimmer bezogen, nachdem Großmutter im April 1955 diese Welt für immer verlassen hatte. So ist mir das erzählt worden, ich war ja noch zu jung, um davon etwas mitzubekommen.

Zu meiner Verwunderung hörte ich die Mutter vorschlagen: »Wenn Sie noch ein Stündchen spazieren gehen wollen, würde ich in der Zeit die Betten richten.«

Sie meinte das wirklich ernst! Ohne Umschweife begann sie damit, die Betten in Tantes ehemaligem Zimmer zu beziehen. Dabei »durfte« ich ihr helfen, bevor wir uns auch in der Bubenkammer zu schaffen machten. »Und wo sollen Martin und Fritz schlafen?«, zeigte ich offene Besorgnis.

»Auf dem Dachboden ist Platz genug, und Matratzen hat es dort ausreichend.«

Das stimmte, davon hatte ich mich ja einige Jahre zuvor mit Richard überzeugen können.

Meine Brüder fanden es tatsächlich lustig, am Abend auf den Dachboden zu ziehen. Ihre Federbetten konnten sie leider nicht mitnehmen, die sollten ja die Gäste nutzen. Doch die dicken Zudecken brauchten die Buben da oben auch gar nicht, es war ja Sommer und unterm Dach warm genug. Da reichte jedem eine leichte Wolldecke. Selbst diese strampelten sie von Zeit zu Zeit ab.

Unser männlicher Feriengast hatte angekündigt, den ganzen Tag mit seiner Familie unterwegs zu sein. Aber wann fing der Tag bei ihnen an? Um neun Uhr? Um zehn, oder gar erst um elf? Am ersten Tag bekam ich das nicht mit, denn samstags musste ich schon um acht in der Schule sein. Als ich wie üblich um sieben ins Bad wollte, war es belegt. Dass ich mich nicht waschen konnte, störte mich weniger, aber ich musste mich dringend erleichtern. Deshalb beschwerte ich mich bei meiner Mutter.

Sie wusste jedoch Rat: »Gehst halt aufs Plumpsklo.«

Diese »sanitäre Anlage« hinten im Hausgarten war schon vor meiner Zeit stillgelegt worden, als 1950 fließendes Wasser im Haus verlegt wurde. Im Zuge dieser Maßnahme hatte man auch gleich ein WC installiert, aber niemandem wäre damals in den Sinn gekommen, dass das Plumpsklo jemals reaktiviert werden müsste.

Erst drei Jahre nach der Installation des WCs hatte man ein Bad eingebaut. Inzwischen sah man es in unserem Dorf als unentbehrlich an, ein Bad in der Wohnung zu haben, und bis dahin hatten meine Eltern auch wieder genug zusammengespart. Die Räumlichkeit dazu war ja vorhanden, man baute das Badezimmer um die Toilette herum.

Nach dem morgendlichen Geschäft auf dem Plumpsklo begab ich mich in die Küche zum Frühstücken. Da kam ich aus dem Staunen nicht mehr heraus. Was hatte die Mutter nicht alles für unsere

Gäste aufgetischt! Semmeln! Wurst! Käse! Echte Butter! Eier! Honig und Marmelade! Ich dagegen musste mich, wie jeden Morgen, mit einer Scheibe dunklem Brot, mit Margarine und Marmelade begnügen.

Als ich von der Schule heimkehrte, erfuhr ich, dass unsere Sommerfrischler erst kurz nach elf aufgebrochen waren. Gott sei Dank, dachte ich, dann haben wir bis zum Abend unsere Ruhe. Zu früh gefreut! Noch vor 17 Uhr polterten sie mit schweren Wanderschuhen in die Küche.

Die Frau trug eine wohlgefüllte Einkaufstasche. »Wo ist der Kühlschrank?«, wollte sie wissen und blickte sich suchend um.

»Der Kühlschrank?«, wiederholte meine Mutter erstaunt. »So etwas haben wir nicht.«

Auf die Frage unseres Gastes, wo sie denn ihre Lebensmittel kühl lagern könnte, brauchte Mama nicht lange zu überlegen und schlug ihr vor, wie wir die Sachen in den Keller zu stellen.

»In den Keller?«, ertönte der spitze Schrei der Frau. »Da werden ja die Mäuse alles auffressen! Auf einem Bauernhof wimmelt es doch nur so von Mäusen.«

»Keine Sorge, so schlimm ist das bei uns nicht. Wir haben ja zwei Katzen, die räumen ganz schön auf. Für den Fall, dass sie doch mal eine Maus übersehen, können Sie Ihre Sachen getrost in den Steinguttopf legen, in dem im Herbst immer die Bohnen eingemacht werden. Mit einem Teller decken wir das Ganze ab. Unsere verderblichen Lebensmittel lagern wir den Sommer über immer im Sauerkrauttopf.«

Die Mutter holte besagten Bohnentopf aus dem Keller, wusch ihn unter den kritischen Augen ihres Gastes sorgfältig von innen und außen und ließ die Neuankömmlinge ihre Sachen hineinpacken. Dann stieg sie mit dem Topf in der Hand der Dame voraus die steilen Kellerstufen hinab.

Sie war noch kaum auf der Treppe, da hörte man die Frau schon kreischen: »Das ist ja stockdunkel hier, da kann man sich ja den Hals brechen! Warum machen Sie denn kein Licht?«

Im Keller hatten wir keine elektrischen Leitungen verlegen lassen, um zu sparen. Es schien uns auch nicht nötig, weil wir auch so ganz gut zurechtkamen, wusste meine Mutter zu antworten. »Aber falls Sie Wert darauf legen, gebe ich Ihnen eine Kerze mit, wenn Sie an Ihre Sachen wollen. Oder noch besser: Sie sagen mir, wenn Sie etwas benötigen, dann hole ich es für Sie rauf«, bot sie an.

Mit letzterem Angebot zeigte sich die Fremde einverstanden. Von ihrem Einkauf hatte sie einiges auf dem Küchentisch liegen lassen. Da es allmählich auf sechs zuging, verlangte sie nach einer Pfanne, einem Topf, einer Salatschüssel und entsprechendem Besteck, als sie und meine Mutter aus dem Keller kamen. Mit fragendem Blick schaute sie sich um. »Wo steht Ihr Elektroherd?«

»Elektroherd? Damit können wir nicht dienen.«

»Haben Sie wenigstens einen Gasherd?«

»Nein, auch nicht.«

»Ja, worauf, um Gottes willen, kochen Sie denn?«

Die Mutter deutete auf den soliden alten Herd, der mit Holz und Kohlen befeuert wurde.

»Auf diesem Ungetüm soll ich kochen? Ja, geht denn das überhaupt?«

»Seit ich zurückdenken kann, wurde bei uns nie anders gekocht«, erklärte Mama. Dann heizte sie den Ofen an, den sie nach dem Mittagessen hatte ausgehen lassen, weil es um diese Jahreszeit warm genug in der Küche war.

Wenige Minuten, nachdem die Dame ihren ersten Topf aufgesetzt hatte, schrie sie schon wieder: »Ja, wie lässt sich denn die Wärme regulieren? Die Kartoffeln kochen ja über!«

Die Mama zog den Topf etwas zur Seite. »So macht man das.«

Trotz aller Tücken konnte die Frau endlich ihrer Familie an unserem Küchentisch die Mahlzeit servieren. Danach erst durfte meine Mutter an den Herd, um unser Nachtessen zuzubereiten.

Wir hatten erwartet, die Urlaubsgäste würden sich gesättigt auf ihre Zimmer zurückziehen, doch weit gefehlt. Wie angenagelt blieben sie auf den Plätzen sitzen und schauten uns beim Essen zu. Sie fanden es so gemütlich in der Küche, dass sie auch noch blieben, als wir fertig waren. Zunächst schilderten sie uns ihre Tageserlebnisse. Sie berichteten auch von ihrem Zuhause in Norddeutschland und von allen möglichen anderen Dingen, was uns Kinder zu Tode langweilte.

Schließlich schleppte eine der Töchter eine Schachtel heran, aus dem sie eine Papp-Platte, einen Würfel und kleine bunte Holzfiguren zutage förderte. »Mensch-ärgere-dich-nicht« nannte sie das Spiel, zu dem sie Martin und mich einlud.

Die beiden Kleinen hatte Mama längst zu Bett gebracht. Während wir vier munter spielten, unterhielten sich die Erwachsenen lebhaft. Das Spiel machte wirklich Spaß, es kam mir wie das einzig Positive an dieser Vermietung vor. Zu unserem Bedauern scheuchte man alle Kinder ins Bett, nachdem die erste Runde zu Ende war.

Vor dem Bad mussten mein Bruder und ich anstehen und den beiden Urlaubsmädchen den Vortritt lassen. Sollte das nun zwei Wochen so weitergehen, dass wir im eigenen Haus nicht mehr tun durften, was wir wollten?

Es sollte jedoch noch schlimmer kommen. Als ich drei Tage später von der Schule heimkam, war die Mama gerade damit beschäftigt, auch die Mädchenkammer in ein Gästezimmer umzufunktionieren. Dann kam das Elternschlafzimmer dran. Mutter hatte eine weitere vierköpfige Familie als Feriengäste aufgenommen.

»Und wo sollen *wir* schlafen?«, fragte ich mit unverhohlener Besorgnis.

»Kein Problem, Nannerl, auf dem Dachboden ist Platz für uns alle.«

Weil aber die vorhandenen Matratzen nicht ausreichten, hatte der Vater einige Getreidesäcke mit Stroh gefüllt. »Darauf schläft es sich sehr gut«, erklärte die Mutter. »Als Kinder haben wir immer auf Strohsäcken geschlafen.«

Nun ja, anfangs fand ich das Matratzenlager unterm Dach noch ganz lustig. Bevor wir einschliefen, konnten wir Geschwister noch ein bisschen Blödsinn treiben.

Die neuen Gäste machten sich am Abend ebenfalls rund um unseren Herd breit, nachdem die erste Familie ihn freigegeben hatte. Ihre kühlungsbedürftigen Lebensmittel durfte die neue Familie in den Einkochkessel packen, ehe Mama ihn in den Keller trug.

Da die Kinder unserer ersten Urlaubsgäste es vorzogen, mit denen der neuen Gäste zu spielen – einem Buben von neun und einem Mädchen von elf –, nutzten Martin und ich abends die Gelegenheit, ins Bad zu schlüpfen, ehe es uns jemand streitig machte. Auf unseren Strohsäcken unterhielten wir uns später noch ein bisschen, bis uns die Augen zufielen.

Nach zwei Tagen fragten schon wieder Leute nach einem Ferienquartier, mit größtem Bedauern musste meine Mutter ihnen absagen. Da nun fast täglich solche Anfragen auf uns herniederprasselten, veranlasste sie ihren Stiefsohn, ein Schild zu schreiben. Von seinem Zeichenblock nahm er den hinteren Pappdeckel und schrieb darauf mit schönen großen Druckbuchstaben: *Zimmer belegt.*

Die Rückseite wurde mit den Worten *Zimmer frei* versehen, um ja keinen Leerlauf eintreten zu lassen, wenn unsere erste Familie abgereist war. Mama zeigte sich mit diesem Werk sehr zufrieden.

Bevor die ersten Gäste ihren Aufenthalt beendeten, bat die Frau darum, ihre Familie für den kommenden Juni vorzumerken. Sie hatten es offenbar so gemütlich bei uns gefunden, dass sie gern wiederkommen wollten.

Mit strahlendem Gesicht antwortete die Mama, während sie mit den soeben verdienten Geldscheinen wedelte: »Aber gern! Und dann werden wir sogar einen Kühlschrank haben.«

Während sie mit der einen Hand den Gästen nachwinkte, drehte sie mit der anderen das Schild auf *Zimmer frei*. Noch am selben Tag konnte sie es erneut umdrehen.

So ging das den ganzen Sommer, Schild hin, Schild her. Daher war ich heilfroh, dass ich zwei Wochen bei meiner Großmutter verbringen durfte, die ich sehr liebte. Bei diesem Aufenthalt nahm ich es gern in Kauf, dass meine kleine Schwester mich begleitete und ich mich viel mit ihr beschäftigen musste, Hauptsache, ich war weg von daheim. Das schien allemal besser zu sein, als mit der ganzen Familie unterm heißen Dach wie Sardinen in einer Büchse zu liegen. Bei der Großmutter konnten wir beiden Mädchen wenigstens ein anständiges Zimmer gemeinsam nutzen.

Als Mitte September die Schulferien in Deutschland und in den Niederlanden zu Ende gingen, dachte ich, jetzt würden wieder normale Verhältnisse bei uns einkehren. Aber weit gefehlt! Nun reisten mittelalte und ältere Herrschaften paarweise an, Leute also, deren Kinder bereits aus dem Haus waren und die bei uns wandernd den goldenen Herbst genießen wollten. Nun hieß es, im Haus besonders leise zu sein, denn die Gäste wollten sich ja erholen.

Dieser Zustand hielt bis Ende Oktober an. Dann endlich konnten wir wieder in unsere Zimmer ziehen und im eigenen Bett schlafen. Selbst mein Vater war erleichtert, erkennbar an dem Seufzer, der sich seiner Brust entrang: »Gut, dass die ganze Gaudi vorbei ist! Allerdings kann ich verstehen, dass uns die Leute die Bude einrennen, wir wohnen ja wirklich auf einem wunderschönen Fleckchen Erde.«

Erstaunt fragte ich: »Ja, sieht denn die Erde nicht überall so aus wie bei uns?«

»Aber, Kind, was meinst du, wie langweilig flach es in Norddeutschland und in Holland ist! Deshalb sehnen sich die Leute nach den Bergen.«

Dort, wo unser Anwesen stand, war es auch ziemlich eben, aber von unserem Hofgrundstück aus sahen wir jede Menge Bergriesen in nicht allzu weiter Entfernung. Wenn es auf den Herbst zuging, zeigten sie schon weiße Hauben, während bei uns noch alles grün blieb. Von diesem Zeitpunkt an begann ich, meine Heimat mit ganz anderen Augen zu sehen.

Rückblickend bin ich dem Schicksal dankbar, dass man in jener Zeit noch nicht entdeckt hatte, dass sich von unserem Anwesen aus auch Wintersport betreiben ließ. Dass es noch keine Wintersportler bei uns gab, lag vermutlich daran, dass man seinerzeit noch nicht so viel Geld hatte, um zweimal im Jahr in den Urlaub fahren zu können.

Wir selbst betrieben Wintersport nur in Maßen. Wenn man für vier Kinder nur ein Paar einfache Brettln hat und einen einzigen Schlitten, kommt man nicht allzu oft an die Reihe.

Im Jahr darauf, Anfang Juni, hängte Mutter ihr *Zimmer-frei*-Schild wieder neben die Haustür. Zu ihrer großen Freude musste sie es in der Folgezeit immer wieder umdrehen.

So ging das nun jahraus, jahrein. Die Nächte im Sommerhalbjahr verbrachte unsere Familie mit schöner

Regelmäßigkeit unterm Dach, und tagsüber mussten wir uns oft lautlos wie Schatten in unserem eigenen Haus bewegen. Mein einziger Lichtblick waren alljährlich die beiden Ferienwochen, die ich mit Marita bei der Großmutter verleben durfte. Das machte mir zusehends mehr Spaß, denn meine kleine Schwester wurde von Jahr zu Jahr verständiger. Bald war sie nicht mehr das Kleinkind, das einer Kindsmagd bedurfte, sondern wie eine liebe Freundin für mich, mit der ich einiges unternehmen konnte.

Nach dem Sommer, in welchem ich dreizehn Lenze zählte, wagte ich es, meiner Mutter vorzuhalten: »Ich versteh gar nicht, warum du dir die viele zusätzliche Arbeit antust, abgesehen von der Unbequemlichkeit für die ganze Familie.«

»Ach, Marianne, das ist doch ganz einfach zu verstehen«, sie seufzte. »Seit die Gäste uns das Geld ins Haus bringen, können wir uns viel mehr leisten. Mittlerweile haben wir einen Kühlschrank, eine Waschmaschine, einen Elektroherd, elektrisches Licht im Keller und auf dem Dachboden und in allen Schlafräumen sogar fließendes Wasser.«

»Ja, aber um welchen Preis! Im Sommer bleibt uns keine Privatsphäre mehr – und schon gar kein Familienleben«, äußerte ich unmutig.

»Kind, sei doch nicht so engstirnig! Die Gäste bringen uns Wohlstand. Wenn wir weiterhin so gute Einnahmen haben, können wir uns im nächsten Jahr eine Bügelmaschine leisten, neue Vorhänge für alle Räume und endlich einen Fernseher.«

»Von dem werden wir nicht viel haben. Wie ich den Betrieb hier kenne, werden doch nur die Gäste vor dem Gerät sitzen oder zumindest das Programm bestimmen. Eines kann ich dir jetzt schon versichern: Sollte ich mal heiraten, dann auf keinen Fall einen Bauern, und erst recht keinen, der an Feriengäste vermietet.«

Mit dem nächsten Satz, den meine Mutter vorbrachte, gelang es ihr, mich zu besänftigen: »Im Jahr darauf bekommt der Papa auch endlich einen Schlepper, den er sich schon so lange anschaffen will.«

Das war wirklich einmal etwas Vernünftiges, den wünschte ich mir ebenfalls schon seit geraumer Zeit. Mit einem Schlepper ließ sich die Feldarbeit wesentlich schneller und effektiver leisten als mit den Pferden. Denn da die Mama sehr viel für die Urlauber zu tun hatte und praktisch den ganzen Sommer bei der Landwirtschaft ausfiel, blieb alles an Papa und mir hängen.

Als wir uns im März 1968 endlich den Schlepper leisteten, einen gebrauchten roten Steyrer, war ich selig. Welchen Spaß es machte, daran herumzuschrauben und auf den Feldern umherzudüsen, um zu pflügen, zu eggen, das Heu zu wenden und es bequem auf den Ladewagen zu laden! Papa hatte die notwendigen Zusatzgeräte gleich zu einem günstigen Preis miterwerben können.

Mit der Zugmaschine auf dem Feld zu arbeiten, war hauptsächlich meine Aufgabe, seit Martin eine Handwerkerlehre in der Stadt begonnen hatte. Obwohl mein Bruder später die Landwirtschaft übernehmen sollte, hielt der Vater es für wichtig, dass der Sohnemann einen Beruf erlernte. Denn unser kleiner Betrieb allein – das schätzte mein Vater ganz richtig ein – würde bald keine Familie mehr ernähren können.

Mit Riesenschritten näherte sich die Zeit meiner Schulentlassung. Da sich beide Elternteile nicht die Mühe machten, mich zu fragen, was ich werden wollte, geschweige denn eine Lehrstelle für mich zu suchen, musste ich die Sache selbst in die Hand nehmen. Ein glücklicher Zufall kam mir dabei zu Hilfe. Kurz nach meinem vierzehnten Geburtstag bearbeitete ich die beiden, da ich mich endlich von meinen langen Haaren, die ich mal als hängende Zöpfe, mal als Gretlfrisur getragen hatte, trennen wollte.

Alle Klassenkameradinnen trugen ihre Haare schon längst kurz. Eine nach der anderen hatte sich in der Stadt in einem Friseursalon einen modischen Haarschnitt verpassen lassen, nur ich lief noch immer mit einer altbackenen Haartracht herum. Das war aber nicht nur eine Frage der »Schönheit«, es gab auch einen praktischen Aspekt: Kurze Haare waren viel einfacher zu waschen und trockneten schneller. Mit diesem Argument konnte ich meine Mutter letztlich überzeugen.

»Die kann ich dir doch auch abschneiden«, erbot sich mein Vater, als er von den Plänen Wind bekam. »Du brauchst mir bloß eine Schere zu bringen.« Dagegen setzte ich mich erfolgreich zur Wehr. Der Papa hätte mich schön zurechtgestutzt!

Als Mama, die ich nicht anders kannte als mit einer Gretlfrisur, mir endlich grünes Licht gab, schränkte sie gleich ein: »Aber keine Dauerwelle, die kommt uns auf lange Sicht zu teuer. Es kostet eh schon genug, wenn du die Haare alle acht Wochen schneiden lässt.«

Mit einem Hochgefühl betrat ich zum ersten Mal in meinem Leben einen Friseurladen.

Interessiert schaute ich mich um, als ich im Sessel wartete. Da saßen gut gekleidete Frauen mittleren Alters, die tolle Frisuren bekommen sollten, aber auch junge Mädchen wie ich, die sich den Haarschopf nachschneiden ließen.

Endlich kam ich an die Reihe. Wie eine Dame kam ich mir vor, als man mich zum Frisierstuhl führte und nach meinen Wünschen fragte. Eine der Angestellten zeigte mir einen Katalog, aus dem ich mir den gewünschten Haarschnitt aussuchen konnte, und dann ging es los. Schnipp, schnapp waren die Zöpfe ab, und ich empfand keinerlei Bedauern dabei. Dann schnippelte die Friseurin ein bisschen hier und ein bisschen da, und ich konnte im Spiegel verfolgen, wie ich mich von einem hässlichen Entlein in einen schönen Schwan verwandelte.

Stolz wie ein Pfau verließ ich den Laden und meinte, jeder müsse mir ansehen, dass ich nicht länger wie Aschenputtel, sondern wie eine Prinzessin aussah. Doch die Leute hatten Besseres zu tun, als auf mich zu achten. Das störte mich aber nicht, denn eines wusste ich nach diesem Besuch im Friseursalon gewiss: Ich würde Friseurin werden!

Einige Wochen bevor meine Schulzeit zu Ende ging, zog ich auf eigene Faust los, um mir eine Lehrstelle zu suchen. Ich wollte einen Friseurladen nach dem anderen abklappern, bis ich endlich eine Lehrstelle gefunden hatte.

Doch meine Suche sollte gar nicht lange dauern. Im ersten Salon – demselben, in dem ich mir meine

Haare hatte abschneiden lassen –, kam ich leider zu spät. Eine Woche zuvor hatte man dort einer Schulabsolventin zugesagt.

Doch schon im zweiten Laden war die Chefin bereit, mich als Lehrling anzunehmen. Ihr imponierte, dass ich mich allein auf die Suche begeben hatte.

Siegessicher berichtete ich meinen Eltern beim Nachtessen davon.

»Nein!«, legte mein Vater sofort sein Veto ein. »Das kommt gar nicht infrage. Du hast es nicht nötig, anderen Leuten die Läuse vom Kopf zu klauben.«

Woher er eine solch schlechte Meinung über den Friseurberuf hatte, weiß ich nicht. Jedenfalls half alles Bitten und Betteln nichts, und auch nicht die Erklärung, dass die Leute heutzutage keine Läuse mehr hätten und das Friseurhandwerk ein angesehenes sei. Er blieb bei seinem Nein, und ich musste schweren Herzens der netten Friseurmeisterin absagen. Auch sie bedauerte das zutiefst.

Eine Alternative konnte der Vater mir nicht bieten. Damit ich nicht weiterhin zu Hause »Sklavendienste« würde leisten müssen und endlich eigenes Geld verdiente, trat ich gleich nach meiner Schulentlassung in die Dienste eines Gasthauses, als »Mädchen für alles«. Dort hatte ich schon im Jahr zuvor während meiner Sommerferien für einige Wochen ausgeholfen. Für mich wurde es eine lehrreiche Zeit. Hier konnte ich nicht nur mein von der Mutter erlerntes Hausfrauen-Wissen einsetzen und weiter ausbauen, sondern alles war in größerem Rahmen zu leisten. Nebenbei lernte ich Kochen und Servieren.

Doch auf die Dauer schien mir diese Anstellung nicht die richtige zu sein. Das Hotel lag so weit von meinem Elternhaus entfernt, dass ich an meiner Arbeitsstelle logieren musste. Zwar hätte mich das nicht gestört, aber ich musste in einer Kammer mit der schon etwas älteren Wirtin nächtigen. Kost und Logis wurden mir vom Lohn abgezogen, sodass für mich am Monatsende nicht viel an Barem herauskam.

Deshalb suchte ich mir gleich nach Saisonende etwas Neues in einer Fabrik mit siebzig Angestellten. Innerhalb weniger Tage wurde ich dort angelernt und anschließend am Fließband eingesetzt. Nun verdiente ich zum ersten Mal richtig und konnte mir Kleidungsstücke nach meinem Geschmack kaufen. Doch ich leistete mir nicht allzu viele, das meiste Geld legte ich auf die »hohe Kante«, ich verfolgte höhere Ziele. Im Laufe der Zeit konnte ich mir eine ansehnliche Summe zusammensparen, weil ich wieder zu Hause wohnte. Die Firma lag nur acht Kilometer von meinem Wohnort entfernt. Ich musste nicht einmal Fahrgeld aufbringen, der Firmenbus beförderte alle Mitarbeiter kostenlos hin und her.

Nach zwei Jahren empfand ich die Fließbandarbeit als zu fad und begann damit, mich nach etwas anderem umzusehen. Von einer Kollegin erfuhr ich, dass ein Restaurant in Alleinlage in einer traumhaften Gegend eine Kellnerin suchte. Kurzentschlossen fuhr ich hin, stellte mich vor und wurde prompt genommen.

Die Arbeit gefiel mir. Morgens lief es ruhig an, über Mittag aber brach die Hölle los. Da hieß es flitzen, denn es kamen Reisebusse an, und jeder Gast wollte zuerst bedient werden. Das war zwar anstrengend, dafür kassierte ich aber ein ordentliches Trinkgeld. Gegen Abend blieb sogar Zeit, auch ein bisschen mit den wenigen Gästen zu plaudern, die per Wagen, zu Fuß oder mit dem Rad aus der Umgebung kamen.

Dennoch hatte ich nach einer Sommersaison auch hier die Nase voll und suchte nach einer neuen Aufgabe. Diese fand ich in Form einer Anstellung in einem Modegeschäft. Mittlerweile war ich achtzehn und wurde von der Chefin in den Verkauf eingewiesen. Nach kurzer Zeit bezog ich das Gehalt einer Verkäuferin. Eine Lehre brauchte ich nicht zu absolvieren, in jener Zeit sah man das ganz locker. Kaum ein Mädchen machte eine Lehre, man war der Meinung, das lohne sich nicht, weil das Mädel ja doch bald heirate.

Der Jungbauernball

Meine Freundin Kathi und ich hielten auch nach der Schulentlassung noch regen Kontakt, soweit das unsere beruflichen Tätigkeiten erlaubten. Sie arbeitete von Anfang an als Verkäuferin, aber in einem Lebensmittelgeschäft. Bei schönem Wetter unternahmen wir sonntags Bergwanderungen, an Regentagen gingen wir schon einmal ins Kino oder ins Schwimmbad. Wir besuchten auch das Bauerntheater oder einen kleinen Wanderzirkus, wenn einer in der Nähe gastierte. Die Veranstaltungen mussten zu Fuß oder per Radl erreichbar sein, notfalls mit dem Bus, sofern spätabends noch einer zurückfuhr.

Nachdem wir beide unser sechzehntes Lebensjahr vollendet hatten, erlaubten uns die Eltern endlich, zum Tanz auszugehen. Die Tanzlokale mussten aber auch zu Fuß, per Radl oder Bus erreichbar sein. Dort gab es durchaus den einen oder anderen Verehrer, der sich an unsere Fersen heftete. Nach dem ersten, spätestens nach dem zweiten Rendezvous ließ ich mich aber nicht mehr blicken, weil mir der Bursche zu fad oder zu aufdringlich war.

Nach unserem achtzehnten Geburtstag eröffneten sich Kathi und mir ganz andere Möglichkeiten. Ihre Eltern, obwohl auch Bauern, waren etwas betuchter als die meinen. Sie besaßen mehr Land, konnten entsprechend mehr Vieh halten und erzielten somit auch mehr Einkünfte. Schon seit längerer Zeit besaßen sie einen Personenwagen. Kathi war ein paar Wochen vor mir achtzehn Jahre alt geworden und hatte drei Tage später mit Erfolg die Führerschein-Prüfung abgelegt. Da die Eltern ihr großzügigerweise die Benutzung ihres Automobils gestatteten, konnten wir uns fortan in einem wesentlich größeren Umkreis bewegen als bisher.

Es war Ende August 1972, da entdeckte ich in der Stadt ein Plakat, auf dem zu einem Jungbauernball für den ersten Samstag im September eingeladen wurde. Der genannte Ort befand sich etwa zwanzig Kilometer von meinem Wohnort entfernt. Auf der Heimfahrt im Bus berichtete ich meiner Freundin ganz aufgeregt davon: »Du, Kathi, das wäre doch was für uns!«

»Freilich!«, gab sie zurück. »Das hab ich auch gesehen und spontan dasselbe gedacht!«

An besagtem Abend warfen wir uns in unsere Festtagsdirndl und fuhren voller Erwartung zu diesem Ball. Vorher hatte Kathi ihrem Vater aber versprechen müssen, an diesem Abend keinen Alkohol zu trinken.

»Das Versprechen konnte ich ihm leicht geben, mit Limo und Cola kann man schließlich genauso lustig sein«, erklärte meine Freundin während der Fahrt. »Ich versteh, dass er Angst um sein Auto hat.«

»Wahrscheinlich nicht nur um sein Auto, sondern auch um seine Tochter«, versuchte ich, das Verhalten ihres Vaters zu rechtfertigen. »Für mich ist es auch beruhigend, zu wissen, dass du mich in der Nacht nicht mit benebeltem Kopf durch die Gegend kutschierst.«

Wir standen noch am Eingang des Tanzsaales, in dem ein großes Gewühl herrschte, und hielten Ausschau nach einem Sitzplatz, da steuerten schon zwei junge, gut aussehende Burschen auf uns zu und führten uns auf die Tanzfläche. In diesem Moment war ich meinem Vater dankbar, dass er mir in unserer Küche zu Radiomusik das Tanzen beigebracht hatte. Daher erkannte ich nicht nur, dass der erste Tanz ein Foxtrott war, ich wusste auch die Füße richtig zu setzen.

Gern hätte ich etwas über meinen Tanzpartner erfahren. Weil aber die Musik so laut spielte, blieb eine Unterhaltung unmöglich. So genoss ich es stumm, im Takt der Musik herumgeschwenkt zu werden. Nach dem Tanz brachten uns die beiden Kavaliere zu ihrem Tisch, an dem es noch zwei freie Stühle gab. Jetzt erfuhren wir endlich ihre Namen und auch, aus welchem Ort sie stammten. Kathis Tanzpartner stellte sich als Paul vor, der meine hieß Christian. Jedes Mal, wenn die Musik einsetzte, führte mich Christian sofort auf die Tanzfläche, sodass kein anderer Bursche die Gelegenheit hatte, mich zum Tanz zu bitten. Paul forderte jedes Mal meine Freundin auf. So blieb uns keine Chance, auch einmal mit jemand anderem zu tanzen.

Bevor wir weit nach Mitternacht das Lokal verließen, hatten wir mit unseren Verehrern ausgemacht, uns beim Bezirks-Jungbauernball in zwei Wochen wiederzutreffen.

Wir durften abermals den Wagen von Kathis Eltern nehmen. Wieder blieben wir zunächst an der

Tür des Ballsaals stehen und suchten ihn mit den Augen ab. Leider konnten wir nichts erkennen, weil der Raum von dichtem Tabakqualm wie in Nebel gehüllt wirkte. Damals war Rauchen noch nicht so verpönt wie heute. Im Gegenteil, es galt sogar als schick, blauen Dunst in die Luft zu paffen. Daher qualmten nicht nur die jungen Männer in einer Tour, auch die meisten Mädchen meinten, sie müssten es ihnen gleichtun, und hielten einen Glimmstängel elegant zwischen Mittel- und Zeigefinger.

Nachdem sich unsere Augen etwas an den Schleier aus Qualm gewöhnt hatten, erkannten wir, dass in der Mitte des Raumes jemand heftig winkte. Wir sahen uns an. Meinte der etwa uns? Wir entdeckten niemanden sonst, dem das Winken hätte gelten können. Also schoben wir uns mutig vorwärts durch den Rauchnebel und die wogende Menschenmasse. Erst als wir fast vor ihm standen, erkannten wir Paul.

Wir hatten ihn noch nicht richtig begrüßt, da zerrte er mich schon auf die Tanzfläche. Meine Freundin kam ebenfalls nicht dazu, sich zu setzen, schon wurde sie von einem unbekannten Tänzer entführt. Unsere beiden Kavaliere ließen keinen Tanz aus. Der Einfachheit halber nahm Kathi später gleich am Tisch ihres neuen Bekannten Platz, während ich mich an Pauls Tisch niederließ.

Erst als die Musik eine Pause einlegte, kam ich dazu, Paul zu fragen: »Wo ist denn der Christian geblieben? Der wollte doch heut Abend auch kommen.«

»Bist du sehr enttäuscht, dass er nicht da ist?«, stellte Paul mir eine Gegenfrage.

»Kein bisschen«, antwortete ich keck. »Im Gegenteil, ich bin sogar erleichtert. Beim letzten Ball hat er mich so mit Beschlag belegt, dass mir gar keine Möglichkeit blieb, mit dir zu tanzen.«

»Hättest du denn gern mit mir getanzt?«, fragte er mit forschendem Blick, sodass mir die Röte in die Wangen schoss. Ich nickte nur. Mich hatte ein Gefühl ergriffen, das ich nicht recht zu deuten wusste. Es verschlug mir die Sprache – mir, die ich sonst nicht auf den Mund gefallen war.

»Soll ich dir was verraten?«, flüsterte Paul nun ganz dicht an meinem Ohr. »Ich bin auch froh, dass er nicht hier ist. Mit deiner Freundin zu tanzen war ja ganz nett, aber eigentlich mag ich dich lieber.«

Nach diesem Geständnis durchströmte mich vom Scheitel bis zur Sohle ein warmes Gefühl, wie ich es noch nie erlebt hatte. Ja, es war mir, als flatterten tausend Schmetterlinge in meinem Bauch. Hatte ich mich verliebt? Fühlte sich das so an, wenn man verliebt war?

Er schwieg ebenfalls. Hing er ähnlichen Gedanken nach wie ich? Wie von fernher hörte ich ihn auf einmal sagen: »Der Christian ist übrigens mein Cousin. Er wär eh nichts für dich. Er ist längst verheiratet und hat eine kleine Tochter.«

»So ein Schwein!«, entfuhr es mir. »Wie dreist, mich anzubaggern! Zum Glück bin ich nicht darauf eingegangen.«

»Das kannst du laut sagen«, gab er zurück. Schon setzte die Musik wieder ein. Er führte mich erneut auf die Tanzfläche, obwohl wir uns lieber am Tisch weiter unterhalten hätten. Das wäre bei der Lautstärke aber unmöglich gewesen, also konnten wir auch ebenso gut tanzen. Wie er mir später gestand, hegte Paul außerdem die Befürchtung, dass mich ansonsten ein anderer zum Tanzen auffordern würde.

Während er mich im Walzertakt durch den Saal wirbelte, drückte er mich zärtlich an sich. Ich fühlte mich so wohl in seinen Armen! Ich wusste: *Das ist der Mann fürs Leben!* Am liebsten wollte ich ihn nie wieder loslassen. Zu meiner Freude gab es einen nächsten Tanz und einen nächsten.

Dennoch, ehe wir uns versahen, spielte die Musik den Außischmeißer (den Kehraus), und der wunderschöne Abend war endgültig vorbei. Dabei hätten wir uns noch so viel zu sagen gehabt.

Weil in absehbarer Zeit kein Ball stattfand, vereinbarten wir, dass Paul mich am folgenden Samstag von der Arbeit abholen sollte. Dann würden wir uns endlich einmal ausgiebig und ungestört unterhalten können.

Damit sich meine Eltern keine Sorgen machten, wenn ich an besagtem Samstag später als üblich heimkam, erzählte ich ihnen, dass ich mit Kathi ins Kino wolle.

Paul und ich fuhren jedoch in den nahe gelegenen Wald und machten einen ausgedehnten Spaziergang. Am Ende des Spazierganges zog er mich in seine Arme und drückte mir den ersten zarten Kuss auf die Lippen.

Ich fühlte mich wie im siebten Himmel. Anschließend brachte mein Begleiter mich mit seinem Wagen nach Hause. Vorsichtshalber hielt er aber so weit entfernt, dass meine Eltern uns nicht sehen konnten.

Noch schnell ein Abschiedskuss, und schon brauste Paul davon.

Ich, innerlich aufgewühlt, schritt ganz langsam auf unseren Hof zu. Ob dem Vater meine glühenden Wangen aufgefallen waren oder etwas anderes, wusste ich nicht. Jedenfalls fragte er bei meinem Eintritt geradeheraus: »Und – wie war's im Kino?«

»Sehr schön«, antwortete ich und glaubte, damit sei die Befragung beendet.

Doch die ging weiter: »Was gab's denn?«

»Alpenglühen«, antwortete ich spontan, denn ein solches Plakat hatte ich kürzlich einmal gesehen. Ob dieser Film noch lief, wusste ich nicht, zumindest hoffte ich, dass mein Vater darüber nicht darüber informiert war.

»Alpenglühen gab es bei uns auch«, er schmunzelte. »Du hättest heute Abend nur gen Süden zu schauen brauchen. Die Berge waren in ein fantastisches Rosa getaucht. Dann hättest du dir das Geld für die Eintrittskarte sparen können.«

Gott sei Dank!, dachte ich. Damit war die Inquisition zu Ende. Ich hatte schon befürchtet, er wolle sich von mir den Inhalt des Films erzählen lassen.

In der Folgezeit traf ich mich mit Paul jeden Sonntagnachmittag. Bei schönem Wetter gingen wir spazieren, bei Regen setzten wir uns in ein Lokal und tranken eine Tasse Kaffee oder ein Glas Wein. Wir gingen auch mal ins Kino, von der Handlung des Films bekam ich allerdings nicht viel mit.

Für diese Rendezvous musste meine Freundin Kathi immer als Ausrede »herhalten«, doch mit der Zeit wurde mir das zu brenzlig. Selbstbewusst redete ich mir ein: *Du bist alt genug, um eine Liebschaft zu haben. Bevor also der ganze Schwindel auffällt, schenke ich den Eltern lieber reinen Wein ein.*

»Was hältst du davon?«, fragte ich meinen Liebsten nach dem letzten Treffen, »wenn du nächsten Sonntag zu uns zum Kaffee kommst?«

Diese Idee gefiel ihm, und er sagte zu.

Frohen Mutes ob dieses Entschlusses betrat ich unsere Küche. Noch ehe meine Eltern irgendwelche Fragen stellen konnten, klärte ich sie darüber auf, dass ich seit einigen Wochen einen festen Freund hatte und dass dieser am kommenden Sonntag gern zu uns zum Kaffee kommen würde.

»Wird aber auch Zeit«, gab mein Vater dazu seinen Kommentar. »Ich war schon gespannt, was du uns auftischen würdest, nachdem ich deine Freundin heute Nachmittag mit einem Burschen am Arm durchs Dorf schlendern sah, obwohl sie angeblich mit dir in der Stadt war.«

Meine Mutter enthielt sich jeder Äußerung. Später erbot sie sich aber, für den nächsten Sonntag einen Apfelkuchen zu backen.

Pünktlich um 14 Uhr erschien mein Verehrer in seinem – wie es mir schien – besten Trachtenanzug. Meiner Mutter überreichte er einen kleinen Strauß Astern, die letzten aus seinem Garten daheim.

Damit hatte er gleich ihr Herz gewonnen. Er gewann aber nicht nur das ihre, sondern einige Minuten später, nachdem wir in der eigens eingeheizten Stube an der Kaffeetafel Platz genommen hatten, auch das meines Vaters. Wir vier waren völlig ungestört, meine Geschwister alle aushäusig. Ein Zufall? Oder hatte Mutter da ein bisschen nachgeholfen, um den potenziellen Heiratskandidaten ihrer Tochter ungestört unter die Lupe nehmen zu können? In dem Moment, als mein Vater unserem Gast die Frage nach seinem Beruf stellte, spitzte ich die Ohren. Bei Pauls Antwort zuckte ich leicht zusammen, hatten wir uns doch immer über Gott und die Welt unterhalten, aber nicht über seinen Beruf.

»Bauer bin ich«, antwortete mein Schatz, wie es mir schien, nicht ohne Stolz. »Bergbauer. Mein Hof liegt in tausendzweihundert Metern Höhe.«

Was mein Vater darauf antwortete, bekam ich nicht mehr mit. In meinem Kopf rumorte es. *Ein Bauer also, wiederholte ich in meinem Innern immer wieder.* Wenn ich das nur geahnt hätte – ausgerechnet in einen Bauern musste ich mich verlieben! Wie konnte das nur passieren? Als Kind hatte ich mir doch schon geschworen, niemals einen Bauern zu heiraten.

Obwohl ich so sehr mit meinen Gedanken beschäftigt war, bekam ich noch mit, dass die Mutter die eine oder andere Frage einwarf. Dadurch erfuhr ich, dass Paul fünf Schwestern hatte, die alle wesentlich älter waren als er, dass sein Vater bereits verstorben war und er mit der Mutter den heimischen Hof allein bewirtschaftete. Dann vernahm ich aus Pauls Mund einen Satz, der meine panischen Gefühle noch erhöhte: »Damit wir einigermaßen über die Runden kommen, vermietet die Mutter seit einiger Zeit Zimmer an Feriengäste.«

Auch das noch! Wesentlich stiller, als ich schon war, konnte ich nicht werden. Vermutlich ist das den drei anderen gar nicht aufgefallen, weil sie sich so eifrig ins Gespräch vertieften.

Kurz vor vier verabschiedete sich Paul mit den Worten: »Zum Melken muss ich rechtzeitig daheim sein, damit nicht die ganze Arbeit an der Mutter hängen bleibt.«

Meine Eltern entließen ihn nicht, ohne ihm zu versichern, dass er jederzeit ein gern gesehener Gast sei. Weiterhin in trübe Gedanken versunken, begleitete ich ihn zu seinem Auto und machte nur halbherzig mit ihm einen Termin fürs nächste Treffen aus.

Er musste gespürt haben, dass ich seinen Abschiedskuss ohne Emotion über mich ergehen ließ, denn er wollte wissen: »Was ist los mit dir? So kühl kenn ich dich ja gar nicht.«

Da platzte ich mit der Frage heraus, die mir seit zwei Stunden auf der Seele brannte: »Warum hast du mir verschwiegen, dass du Bauer bist?«

»Wieso verschwiegen? Da wir uns auf dem Jungbauernball begegnet sind, bin ich davon ausgegangen, dass dir das klar war! Außerdem hast du mich nie danach gefragt.«

Das stimmte. Er hatte mich zwar auch nicht nach meinem Beruf gefragt, aber in meiner Redseligkeit hatte ich ihm von mir aus meine beruflichen Stationen in aller Ausführlichkeit geschildert.

Jetzt wollte er von mir wissen: »Hast du was gegen Bauern?«

»Im Prinzip nicht«, lächelte ich gequält. »Aber als Dreizehnjährige hab ich mir geschworen, nie einen Bauern zu heiraten – und schon grad gar keinen, der Ferienzimmer vermietet.«

»Bedeutet das nun, dass es zwischen uns aus ist?«

Dabei sah mich Paul so traurig und so lieb an, dass ich dahinschmolz wie Schnee in der Maiensonne und meinen ganzen Vorsatz vergaß. Wenn mich seit zwei Stunden Zweifel geplagt hatten, war ich mir nun meiner Sache ganz sicher: Ich gehörte zu Paul und wollte mit ihm mein Leben verbringen. »Nein, auf gar keinen Fall«, flüsterte ich ihm ins Ohr. »Ich liebe dich, egal, was du von Beruf bist.«

»Etwas Schöneres hättest du mir gar nicht sagen können.« Er zog mich in die Arme und küsste mich voller Leidenschaft.

Ganz langsam kehrte ich zum Haus zurück. Das berauschende Gefühl der Umarmung und des Kusses wollte ich in mir nachwirken zu lassen. Ich betrat nicht die Küche, sondern flüchtete auf mein Zimmer. Mir war jetzt nicht danach zumute, jemanden zu hören oder zu sehen. Ich wollte erst einmal mit meinen Gefühlen allein sein, um sie zu ordnen. Glücklicherweise waren ein paar Tage zuvor unsere letzten Feriengäste abgereist, daher teilte ich mir wieder eine Schlafkammer mit meiner Schwester. Marita war zu dieser Stunde noch bei ihrer Freundin.

Weil es im Raum ungemütlich kühl war, kroch ich unter mein Federbett. Langsam ließ das schöne Gefühl des letzten Kusses und der Abschiedsumarmung nach, und meine Gedanken begannen, wie wild in meinem Gehirn zu kreisen. War ich mir bei unserem feurigen Abschiedskuss ganz sicher gewesen: diesen Mann oder keinen, so schoben sich plötzlich abschreckende Bilder vor mein geistiges Auge. Ich dachte an das Leben meiner Eltern: ihr von

Armut geprägtes Dasein und die schwere Arbeit von der Früh bis in die Nacht, nie hatten sie Feierabend, keinen Sonn- und Feiertag, das Wort »Urlaub« kannten sie gar nicht. Selbst wir Kinder hatten von klein auf fest zupacken und vieles entbehren müssen. Wie schön und geregelt dagegen sah mein jetziges Leben als Verkäuferin aus! Pünktlich um 18 Uhr ging ich in den Feierabend. Jeder Sonn- und Feiertag blieb frei, und für mich auch jeder zweite Samstag. Ganze vier Wochen Urlaub im Jahr standen mir zu!

Das alles sollte ich eintauschen gegen ein karges und mühsames Leben, nur weil ich einen Mann liebte? War es das wert? Warum musste die große Liebe meines Lebens ausgerechnet ein Bauer sein? Doch vielleicht würde es für mich an seiner Seite ja gar nicht so schlimm werden. Liebe überwindet alles, heißt es doch so schön.

Wenn ich mit meinem Gedankenkarussell so weit gekommen war, fing es wieder von vorn an. Allein kam ich zu keinem Ergebnis. Es war an der Zeit, mich mit jemand zu beraten. Vielleicht gelang es meiner Mutter, Ordnung in mein Gefühlschaos zu bringen. Wild entschlossen sprang ich aus dem Bett und eilte in die Küche, wo Mama gerade dabei war, das Abendessen zu richten.

Sie kam gleich zur Sache: »Ein netter Kerl, dein Paul. Doch ich befürchte, es ist nichts Ernstes.«

»Wie kommst du denn darauf?«, fragte ich verwundert.

»Du hast doch selbst gesagt, du willst keinen Bauern heiraten – und erst recht keinen, der Zimmer vermietet. Auf ihn trifft beides zu.«

»Aber Mami, damals war ich dreizehn, also noch ein Kind. In meinem jetzigen Alter darf man doch seine Meinung ändern!«

»Willst du damit andeuten, dass du ihn zu heiraten gedenkst?«

»Ach, Mami, das ist ja mein Problem. Wir haben zwar noch nicht vom Heiraten geredet – ich kenne ihn ja gerade mal sechs Wochen –, aber ich weiß nicht, wie ich reagieren soll, falls er mir einen Antrag macht.«

»Das ist doch ganz einfach. Da du offenbar das arme Leben und die Mühen scheust, die auf eine Bäuerin zukommen, und dir die Vermietung an Urlauber zuwider ist, sagst einfach Nein, wenn er dich fragt.«

»Na, du hast leicht reden. Ich kann nicht einfach ablehnen. Ich lieb ihn doch!«

»Ja, dann sieht die Sache freilich anders aus.«

»Musste es auch ausgerechnet ein Bauer sein, an den ich mein Herz verliere«, seufzte ich.

»Was hast du erwartet? Wenn du auf einen Bauernball gehst, musst du damit rechnen, dass du auf Bauern triffst. Hast vielleicht gemeint, da hupfen lauter Prinzen rum?«

»Stimmt schon, Mami. So weit hab ich in meinem jugendlichen Leichtsinn gar nicht gedacht. Auf dem Ball wollte ich mich doch nur amüsieren, tanzen, reden und lachen, einfach nur Spaß haben. Wer konnte denn ahnen, dass mir dort der Mann meiner Träume begegnet!«

»Mann meiner Träume – was für ein hochgestochener Ausdruck! Traummänner gibt's nicht wirklich.

Lernt man einen Mann kennen, muss man froh sein, wenn er anständig und fleißig ist. Das scheint mir auf deinen Paul zuzutreffen. Falls dir aber der Bauer nicht passt, dann vergiss ihn. Glücklicherweise gibt es ja heutzutage genug Männer, da kann man schon wählerisch sein. Zu meiner Zeit sah das anders aus. Der Krieg hatte damals nicht allzu viele Heiratskandidaten übrig gelassen. Sei nicht traurig, bald wird ein andrer kommen, der sich für dich interessiert. Bist ja noch jung genug, um darauf zu warten, bis einer kommt, dessen Beruf dir passt.«

»Aber Mami, Paul ist meine große Liebe! Den kann ich doch nicht einfach vergessen.«

»Was heißt schon große Liebe … Dein Vater war nicht meine große Liebe und ich nicht die seine. Als wir uns begegnet sind, war ich schon einunddreißig und musste froh sein, dass ich überhaupt noch einen abbekam. Dein Vater musste ebenfalls froh sein, dass er wieder eine Frau fand. Nicht jede ist gewillt, einen Witwer mit Kind zu nehmen.«

Diese ehrliche und offene Aussage meiner Mutter machte mich sehr nachdenklich. So hatte ich das noch nie gesehen. »Du bist dann doch aber glücklich mit ihm geworden?«, wollte ich wissen.

»Was heißt glücklich … Nun ja, wir sind gut miteinander ausgekommen. Aber ich wusste immer, dass er seine erste Frau geliebt hat und dass er ihr heute noch nachtrauert. Ich fügte mich halt in mein Schicksal. Auf dem Platz, auf den man gestellt wird, muss man halt ausharren.«

Die Worte der Mutter brachten mir keine Klarheit. In meinem Inneren war ich noch mehr hin- und hergerissen als zuvor. Meine Ansprüche an das Leben schienen größer zu sein als die meiner Mutter. Ich wollte nicht nur ausharren, ich wollte glücklich werden! Vielleicht konnte mir der Vater aus meinem Gefühlschaos heraushelfen. Deshalb suchte ich nach dem Nachtessen das Gespräch mit ihm. Ich schilderte ihm mein Problem wie schon zuvor der Mutter.

Bedächtig begann er zu sprechen: »Marianne, du musst froh sein, dass sich so ein Mann überhaupt für dich interessiert. Der Paul ist ein anständiger Bursche, und ein tüchtiger dazu. Es ist für dich ein großes Glück, dass du ihm begegnet bist. Und dass du ihn liebst, finde ich großartig. Wenn er dir also einen Heiratsantrag macht, dann sag ja, ohne Wenn und Aber. Glaub mir, Nannerl, einen besseren findest du nicht mehr.«

»Das denke ich ja auch. Aber er ist eben ein Bauer – und das bedeutet, dass ich zu ihm auf den Hof ziehen muss. Ich scheue nicht nur die viele Arbeit und das karge Leben. Da oben auf dem Berg wäre ich auch von aller Zivilisation abgeschnitten.«

»Aber Kind, rede doch keinen Schmarrn. Er besitzt schon ein Auto. Machst halt bald den Führerschein, dann kommst überall hin. Da droben wird's mittlerweile auch Fernsehempfang geben, damit kannst dir die ganze Welt ins Haus holen.«

In diesen Punkten musste ich meinem Vater recht geben. Dennoch nörgelte ich weiter: »Wenn ich da oben am Berg sitz, muss ich meine Arbeit im Modegeschäft aufgeben.«

»Eine, die du erst seit ein paar Monaten machst! Das dürfte dir nicht allzu schwerfallen. Du kannst nicht erwarten, dass Paul dir zuliebe umsattelt. Er hat den Hof von seinem Vater übernommen und will ihn für die nächste Generation erhalten. Erfreulicherweise scheint er ein bodenständiger Kerl zu sein. Es ist toll, dass es so jemanden heutzutag' noch gibt. Er liebt seine Arbeit. Würdest du von ihm verlangen, dass er sie aufgibt, wäre er todunglücklich.«

»Wenn ich mich aber auf seinem Hof tagein, tagaus herumplagen muss, bin *ich* es, die unglücklich ist.«

»Mag sein. Wenn du ihn aber nicht heiratest, wirst erst recht unglücklich.«

»Das befürchte ich auch«, gab ich kleinlaut zu.

Nun fuhr der Vater ein neues Geschütz auf: »Du behauptest doch, er sei deine große Liebe. Die Liebe überwindet alles.«

Ja, dieser Spruch war mir selbst schon in den Sinn gekommen. Es war so wohltuend, ihn auch vom Vater zu hören, der fortfuhr: »Du wirst sehen, das Leben auf dem Berghof wird dir bald gefallen. Außerdem – so schwer ist die Bauernarbeit in der heutigen Zeit nicht mehr. Es gibt so viele Maschinen, die dem Landwirt das Leben erleichtern, und ständig werden neue erfunden. Ja, selbst der Haushalt ist in der heutigen Zeit ein Kinderspiel, mit all den elektrischen Großgeräten, ganz zu schweigen von den vielen kleinen Elektrogeräten, die der Hausfrau eine Menge Arbeit abnehmen.«

Alles, was er vorbrachte, fiel auf fruchtbaren Boden. Nach diesem Gespräch sah ich es gar nicht mehr als Bedrohung an, mein Leben auf einem Bergbauernhof zu verbringen. Zum Schluss legte der Papa mir liebevoll eine Hand auf die Schulter: »Lass dir von niemandem diesen Mann ausreden. Einen besseren findest du nicht. Der Platz an seiner Seite ist dir bestimmt, den musst ohne Murren annehmen.«

Die klaren Worte des Vaters taten mir unendlich gut. Nun wusste ich, was ich Paul zu antworten hatte, sollte er die bewusste Frage stellen. Um eine Zentnerlast erleichtert, suchte ich mein Bett auf und fiel sogleich in einen bleiernen Schlaf, von dem ich am nächsten Morgen gut erholt aufwachte. Jetzt sah die Welt schon wieder rosiger aus, und ich freute mich unbändig auf das nächste Treffen mit meinem Liebsten.

Dreimal ein Antrag

In den Monaten, die nun folgten, schwebte ich auf rosaroten Wolken. Das Leben war so schön! Ich liebte einen Mann, und er liebte mich! Vor Freude hätte ich die ganze Welt umarmen können, beschränkte mich jedoch auf meinen Paul. Ich war glücklich, dass die Heimlichtuerei ein Ende hatte und ich mich nun offen und ungeniert vor aller Welt zu meinem Auserwählten bekennen konnte.

An einem Sonntag Mitte März holte er mich wie immer zu Hause ab. Die Sonne strahlte vom blauen Himmel und ließ die letzten Schneereste im Tal schmelzen. Der herrliche Tag schien wie gemacht für einen ausgedehnten Spaziergang. Dieser führte uns bergauf an einem munteren Bächlein entlang, das es ziemlich eilig hatte, nach unten zu kommen. Nach der Schneeschmelze führte es reichlich Wasser und rauschte und gurgelte seine eigene Melodie.

Als wir eine kleine Aussichtsplattform erreicht hatten, blieben wir stehen und genossen den traumhaften Blick übers Land. »Diese Stelle ist perfekt, um dir eine bedeutsame Frage zu stellen«, eröffnete mein Begleiter seine Rede. »Wir kennen uns nun genau ein halbes Jahr. Du weißt inzwischen einiges über mich und ich genug über dich, um sicher zu sein, dass ich mit dir den Rest meines Lebens verbringen möchte. Ich hoffe, dass es dir genauso geht.

Deshalb frage ich dich jetzt: Willst du meine Frau werden?«

Nach diesen Worten war ich beglückt und verwirrt zugleich. Gewiss, ich hatte das erwartet, aber nicht schon so bald. In Sekundenschnelle sausten mir die Worte meines Vaters durch den Kopf: »Wenn er dich fragt, sag Ja.«

Dennoch zögerte ich einige Sekunden, während Paul mich erwartungsvoll ansah.

»Ja«, hauchte ich endlich.

Überglücklich zog er mich in die Arme und küsste mich leidenschaftlich. »So, das war unser Verlobungskuss!«, stellte er sachlich fest. »Wann bestellen wir das Aufgebot?«

Von dieser Frage fühlte ich mich regelrecht überfahren und stotterte hastig: »D-das muss doch nicht gleich sein, oder?«

»Warum nicht?« Die Enttäuschung stand ihm ins Gesicht geschrieben.

»Ich bin doch grad erst neunzehn geworden. Deshalb fühl ich mich zum Heiraten eigentlich noch zu jung.«

»Wieso? Damit bist alt genug! Es gibt Mädchen, die heiraten schon mit sechzehn.«

»Das mag sein. Aber ich habe das Gefühl, dass ich noch nicht reif für die Ehe bin und für die ganze Verantwortung, die damit auf mich zukommen würde.«

Diese Antwort akzeptierte Paul. Was ich wirklich dachte, wagte ich ihm gar nicht zu sagen: Nämlich, dass ich mir noch eine Galgenfrist lassen wollte, bis ich auf einem Berghof von aller Welt abgeschnitten leben müsste – so sah ich das noch immer. Und ich verschwieg, dass ich Angst hatte vor der vielen Arbeit, die ich auf mich zukommen sah.

»Wir sollten nichts überstürzen, Paul«, ergänzte ich deshalb. »Ich kenne ja noch nicht mal den Hof, auf den du mich entführen willst, und deiner Mutter hast du mich auch noch nicht vorgestellt.«

»Das wird bald alles nachgeholt. Meiner Mutter wollte ich dich nicht eher präsentieren, bis wir verlobt sind.«

Dieser Satz hätte mir zu denken geben müssen. Aber verliebt, wie ich war, achtete ich nicht auf ein solches Detail. Wir flüsterten uns noch einige zärtliche Worte zu, tauschten noch ein paar innige Küsse und traten den Heimweg an.

Meine Eltern saßen gerade in trauter Zweisamkeit am Küchentisch bei einer Tasse Kaffee, als wir hereinplatzten.

»Wir haben uns verlobt!«, verkündete ich freudestrahlend.

»Wie? Was? Du nimmst also doch den Bauern?«, fragte meine Mutter total verdattert, ohne darauf Rücksicht zu nehmen, dass Paul an meiner Seite stand.

Mein Vater dagegen strahlte übers ganze Gesicht. »Ein guter Entschluss, liebe Kinder.«

Die Mutter ergriff meine Hände und musterte sie kritisch. »Wie? Kein Verlobungsring?«

»Die Ringe kaufen wir am nächsten Samstag, wenn Marianne ihren freien Tag hat«, versicherte mein Verlobter.

»Ist schon recht, Paul«, sagte meine Mutter und wandte sich dann an uns beide: »Meinen Segen habt ihr jedenfalls.«

»Den meinen sowieso«, fügte der Vater lachend hinzu.

Die Mama stellte zusätzlich zwei Tassen auf den Tisch. Während sie uns Kaffee einschenkte, erklärte sie mit Bedauern: »Ihr müsst euch mit Kaffee begnügen. Bei uns gibt es nicht jeden Sonntag Kuchen. Wir haben ja nicht mit einer Verlobungsfeier gerechnet.«

An dieser Stelle sah sich mein Vater zum Einhaken genötigt: »Ei, freilich – die Verlobung muss ja gefeiert werden!« Schon eilte er zum Wandschrank und entnahm eine Flasche Marillenschnaps sowie vier Stamperl, die er bis zum Rande vollgoss. Dabei tat er kund: »Das ist mein bester, für eine Verlobungsfeier gerade recht.«

Wir stießen an, die Männer kippten ihren Obstler in einem Zug hinunter, während wir Frauen ihn Schluck für Schluck genossen.

»Vor lauter Überraschung haben wir ja noch gar nicht gratuliert«, fiel meinem Vater plötzlich ein. Er schüttelte meinem Bräutigam und mir so kräftig die Hände, dass ich seine ehrliche Freude direkt spüren konnte.

Auch die Mutter gratulierte mit herzlichem Händedruck. Als wir am Tisch saßen und am Kaffee nippten, äußerte sie jedoch ihre Bedenken: »Verlobt seid ihr jetzt, aber ihr wollt doch gewiss nicht überstürzt heiraten?«

»Mögen tät ich schon«, gab Paul zurück. »Aber eure Tochter hat sich noch ein bisserl Bedenkzeit erbeten.«

Dankbar lächelnd nickte die Mutter mir zu. Mich durchzuckte der bösartige Gedanke, ihre Sorge gelte wohl der Tatsache, dass sie ihre Haushaltshilfe verliere, sobald ich heiratete. In Wirklichkeit bewegten sie aber viel freundlichere Gedanken, was mir jedoch viel später erst bewusst wurde. Sie wollte mir noch ein bisschen von meiner Jugendzeit erhalten wissen.

Am Samstag darauf kauften Paul und ich wie geplant unsere Ringe. Für mich war es ein unbeschreiblich schönes Gefühl, zum ersten Mal in meinem Leben einen Juwelierladen zu betreten und dort wie eine feine Dame bedient zu werden. Ich weiß nicht, wie viele unterschiedliche Ringe ich anprobierte, bis ich mich endlich für ein schlichtes Modell entschied.

Paul hatte sich währenddessen völlig zurückgehalten. Erst als ich ihm den Ring zeigte, der mir zusagte, probierte er das »männliche« Gegenstück dazu an. Es passte wie angegossen. Wir ließen unsere Initialen und das Datum der Verlobung eingravieren. Mein Liebster zahlte und steuerte mit mir auf die nächstgelegene Kirche zu. Vor dem Hauptaltar steckte er mir den Ring an den Finger und sagte feierlich: »Dieser Ring soll dich daran erinnern, dass wir verlobt sind und dass du bald meine Frau werden willst.« Danach steckte ich ihm den seinen an den linken Ringfinger und flüsterte: »So soll es sein.«

Stolz wie eine Siegestrophäe trug ich seitdem meinen Ring und freute mich über jeden, ob Kollegin oder Kundin, der mich fragte, ob ich etwa verlobt sei.

Ende Mai, als der Schnee auch auf der Höhe seines Hofes verschwunden war, wollte Paul mich seiner

Mutter vorstellen. Mein Herz klopfte wie wild, als sich der Wagen Serpentine um Serpentine höher hinaufschraubte. Aber nicht nur deswegen – Aufregung ergriff mich, weil ich nun endlich seiner Mutter gegenübertreten sollte. Was mochte sie für eine Frau sein? Wie würde sie mich aufnehmen? Wie sollte ich mich verhalten?

Letzteres hatte ich meinen Bräutigam schon vor der Abfahrt gefragt. Seine Antwort war jedoch nicht wirklich hilfreich für mich gewesen: Ich sollte mich wie immer verhalten, ganz natürlich.

Als wir endlich die Höhe des Anwesens erreicht hatten und ich mit schlotternden Knien ausstieg, entrang sich meiner Brust ein staunendes »Ah!«. Der Blick von hier oben bei strahlendem Sonnenschein über das unter uns liegende Land war überwältigend! Blumenübersäte steile Wiesen wechselten mit dunklen Waldstücken ab. Und jenseits des Tales erhoben sich gewaltige, noch schneebedeckte Berge. Ich konnte mich gar nicht satt sehen. »Das ist ja atemberaubend!«, verlieh ich meiner Bewunderung Ausdruck.

»Das alles leg ich dir zu Füßen«, flüsterte Paul, während er an meine Seite trat und einen Arm um mich legte. »Schau, die Wiesen bis zum ersten Wald gehören uns, und der Wald auch. Und siehst du die brauen Fleckchen da unten? Das ist unser Vieh. In zwei Wochen schicken wir es mit einem Senn auf die Alm, als Pensionsvieh. Leider haben wir keine eigene Alm.«

»Jetzt kann ich verstehen, warum du so gern hier lebst und an keinem anderen Platz in der Welt sein möchtest. Ich bin sicher, hier werde ich mich wohlfühlen«, sprudelte es aus mir heraus.

»Ehrlicherweise muss ich dir gestehen, dass es bei uns nicht immer diese herrliche Aussicht gibt. Oft schauen wir auf eine dichte Nebel- oder Wolkendecke, die das Tal so ausfüllt, dass man meint, es wäre ein See.«

»Das muss doch genauso wunderschön sein«, schwärmte ich.

Glücklich über meine positiven Worte, drückte Paul mir ein herzliches Busserl auf den Mund, bevor er auf die Haustür zuschritt.

Aber wie schon ein weises Sprichwort rät: Man soll den Tag nicht vor dem Abend loben. Noch hatte ich die zukünftige Schwiegermutter nicht gesehen. Doch recht optimistisch folgte ich Paul ins Haus. Was konnte mir nach einer so herrlichen Aussicht noch Schlimmes begegnen?

Das Haus schien wesentlich solider gebaut als mein Elternhaus. Klar, hier oben hatte ein Gebäude so manchem Sturm und Schneegestöber zu trotzen, von denen die Talbewohner nichts mitbekamen. Das Wohngebäude war auch um einiges größer als das unsere, das erkannte ich auf den ersten Blick. Es musste in einer Zeit erbaut worden sein, als man noch in Großfamilie und mit Dienstboten zu leben pflegte.

In der Küche trat ich dann Pauls Mutter gegenüber. »Mami, das ist Marianne, von der ich dir erzählt habe«, stellte mich der Sohn vor.

Schon im nächsten Augenblick lief es mir eiskalt den Rücken hinunter. Nie im Leben werde ich den giftigen Blick vergessen, mit dem mich diese Frau von oben bis unten musterte. Gewiss, ich war nicht in Sack und Asche erschienen. Das hätte mir vielleicht mehr Sympathien eingebracht. An dem ausgesprochen warmen Frühlingstag trug ich ein luftiges Minirock-Kleidchen, wie es der damaligen Mode entsprach. Meine Füße steckten in weißen Sandaletten mit halbhohem Absatz, es war ja keine Bergwanderung geplant. Die Fingernägel hatte ich rot lackiert, und ich trug mittlerweile eine modische Dauerwelle. In meinem Modehaus legte man schließlich Wert auf eine gepflegte Erscheinung, die konnte ich ja nicht mal kurz am Wochenende ablegen. Als Antrittsgeschenk hatte ich eine kleine Schachtel Pralinen mitgebracht, weil ja Paul mit Blumen bei meiner Mutter erschienen war.

»Das hätt's nicht gebraucht«, murmelte die Hausfrau, stellte die Schachtel achtlos beiseite und hielt es noch nicht einmal für notwendig, mir die Hand zu reichen. Sie deutete mit der Rechten zum gedeckten Tisch, an dem wir artig Platz nahmen.

Dass Pauls Mutter es nicht für nötig befunden hatte, für meinen ersten Besuch die Kaffeetafel in der Stube zu decken, sah ich ihr großzügig nach. Immerhin gab es zum Kaffee, der gar nicht übel schmeckte, einen Streuselkuchen. Sie schwieg. Paul schwieg. Verzweifelt versuchte ich, ein Gespräch in Gang zu bringen. Egal was ich sagte oder fragte, mehr als ein Ja oder Nein kam von ihrer Seite nicht dabei heraus. Auf meine Frage, wo denn ihre Töchter lebten, bekam ich die Antwort: »Das geht dich nichts an!« Daraufhin schwieg auch ich.

Der letzte Bissen von meinem Kuchenstück blieb mir geradezu im Halse stecken. Nur mit mehreren Schlucken Kaffee gelang es mir, ihn hinunterzuspülen. Daher wagte ich es nicht, ein zweites Stück zu nehmen. Das war aber nicht der einzige Grund für meine Zurückhaltung. Ich wollte vermeiden, dass Pauls Mutter später behaupten könnte, ich sei verfressen.

Obwohl ich den heißen Kaffee getrunken hatte, kam es mir vor, als ob mir in dieser frostigen Atmosphäre das Blut in den Adern gefror. Ich warf Paul verzweifelte Blicke zu, die er zum Glück verstand.

Er erhob sich und sagte: »Ich bringe Marianne eben nach Hause, damit ich rechtzeitig zur Stallarbeit zurück bin.«

»Das möchte ich dir auch geraten haben«, brummte seine Mutter.

Auf der Heimfahrt saßen wir beide recht wortkarg im Wagen. Mir fiel nichts Lobenswertes ein, was ich über diesen »Empfang« hätte erwähnen können, und mit einer negativen Äußerung wollte ich meinem Verlobten das Herz nicht schwer machen.

Vermutlich ging es ihm ähnlich. Bevor er mich an meinem Elternhaus absetzte, sagte er, sich gewissermaßen entschuldigend: »Du musst verstehen, dass meine Mutter so zurückhaltend wirkte. Für sie ist es eine ganz neue Situation, dass in meinem Leben nicht mehr sie die erste Geige spielt.«

Diese Worte waren wie Balsam auf meine verletzte Seele. Nun hatte ich wenigstens eine Erklärung für ihr frostiges Verhalten und nahm es nicht mehr so persönlich. Zum Zeichen dafür, dass ich Verständnis hatte für seine häusliche Situation, schlang ich Paul zum Abschied die Arme um den Hals und küsste ihn innig.

»Also, nächsten Sonntag wieder um ein Uhr«, rief er mir nach, als ich schon halb ausgestiegen war.

Bei dem folgenden Treffen hätte ich zu gern erfahren, ob und was seine Mutter über mich geäußert hatte. Da ich aber befürchtete, es würde nichts Gutes sein, fragte ich lieber nicht. Von sich aus schnitt Paul dieses Thema auch nicht an – aus gutem Grund, wie ich erst wesentlich später erfahren sollte. Wir waren schon einige Monate verheiratet, da legte er ein diesbezügliches Geständnis ab. An dem Abend, nachdem er mich heimgebracht hatte und mit der Arbeit im Kuhstall fertig war, hatte sie ihn gefragt: »Was willst denn mit dem Modepupperl auf dem Hof?

»Mami, was heißt hier Modepupperl?«, erwiderte er. »Erstens zieht man sich am Sonntag etwas besser an als an Werktagen, und zweitens ist es verständlich, dass man sich für den ersten Besuch im Elternhaus des Zukünftigen hübsch macht.«

»Deshalb muss sie sich nicht gleich herausputzen wie ein Pfau«, maulte seine Mutter weiter. »Außerdem redet sie zu viel.«

Dem hätte Paul entgegenhalten können, sie hingegen habe deutlich zu wenig geredet. Der Anstand hätte es geboten, dass sie als zukünftige Schwiegermutter sich gesprächiger gezeigt hätte. Diese Bemerkung unterließ er jedoch, weil er keinen Streit heraufbeschwören wollte.

Schon kam von der Mutter der nächste Anklagepunkt: »Sie ist so dürr, dass ein Windhauch sie umblasen könnte!«

»Marianne ist nicht dürr, sondern schlank. Sie hat eine ausgezeichnete Figur«, verteidigte er mich.

»Ausgezeichnete Figur? – Typisch Mannsbild! Für so etwas habt ihr Augen. Was aber wirklich wichtig ist, darauf hast nicht geschaut.«

»Und was wäre wirklich wichtig?«

»Dass eine Frau in der Lage ist, ordentlich anzupacken. Dass die nichts kann, sieht man auf den ersten Blick. Du weißt selbst, ich bin nicht mehr die Jüngste. Deshalb gehört eine junge, kräftige Frau auf den Hof – eine, die's Arbeiten versteht.«

Er fiel ihr ins Wort: »In diesem Punkt kann ich dich beruhigen. Arbeiten kann die Marianne, darauf hab ich schon geschaut. Sie stammt ebenfalls von einem Bauernhof und hat von klein auf alle Arbeiten gelernt.«

»Ja, was schon? Vielleicht kann sie kochen und putzen. Aber wie ein Stall von innen aussieht, weiß das feine Dämchen gewiss nicht«, mutmaßte seine Mutter.

Er wurde etwas ungehalten. »Und ob sie das weiß! Sie kann alles, was im Stall zu tun ist: füttern, melken und ausmisten.«

»Dafür wird sie von der Feldarbeit keine Ahnung haben.«

»Natürlich hat sie die. Daheim wurde ihr das alles beigebracht: Pflügen, Säen, Mähen und sogar Mistausfahren.«

»Dass ich nicht lache! Auf einem Talhof! Da sind doch die Felder eben wie ein Tischtuch. Die Talbauern wissen doch nicht, was Arbeiten heißt. Die sitzen mit ihrem faulen Arsch auf dem Schlepper, fahren den ganzen Tag umeinand und lassen die Maschinen hinten die Arbeit machen.

»Mami, du hast eine völlig falsche Vorstellung von der Arbeit der Talbauern. Die müssen genauso hart rackern wie wir. Mariannes Vater hat sich erst vor vier Jahren einen Schlepper leisten können, mit den dazugehörigen Geräten. Vorher haben die auch alles händisch machen müssen.«

»Kann ja sein. Ihre Felder waren trotzdem schon immer eben, und auf denen arbeitet es sich wesentlich leichter als auf unseren steilen Hängen. Ich wette, deine Angebetete hat noch nie eine Sense in der Hand gehabt«, ging das Gezeter weiter.

»Die Wette hast du ausnahmsweise gewonnen. Aber die Marianne ist nicht blöd. Wenn ich der eine Sense in die Hand drücke, wird sie schnell lernen, damit zu mähen.«

Weil sie auf diese Weise nicht zu ihrem Ziel kam, schlug die Mutter einen anderen Ton an: »Paul, sei doch vernünftig. Du bist noch so jung. Du musst doch nicht jetzt schon heiraten. Lass dir Zeit. Gewiss läuft dir noch was Besseres über den Weg.«

»Für mich gibt es keine Bessere. Deshalb lass ich mir die Nannerl nicht ausreden.«

»Ja, Bub, warum willst denn die Erstbeste heiraten, die du herbringst?«

»Wie du richtig sagst, sie ist die Erste, und sie ist die Beste. Warum soll ich da noch lang umeinand'suchen? Die Nannerl gefällt mir, und ich liebe sie.«

Sie ereiferte sich: »Was ist schon Liebe! Von Liebe allein raucht der Ofen nicht. Damit ihr finanziell über die Runden kommt, muss deine Zukünftige nicht nur eine tüchtige Bäuerin sein, sondern auch was von Zimmervermietung verstehen.«

»Ja, Mami, dann passt's ja. Nannerls Mutter vermietet schon seit zwölf Jahren, und das Dirndl musste von Anfang an mithelfen. Wenn sich eine auf diesem Gebiet auskennt, dann sie.«

Damit war seiner Mutter endgültig der Wind aus den Segeln genommen, dagegen wusste sie nichts vorzubringen. Sie brummelte noch eine Weile vor sich hin, dann war das Thema beendet.

Von diesem Zwiegespräch berichtete Paul mir wie gesagt erst einige Monate nach der Hochzeit, als ich ihn gezielt danach fragte. Nun wollte ich wissen: »Warum hast du mir damals nichts davon erzählt?«

»Du hast mich ja nicht danach gefragt.«

»Ich hab mich nicht getraut!«

»Siehst du, mir ging es genauso. Wenn du erfahren hättest, wie meine Mutter über dich denkt, wärst du glatt imstande gewesen, die Verlobung zu lösen – zumindest habe ich das befürchtet«, gestand er.

In diesem Punkt musste ich ihm voll und ganz recht geben, das hätte ich wirklich auf der Stelle getan. Manchmal ist es besser, wenn man nicht alles weiß.

Der Sommer kam ins Land, und mit ihm trafen bei uns daheim die üblichen Feriengäste ein. Also hieß es wieder für die ganze Familie: hinauf auf den Dachboden. Meine Brüder, mittlerweile zweiundzwanzig und siebzehn Jahre alt, hatten beide ein Handwerk erlernt und waren von ihren Betrieben übernommen worden, die Nächte verbrachten sie aber weiterhin zu Hause. Wir drei Geschwister pendelten also alle per Bus zwischen Elternhaus und Arbeitsstätte hin und her, während Marita noch die Schule besuchte.

Zufällig ergab sich Ende Juni, dass in unserer Zimmerbelegung eine Lücke von einer Woche klaffte. Zu meiner Freude betraf dies die Mädchenkammer. Gewiss würden nicht überraschend Gäste von der Straße Einzug halten. Die Mutter hatte mittlerweile das alte Pappschild durch eine solide Holztafel ersetzt, das sie auf *»Zimmer belegt«* gedreht hatte. Nach unserer Erfahrung pflegten die Urlauber zwei Wochen zu bleiben. Neue Leute hätten also nach einer Woche wieder ausquartiert werden müssen, weil für die Zeit danach Stammgäste angemeldet waren.

Nun witterte ich meine große Chance. »Für die eine Woche würde ich gern in mein Zimmer einziehen«, erklärte ich meiner Mutter. »Dann kann ich endlich mal wieder durchschlafen, ohne von dem Geschnarche rechts und links geweckt zu werden.«

»Wenn du meinst«, stimmte sie zu meiner Überraschung ohne lange Diskussion zu. »Du musst aber dein Bett selbst beziehen und das Zimmer rechtzeitig wieder für die Gäste herrichten, also auch putzen und abstauben.«

Glücklich willigte ich ein.

Am Samstag zogen unsere Gäste morgens aus und ich abends ein. Als Paul mich am Sonntag zur üblichen Zeit abholte, konnte ich ihm eine erfreuliche Mitteilung machen: »Wenn du willst, kannst du heute Abend um elf noch mal kommen. Ich hab sturmfreie Bude.«

Das ließ er sich nicht zweimal sagen. Es war verständlich, dass er wie alle jungen Männer auch mal mit seiner Liebsten schlafen wollte, bisher hatte ich ihn immer wieder vertröstet. Das lag nicht nur daran, dass sich nie eine passende Gelegenheit ergeben hatte, sondern auch daran, dass ich befürchtete, dann schwanger zu werden. Von der Möglichkeit, die Pille zu nehmen, hatte man zwar schon mal gehört, aber ich sah keinerlei Möglichkeit, da heranzukommen. Selbst mit meiner besten Freundin war ich nicht so vertraut, dass wir solch heikle Themen besprochen hätten. Und mit meiner Mutter darüber reden? – Undenkbar!

Einfach zu einem Frauenarzt zu marschieren, um mir dort die Pille verschreiben zu lassen, traute ich mich als unverheiratete junge Frau natürlich erst recht nicht.

Erfreulicherweise war mir bereits eine Broschüre in die Hände gefallen, in der es um fruchtbare und unfruchtbare Tage der Frau ging. An dem bewussten Sonntag befand ich mich gerade in der »unfruchtbaren« Phase. Und zufällig stand mir mein eigenes Schlafzimmer zur Verfügung. Ein Glücksfall! Eine günstigere Konstellation konnte es nicht geben. Denn, so dachte ich, beim ersten Mal sollte schon ein bisschen Komfort dabei sein: ein kuschliges Bett, fließendes Wasser und ein bisschen Romantik: Kerzenschein und gedämpfte Musik aus dem Radio. Mir war nicht danach, das »erste Mal« irgendwo stehend zu erleben, an einen Baum oder an eine Hauswand gelehnt. Das Auto schien mir ebenfalls recht ungemütlich für eine so bedeutende Sache. Inzwischen war ich ja schon lange verlobt, sodass ich auch moralische Bedenken beiseiteschieben konnte.

Paul und ich hatten an diesem Nachmittag ausgemacht, er solle in der Nacht kurz vor elf wieder so parken, dass man sein Auto von unserem Haus aus weder sehen noch hören konnte. Für gewöhnlich zogen sich meine Eltern gegen halb elf auf den Dachboden zurück, die Geschwister suchten ihr Lager meist schon früher auf.

Um mit fortschreitendem Abend die eigene Nervosität zu verbergen und einen Grund zu haben, selbst dann noch in der Küche bleiben zu können, wenn sich meine Eltern nach oben verzogen, begann ich um neun Uhr mit Bügeln. An sich nichts Außergewöhnliches – ich ging dieser Pflicht oft noch am Sonntagabend nach, weil ich ja den Nachmittag mit meinem Rendezvous »vertan« hatte. Besonders meine Blusen, die ich im Laufe der Woche zur Arbeit tragen wollte, musste ich sehr sorgfältig bügeln, im Wäschekorb lagen aber auch Oberhemden meines Vaters und meiner Brüder. Ich würde also bis elf »sinnvoll« beschäftigt sein. Bis dahin schliefen alle, die unterm Dach ihr Nachtlager hatten, fest wie Murmeltiere.

Fünf Minuten vor elf war ich fertig, schaltete das Eisen aus und schlich mich ins Freie. Mein Liebster erwartete mich schon sehnsüchtig in seinem Wagen. Ohne ein Wort verlauten zu lassen, schlichen wir ins Haus, wo ich ihn vorsichtshalber erst einmal in die Küche führte. »Warte hier. Ich will nur die Luke zum Dachboden schließen, damit man deine Schritte nicht auf der Treppe hört.« Auf Socken begab ich mich die zwei Treppen hinauf, um die Lukenklappe, die nach oben gelehnt war, zu schließen. In dem Moment, als ich sie nach unten zog, gab sie ein durchdringendes Quietschgeräusch von sich. Sofort saß meine Mutter senkrecht im Bett. Das konnte ich leicht erkennen, weil auf ihre Lagerstätte der Lichtschein aus dem Treppenhaus fiel.

»Was ist los? Was machst du da?«

»Ich will die Luke zumachen, weil es im Treppenhaus fürchterlich zieht.« Auf die Schnelle fiel mir keine bessere Ausrede ein.

»Die Luke bleibt auf«, bestimmte sie. »Wir wollen hier oben wenigstens ein bisschen Luft kriegen. Und sobald du auf deinem Zimmer bist, wirst du von der Zugluft sowieso nichts mehr mitkriegen. Gute Nacht.«

Wie ein begossener Pudel schlich ich zurück in die Küche. »Wir müssen uns noch ein bisschen gedulden, bis meine Mutter wieder eingeschlafen ist.«

Nach etwa einer Viertelstunde zog Paul sich die Schuhe aus, und wir schlichen beide auf Socken in den ersten Stock. Vorsichtig drückte ich die Klinke nieder, um nur ja kein Geräusch zu verursachen. Aber was war das? So sehr ich mich auch gegen die Tür lehnte, sie gab nicht nach. So eine raffinierte Mutter! Hatte sie doch heimlich meine Schlafkammer verschlossen und den Schlüssel mitgenommen, während wir geduldig in der Küche abgewartet hatten. Dieses Schäferstündchen war also geplatzt.

Nach ein paar heißen Küssen fuhr mein Verlobter enttäuscht nach Hause, und mir blieb nichts anderes übrig, als mich reumütig auf dem Dachboden in meinem Notlager einzunisten.

Am folgenden Morgen sah ich meine Mutter kaum, denn ich verließ das Haus wie immer sehr früh, um den Bus zu erreichen. Auch am Abend verlor sie kein Wort über den nächtlichen Zwischenfall. Meine Kammer stand wieder offen, und ich konnte den Rest der Woche in meinem Bett schlafen.

Vier Wochen später holten Paul und ich in einem Heustadl das Schäferstündchen nach – am hellen Nachmittag. Das war in gewisser Weise auch romantisch, aber nicht sonderlich hygienisch, weil eine Waschgelegenheit fehlte. Außerdem pikste das Heu ganz schön.

Bei einem Treffen Ende September fragte mein Liebster unvermittelt: »Willst du mich heiraten?«

Verblüfft schaute ich ihn an. »Wieso fragst du? Ich hab doch längst ja gesagt. Ist dir vielleicht entgangen, dass wir seit März verlobt sind?«

Zur Bekräftigung hielt ich ihm die linke Hand mit dem Ring unter die Nase.

»Natürlich weiß ich das«, gab er zur Antwort. »Aber ein halbes Jahr Verlobungszeit genügt. Jetzt sollten allmählich die Hochzeitsglocken läuten.«

Mein Herz schrie: »Ja, ja!«, denn ich wollte endlich mit dem geliebten Mann für immer beisammen sein. Außerdem war es mir zuwider, dass wir uns unsere Schäferstündchen immer stehlen mussten und dass zudem ständig das Damoklesschwert einer ungewollten Schwangerschaft über uns schwebte. Das Berechnen der unfruchtbaren Tage war ja gut und schön, aber war diese Methode wirklich sicher? Außerdem verlangte das viel Disziplin von uns, denn wenn wir uns trafen, hieß es meist, Zurückhaltung üben.

Mein Verstand aber riet mir noch immer ab, zu bald zu heiraten. Denn die Szene, die ich bei meinem ersten Besuch auf dem Bärenhof erlebt hatte, jagte mir durch den Kopf. Nein, das wollte ich mir noch nicht so bald antun, mich endgültig in die Höhle des Drachen zu begeben. Doch damit konnte ich meinem Verlobten nicht kommen, das hätte ihn gekränkt. Rechtzeitig fiel mir eine andere glaubwürdige Ausrede ein: »Paul, lass uns noch ein halbes Jahr warten. Schau, ich würd dich ja auch lieber heute als morgen heiraten, aber bis zur Hochzeit will ich mir noch einiges zusammensparen. Weißt, von daheim hab ich kaum mehr als ein Butterbrot zu erwarten. Der Besitz ist sehr klein, und wir sind vier Kinder. Zwar spare ich, seit ich selbst etwas verdiene, das meiste von meinem Lohn, trotzdem kam bisher nicht viel zusammen, weil ich lange schlecht bezahlt worden bin. Erst seit einem Jahr bekomme ich ein anständiges Gehalt und kann ein bisserl mehr beiseitelegen. Deshalb möcht ich noch eine Zeit lang weiterarbeiten. Schließlich will ich nicht mit leeren Händen bei dir einziehen.« Das schien er zu akzeptieren. Dann fiel mir noch ein Argument ein: »Jetzt im Winter zu heiraten, finde ich auch nicht gut. Ich möchte gern eine Sommerbraut sein.«

Auch das leuchtete ihm ein. Wir lebten also weiter wie bisher.

Nach genau einem halben Jahr machte er mir den dritten Antrag: »Marianne, wann willst du endlich meine Frau werden?«

Noch ehe ich dazu kam, den Hinderungsgrund auszusprechen, der mir auf der Zunge lag, fuhr er fort: »Und jetzt komm mir nicht mit einer neuen Ausrede! Bis jetzt habe ich wirklich genug Geduld bewiesen. Wenn du die Hochzeit noch mal verschiebst, mag ich nicht mehr. Dann wird überhaupt nicht geheiratet.«

Das waren ernste Worte. Ich schluckte. Ich durfte ihn auf keinen Fall verlieren, er war doch meine große Liebe! Das sauste mir blitzschnell durch den Kopf. Deshalb musste ich in den sauren Apfel beißen und schon bald mit einer Schwiegermutter, die mich ablehnte, unter einem Dach leben. Vielleicht würde es aber gar nicht so schlimm werden. Wenn ich mich lieb und nachgiebig verhielt, konnten wir sicherlich miteinander auskommen, hoffte ich. Pauls dritten Heiratsantrag beantwortete ich also nicht nur mit einem schlichten Ja, sondern ich fügte hinzu: »Sag, wann möchtest du denn mit mir zum Altar schreiten?«

Er lachte ob meiner feierlichen Formulierung. »Keine Angst, heute und morgen muss es nicht sein. Aber so Ende Mai, Anfang Juni scheint mir doch der ideale Zeitpunkt, damit du eine Sommerbraut wirst. Dann ist der Schnee selbst bei uns verschwunden, und es dürfte so warm sein, dass du in deinem Brautkleid nicht frierst.«

Wie rücksichtsvoll er ist, dachte ich und erwiderte: »Das trifft sich gut. Im Geschäft hab ich drei Monate Kündigungsfrist. Außerdem brauchen wir ja auch einige Zeit für die Hochzeitsvorbereitungen. Wir müssen die nötigen Papiere besorgen, mit dem Pfarrer reden, auf dem Standesamt vorsprechen, passende Räumlichkeiten finden, die Verwandtschaft einladen, Kleid und Schuhe kaufen, und, und.«

»Du kennst dich aber gut aus in der Materie«, staunte er. »Man meint gerade, du hättest so was schon mal gemacht.«

»Das nicht, aber wie du siehst, hab ich mich schon ernsthaft mit der Heirat beschäftigt.«

Aufatmend zog er mich in seine Arme, küsste mich innig und murmelte erleichtert: »Und ich dacht schon, du magst mich nicht.«

Seinerzeit war es bei uns noch Brauch, dass die Brautleute alle Verwandten persönlich aufsuchten, um die Einladung auszusprechen. Bevor wir das aber tun konnten, mussten erst sämtliche Termine geklärt werden. Für die kirchliche Trauung einigten wir uns mit meinem Heimatpfarrer auf den 3. Juni, den Pfingstmontag. Auf dem Standesamt würden wir uns genau eine Woche vorher trauen lassen.

Als recht schwieriges Unterfangen erwies es sich, geeignete Räumlichkeiten zu finden. Damals war es bei uns noch Sitte, in drei verschiedenen Lokalen nacheinander zu feiern. Die Trauung in der Kirche sollte um zehn stattfinden. Danach – so wollte es der Brauch – wurde den engsten Verwandten ein Mittagsmahl serviert. Also mussten wir einen Raum für fünfzig Personen finden, dazu reichte der Saal in unserer Dorfwirtschaft aus. Zum Kaffeetrinken würde die Gesellschaft schon etwas größer sein, da wir auch die entfernteren Verwandten erwarteten. Im Nachbarort fanden wir für diesen Anlass die geeignete Räumlichkeit. Für die Feier am Abend allerdings brauchten wir einen Saal in wesentlich größerer Dimension. Wir rechneten damit, dass über hundertfünfzig Personen unserer Einladung folgen würden. Außerdem sollte der Saal genügend Platz zum Tanzen bieten.

Alle größeren Festräume in der näheren Umgebung waren jedoch aufgrund der Pfingstfeiertage bereits ausgebucht. Ein paar Orte weiter fanden wir schließlich das Passende und schlugen sofort zu. Nun konnten wir uns endlich daran machen, unsere Verwandten der Reihe nach abzuklappern. Da hierfür nur meine freien Samstage und die Sonntage infrage kamen, gingen so etliche Wochenenden dafür drauf. Meine Verwandtschaft war nämlich nicht gerade klein und die von Paul sogar noch größer.

Alle zeigten sich über die Einladung hocherfreut und sagten spontan zu. Natürlich kamen wir nicht so einfach davon. Überall mussten wir ein Schnapserl trinken oder ein Glaserl Wein und eine angemessene Zeit plaudern. Verständlich, man sah sich ja so selten.

Die Einladungskarten an meine Freunde und Bekannten verfasste ich eigenhändig zwischendurch, während mein Verlobter seinen Freundes- und Bekanntenkreis schriftlich einlud. Von den Freunden und Bekannten erfolgten meist keine Zusagen, das hatte aber nichts zu bedeuten. Es war üblich, dass man an einem Hochzeitsabend einfach auftauchte. Über mögliche Geschenke brauchten weder die Gäste noch wir uns den Kopf zu zerbrechen, man überreichte einfach ein Couvert mit etwas mehr oder etwas weniger Barem darin, je nach den eigenen finanziellen Möglichkeiten. Dieser Brauch sollte das Brautpaar davor bewahren, durch die Hochzeitsfeier in finanzielle Schwierigkeiten zu geraten. Meist blieb sogar etwas übrig, sodass man noch die eine oder andere notwendige Anschaffung für den jungen Haushalt tätigen konnte.

Als ich meiner Mutter den Hochzeitstermin nannte, schlug sie entsetzt die Hände zusammen: »Ja, Kind, muss denn das schon so bald sein? Du tätest gut daran, noch ein paar Jahre zu warten!«

»Ja, Mami, das hatte ich mir auch so gedacht. Paul drängt aber auf eine baldige Heirat, nachdem ich ihn schon zweimal vertröstet habe.«

Das leuchtete ihr ein. Dennoch bearbeitete sie mich fast täglich, ob wir den Termin nicht doch noch verschieben könnten.

Ich widersprach: »Nein, Mami, das geht nicht, sonst springt mir der Paul ab. Außerdem sind die Vorbereitungen doch schon in vollem Gange. Jetzt noch mal alles umzuschmeißen und dann wieder von vorn anzufangen, wäre viel zu aufwendig!«

Schließlich zeigte sich die Mutter einsichtig. Zu meiner großen Überraschung ließ sie es sich nicht nehmen, mit mir in die Stadt zu fahren, um den Brautstaat auszusuchen. Natürlich gingen wir in das Modehaus, in dem ich arbeitete. Dort hatte man eine ausreichende Auswahl an Brautkleidern. Was den Kleidergeschmack anging, waren meine Mutter und ich uns erstaunlich schnell einig. Nachdem ich einige Kleider anprobiert hatte, deuteten wir beide auf dasselbe Kleid. Dabei war nicht der Preis ausschlaggebend, sondern Machart und Material.

Es war bodenlang, aus einem weich fließenden Stoff in schmaler Silhouette, wie es zu Beginn der Siebzigerjahre in Mode war, und betonte in vortrefflicher

Weise meine schlanke Gestalt. Dazu wählten wir einen halblangen Tüllschleier mit zarter Stickerei am Rand. Ich bekam sogar einen Personalrabatt, worüber wir uns bei der Bezahlung sehr freuten.

Schicke weiße Lederschuhe fanden wir in einem Laden nur ein paar Häuser weiter. Die hohen Pfennigabsätze konnte ich mir erlauben, da ich von eher kleinerer Statur bin, während mein Hochzeiter eine stattliche Größe aufwies.

Selbst nachdem bereits alles erledigt und geregelt war, fing meine Mutter wieder an zu jammern, dass ich so früh in eine Ehe stolpern wollte. Anscheinend fiel ihr das Loslassen äußerst schwer. Doch obwohl es mir davor grauste, bald mit meiner Schwiegermutter zusammenleben zu müssen, freute ich mich auf den Tag, an dem ich endlich die Enge des Elternhauses hinter mir lassen konnte. Vor allem war ich froh darüber, dieser sommerlichen, nervenaufreibenden Schlaferei auf dem Dachboden entfliehen zu können – nicht ahnend, dass ich vom Regen in die Traufe kommen würde.

Bei meinem ersten und einzigen Besuch auf dem Bärenhof war mir aufgefallen, dass es dort noch keine Waschmaschine gab. Im Stillen bewunderte ich meine Schwiegermutter in spe, dass sie sich seit 1959 im Sommer alle zwei Wochen damit abplagte, zusätzlich zu ihrer privaten Wäsche für vierzehn Gästebetten auf die althergebrachte Weise zu waschen: in der dampfigen Waschküche im Kessel die Wäsche zu kochen, sie auf dem Waschbrett zu scheuern und mehrmals in eiskaltem Wasser zu schwenken, abgesehen von dem anstrengenden Wringen.

Da ich nicht gewillt war, von ihr diesen Brauch zu übernehmen, entschloss ich mich, mir bis zur Hochzeit eine vollautomatische Waschmaschine zuzulegen. Ach was, warum sollte ich bis zur Hochzeit warten? Die Maschine wollte ich sofort kaufen und sie so bald wie möglich in meine zukünftige Behausung bringen lassen. Dann konnte Pauls Mutter sie schon benutzen. Ich war fest davon überzeugt, über diese Arbeitserleichterung würde sich sehr freuen und ich könnte Pluspunkte bei ihr sammeln. Also kaufte ich ein Fabrikat, das man mir als sehr gut empfohlen hatte.

In der dritten Aprilwoche sollte der Automat bereits angeliefert werden. Vorher informierte ich Paul über das Lieferdatum, damit er bis dahin im Bad den notwendigen Platz schaffte, die benötigten Anschlüsse vorbereitete und zu Hause war, wenn die Lieferung kam. Zusätzlich bat ich ihn, sich die Gebrauchsanweisung genau durchzulesen, damit er seiner Mutter die Handhabung der Maschine erklären konnte. Ich fürchtete, mit den technischen Angaben würde sie überfordert sein.

Mit Spannung erwartete ich Pauls Bericht nach der Woche, in der die Lieferung stattfinden sollte. Zu meiner Enttäuschung erwähnte er dieses Ereignis mit keiner Silbe. Beunruhigt fragte ich nach, ob der Waschautomat etwa nicht pünktlich geliefert worden sei.

»Doch, doch«, kam es von Paul.

»Ja, dann erzähl mal!«

»Da gibt's nicht viel zu erzählen«, wich er aus.

»Gewiss doch! Hat sich deine Mutter gefreut? Hat sie die Maschine gleich ausprobiert? Kommt sie damit zurecht? Ist sie damit zufrieden?«, sprudelte ich heraus.

»Das sind ja gleich vier Fragen auf einmal. Ich weiß gar nicht, welche ich zuerst beantworten soll.«

Ungeduldig, wie ich war, schlug ich vor: »Ganz einfach, der Reihe nach.«

»Also: Nein! Nein! Nein! Nein!«

»Wie? Was soll jetzt das bedeuten?«

»Das sind die Antworten auf deine vier Fragen!«

»Willst du damit andeuten, deine Mutter hätte sich über die Maschine nicht gefreut? Sie hat sie nicht ausprobiert?«

»Genau das«, lautete seine knappe Antwort.

»Also, das verstehe ich nicht. Das musst du mir schon näher erklären«, forderte ich, wie vor den Kopf gestoßen.

»Ich traue mich nicht. Wenn ich dir erzähle, wie sie reagiert hat, bist du vermutlich eingeschnappt. Du musst mir erst versprechen, dass du trotzdem zu mir auf den Hof ziehst.«

Das hörte sich ja wirklich dramatisch an! Schon aus purer Neugier versprach ich es.

Paul berichtete: »Nachdem die Monteure die Maschine aufgestellt und sich verabschiedet hatten, ließ meine Mutter – noch ehe ich dazu kam, ihr die Handhabung zu erklären – die Bemerkung los: ›Aha, deine feine Braut will sich bei uns einkaufen.‹ Ich antwortete: ›Das hat sie doch gar nicht nötig. Schließlich sind wir seit einem Jahr verlobt und der Hochzeitstermin steht längst fest.‹

Darauf reagierte sie sehr bissig: ›Es sind schon genug Verlobungen in die Brüche gegangen und

Hochzeitstermine geplatzt. Das ist doch ganz klar, indem deine Hochzeiterin vorher schon ihre halbe Aussteuer herschafft, will sie dich festnageln. Ich rühre das Ding jedenfalls nicht an, dann kann sie es noch neuwertig wieder abholen‹.«

Mir verschlug es für einen Moment die Sprache. Als ich mich endlich wieder gefangen hatte, brachte ich kampfeslustig hervor: »Mit ihrem Verhalten, das sie bei meinem ersten Besuch mir gegenüber an den Tag gelegt hat …« – Zu jenem Zeitpunkt ahnte ich ja noch nicht, in welch negativer Weise sie sich bei ihrem Sohn über mich geäußert hatte. – »… Und mit diesen neuen Bemerkungen versucht sie tatsächlich, uns auseinanderzubringen. Aber das schafft sie nicht! Eins sag ich dir: Wenn ich dich nicht schon aus Liebe heiraten würde, dann täte ich es jetzt ihr zum Trotz.«

»Ach, Nannerl, ich bin ja so glücklich, dass du das sagst!«

Zur Besiegelung busselten wir uns ausgiebig und sahen der gemeinsamen Zukunft wieder optimistisch entgegen.

Zwei Wochen vor unserer kirchlichen Trauung besuchten wir pflichtschuldigst am Wochenende ein Eheseminar an einem zentralen Ort, an dem auch andere Heiratswillige teilnahmen. Davon ist leider nichts in meinem Gedächtnis haften geblieben, denn zu der Zeit waren wir schon recht im Vorbereitungsstress. Ehe wir uns versahen, war der große Tag da.

Die Sonne strahlte vom wolkenlosen Himmel und erwärmte uns von innen und außen. Daher fiel es uns als Brautpaar nicht schwer, lange bevor die Trauung beginnen sollte, vor der Kirche zu stehen, um die geladenen Gäste zu begrüßen. Alle, die zum Mittagessen und zum Kaffee zugesagt hatten, waren rechtzeitig eingetroffen. Auch viele von denen, die wir erst für die abendliche Feier eingeladen hatten, waren gekommen, um unsere Brautmesse mitzuerleben. Darüber hinaus erkannten wir auch zahlreiche Schaulustige aus meinem Heimatdorf und aus Pauls Gemeinde. Es hatte sich offenbar herumgesprochen, dass wir heirateten.

Wer jedoch nicht erschien, auch nicht auf den letzten Drücker, war Pauls Mutter. Während wir unter Orgelklängen zum Altar schritten, merkte ich meinem Schatz seine Enttäuschung an. Ich selbst war einerseits froh, dass ich ihr nicht gegenübertreten musste, andererseits empfand ich es als ausgesprochenen Affront mir gegenüber, dass sie der Hochzeit ihres einzigen Sohnes fernblieb.

Mittagessen und Kaffee verliefen wie geplant in fröhlich plaudernder Runde. Dennoch bemerkte ich, wie mein Bräutigam immer wieder erwartungsvoll zur Tür schaute. Vermutlich war es ihm auch wegen der Verwandten peinlich, dass seine Mutter an seinem Ehrentag nicht erschien, ihnen musste das doch bestimmt aufgefallen sein. Zu seiner Erleichterung hatte bisher niemand eine diesbezügliche Bemerkung gemacht.

Am Abend erfolgte dann der große Umzug in den Tanzsaal, wo uns eine Musikgruppe – Freunde von Paul – mit fröhlichen Klängen empfing. Nachdem alle Gäste ihren Sitzplatz gefunden hatten und das Personal mit dem Servieren des Essens begonnen hatte, ging plötzlich die Saaltür auf. Und wer spazierte herein? Pauls Mutter!

Alle Augenpaare waren auf sie gerichtet. Aus den Augenwinkeln beobachtete ich, wie ein Leuchten über das Gesicht meines frisch Angetrauten ging. Er bat seine Schwester, die neben ihm saß, sowie alle anderen, einen Platz weiterzurücken, damit die Mutter den ihr gebührenden Ehrenplatz an seiner Seite einnehmen könne. Denn am Ende der Tafel stand noch ein freier Stuhl.

Eilig stand er auf, ging der Mutter entgegen und geleitete sie zu ihrem Sitz. Sie machte sich nicht einmal die Mühe, mich oder meine Eltern, die zu meiner Rechten saßen, zu begrüßen. Mir fiel auf, dass sie ein einfaches schwarzes Kleid trug, wie es zu einer Beerdigung passend gewesen wäre. Als Mutter des Bräutigams hätte es sich geziemt, dass sie ihre Tracht anlegte, so wie es meine Eltern und etliche der anderen Herrschaften aus der älteren Generation getan hatten.

Neben meinen Eltern saß Klaus, ein Schwager von Paul – der Mann seiner Schwester Susanne, die er von ihrem Platz »vertrieben« hatte. Während des Essens schienen sich meine Eltern gut mit ihm zu unterhalten, ich hörte sie immer wieder auflachen. Zwischen Paul, seiner Mutter und mir hingegen herrschte eisiges Schweigen. Daher konnte ich einiges von dem Gespräch zwischen meinen Eltern und Klaus aufschnappen.

»Wie gefällt dir denn der Bärenhof?«, wollte er von meiner Mutter wissen.

»Das kann ich nicht sagen«, antwortete sie lachend. »Wir waren noch nicht dort.«

Darauf meinte Klaus, der vermutlich wusste, wovon er sprach: »Dir würde das Lachen vergehen, wenn du wüsstest, wo deine Tochter hinkommt.«

In diesem Augenblick verging es ihr tatsächlich schlagartig, und meinem Vater auch. Beide warfen mir besorgte Blicke zu. Vom nächsten Gang rührte ich kaum etwas an, mir war der Appetit vergangen.

Als aber die Musik zum Brauttanz aufspielte und Paul mich zur Tanzfläche führte, war aller Kummer vergessen. Wie auf Wolken schwebte ich im Walzertakt in den starken Armen meines glücklichen Bräutigams über das freie Parkett. Da wusste ich, dass ich die richtige Entscheidung getroffen hatte, und war fest entschlossen, mir dieses Glück von niemandem trüben zu lassen. Nachdem wir selbstvergessen einige Runden gedreht hatten, gab die Musikkapelle das Zeichen, dass sich nun auch die Festgäste auf die Tanzfläche begeben durften. Während die Jugend ausgelassen tanzte, bildeten die älteren Herrschaften hie und da kleine Gruppen, um sich zu unterhalten.

Da vernahm ich mehrmals, wie meine Schwiegermutter allen erklärte, ob sie es hören wollten oder nicht, warum sie erst so spät auf der Bildfläche erschienen war. Ihr sei ja nichts anderes übrig geblieben, sie habe die ganze Stallarbeit allein machen müssen, während sich die jungen Leute vergnügten. Dass diese Aussage nicht der Wahrheit entsprach, wusste nicht nur ich, das wussten alle, die mit Landwirtschaft zu tun hatten. Denn wenn in einer Familie eine solche Festlichkeit anstand, gab es immer einen Nachbarn, der helfend einsprang.

Gegen Mitternacht verließen die meisten der älteren Generation das Fest, so auch meine Schwiegermutter. Sie ließ sich von ihrer jüngsten Tochter, die sie auch hergebracht hatte, nach Hause fahren. Nun erst konnte ich das Fest ganz unbeschwert genießen. Wie alle anderen tanzten wir unermüdlich bis zum Morgengrauen.

Als sich Pauls Auto die Serpentinen zu unserem neuen Zuhause hochwand, beschlich mich doch ein mulmiges Gefühl. Nicht wegen seiner Fahrweise – verantwortungsbewusst, wie er war, hatte er sich mit dem Trinken von Alkohol zurückgehalten. Nein, obwohl ich durch einige Gläser Sekt leicht benebelt war, bedrückte es mich, dass dies meine erste Nacht auf dem fremden Hof sein würde und ich dann für immer dortbleiben musste. Wohlbehalten landeten wir kurz nach vier Uhr auf dem Bärenhof.

Wie Diebe schlichen wir uns mit den Schuhen in der Hand die zwei Treppen hinauf ins Dachgeschoss. Meine Schwiegermutter hatte uns doch tatsächlich eines der Fremdenzimmer als »Brautgemach« zur Verfügung gestellt. Unser eigentliches Ehezimmer konnten wir noch nicht beziehen, da mein neu gekauftes Schlafzimmer noch nicht geliefert worden war. Nach der schmachvollen Geschichte mit der Waschmaschine hatte ich es nicht mehr gewagt, irgendetwas vor der Hochzeit anliefern zu lassen.

Kaum hatten wir uns unseres Brautstaates entledigt, ließen wir uns erschöpft auf die Betten sinken und schliefen sofort ein. Jetzt, wo wir uns mit Erlaubnis des Staates und dem Segen der Kirche ganz legal der körperlichen Liebe hätten hingeben dürfen, waren wir zu müde dazu.

Leben auf dem Bergbauernhof

Nach einem sehr kurzen bleiernen Schlaf wurde ich von der Sonne wachgeküsst und wusste erst gar nicht, wo ich mich befand. So langsam kehrte die Erinnerung wieder. Schlaftrunken tastete ich nach dem Bett zu meiner Linken. Was ich fühlte, war ein leeres Kopfkissen. Was hatte das zu bedeuten? Trotz des ungewohnten Alkoholgenusses konnte ich mich deutlich erinnern, dass wir in aller Herrgottsfrühe gemeinsam unsere Schlafstatt aufgesucht hatten. Meine Uhr zeigte, dass es gerade erst sieben war. Na, das wird sich schon aufklären, dachte ich, drehte mich um und schlief wieder ein.

Gegen zehn erwachte ich erneut, von meinem Ehemann noch immer keine Spur. Nun wird's aber Zeit, aufzustehen, redete ich mir ein. Aus einem der beiden Koffer, die meine ganze Garderobe, Unterwäsche und Schuhe enthielten – ich hatte sie schon am Vortag Paul mitgegeben –, suchte ich ein einfaches Baumwollkleid heraus, mit dem ich im Stall und auf dem Feld arbeiten konnte. Mit soliden Schuhen und meinem Waschbeutel in der Hand, begab ich mich ins Bad im Erdgeschoss.

Nachdem ich die Morgentoilette beendet hatte und angekleidet war, schlich ich ebenso leise wieder nach oben, wie ich hinuntergeschlichen war, um mich umzuziehen. Dann trat ich ans Fenster und betrachtete die zauberhafte Landschaft unter mir, unschlüssig, was ich tun sollte. Ginge ich hinunter, würde ich der Schwiegermutter in die Arme laufen, gewiss kein Vergnügen. Denn mein Mann arbeitete bestimmt schon auf dem Feld. Blieb ich aber oben, um zu warten, bis er mich zum Mittagessen herunterrief, würde mir das sicherlich auch übel ausgelegt werden.

In meiner Unentschlossenheit zählte ich an meinen Kleiderknöpfen ab, was ich tun sollte, die Knöpfe empfahlen mir das Runtergehen. Also stieg ich kurz nach elf bangen Herzens nach unten, klopfte an die Küchentür, woraufhin ein mürrisches »Herein« ertönte, und wünschte freundlich einen guten Morgen.

»Ist die gnädige Frau auch schon aufgestanden?«, wurde ich mit spöttischer Miene empfangen.

Ohne darauf einzugehen, fragte ich, ob ich etwas helfen könne.

»Nein«, antwortete Pauls Mutter barsch vom Herd aus, wo sie offensichtlich das Mittagsmahl zubereitete.

»Bis jetzt hab ich meine Arbeit allein gemacht, und ich werde das auch weiterhin schaffen.«

Nun saß ich auf der Eckbank dumm herum und sehnte meinen Mann herbei. Als der kurz vor zwölf auf der Bildfläche erschien, atmete ich auf. Doch er verschwand sogleich ins Bad, um sich Schweiß und Staub abzuwaschen.

Wenig später trat er wieder in die Küche, wo das Essen Punkt zwölf auf dem Tisch stand. Was es gab, weiß ich nicht mehr, aber ich erinnere mich, dass ich meine Portion nur mühsam hinunterwürgte, weil ich einen Kloß im Hals hatte. Auf meine Frage hin erzählte Paul, dass er bereits um sechs Uhr im Stall gewesen sei und danach mit der Sense am Steilhang gemäht hatte.

Ein weiteres Gespräch bei Tisch kam nicht zustande, von Anfang bis Ende blieb es eine angespannte Situation. Deshalb war ich froh, dass Paul mich gleich nach dem Mahl mit auf die Wiese nahm, wo wir gemeinsam das am Morgen gemähte Gras wendeten. Anschließend brachte er mir bei, wie man mit der Sense umging.

Am Abend war das Heu trocken genug, sodass man es einbringen konnte. Es kam aber nicht in die Tenne am Haus, in dieser wäre gar nicht genug Platz gewesen für die benötigten Wintervorräte. Wir rechten es an einer von drei kleinen Feldscheunen zusammen, die man »Rehm« nannte. Erst wenn alle gefüllt waren, wurde Heu in die Hauptscheune gefahren, die Tenne. Das geschah auf eine Weise, die ich noch nie gesehen hatte: Man verwendete keinen Heuwagen, das wäre an dem Steilhang unmöglich gewesen, sondern eine Schloapf – eine Art Schlitten, der sich gut auf Gras bewegen ließ. Dieses Gefährt bestand aus zwei Kufen, auf die man Bretter genagelt hatte, war über einen Meter breit und drei Meter lang. Man rechte das Heu an den unteren Wiesenrand und belud die Schloapf, auf der erstaunlich viel davon Platz hatte. Dann wurde die Ladung mit einem Strick festgebunden, damit während des Transports nichts verlorenging.

Um diesen Schlitten bergauf zu ziehen, war er viel zu schwer. Deshalb hatte man sich etwas sehr

Vernünftiges einfallen lassen: Ein Schleppseil wurde vorn angebunden, dessen anderes Ende oben in der Tenne an einer Seilwinde befestigt war. Oben brauchte also nur jemand zu kurbeln, so ließ sich der schwere Heuschlitten mühelos heraufziehen.

In den Monaten, in denen sie nicht auf der Alm standen und in denen noch kein Schnee lag oder dieser bereits weggetaut war, führte man die Tiere zu einer Rehm, damit sie dort fressen konnten. So hatten sie ihre Bewegung, und uns blieb eine Menge Arbeit erspart.

Am nächsten Vormittag wurde mein Schlafzimmer geliefert, eines aus hellem, glattem Holz, auf dem man nicht jedes Stäubchen sah. Zu meinem Erstaunen hatte uns die Schwiegermutter tatsächlich eine eigene Ehekammer zugestanden, obwohl ihr diese später als Gästezimmer fehlen würde. Damit die Kammer etwas freundlicher aussah, hatte Paul sie noch in der Woche zuvor geweißelt. Die verschlissenen Gardinen aus dunklem Stoff ersetzte ich schon bald durch helle, selbst genähte. Zum Glück hatte mir meine Mutter auf ihrer alten Tret-Nähmaschine das Nähen beigebracht. Schon Wochen vor der Hochzeit hatte ich mir eine funkelnagelneue elektrische Nähmaschine gekauft, diese aber Paul erst am Tag vor der Hochzeit nebst meinen Koffern mitgegeben, damit es nicht wieder hieß, ich würde mich einkaufen. Nach und nach fertigte ich auch neue Gardinen für die Fremdenzimmer.

Wie nicht anders erwartet, war mein Leben auf dem Bärenhof von Arbeit geprägt. Das fand ich gut so, denn dadurch gab es weniger Zusammenstöße mit meiner Schwiegermutter, und es hielt mich davon ab, ausführlich über meine missliche Lage nachzudenken. Sosehr ich mich auch bemühte, es war keine Annäherung an Pauls Mutter möglich. Nichts konnte ich ihr recht machen, und durch nichts ließ sie sich aus der Reserve locken. Egal ob ich nach dem Haus fragte, nach den Töchtern oder nach ihrer Kindheit, immer machte sie mich mundtot: »Das geht dich nichts an.«

Damit sie vielleicht doch mehr Vertrauen zu mir gewann, wollte ich ihr ein bisschen von meiner Familie, aus der eigenen Kindheit und von meiner bisherigen Arbeit erzählen. Doch ich hatte noch gar nicht richtig damit angefangen, da fuhr sie mich an: »Das interessiert mich nicht!«

Also wagte ich in ihrer Gegenwart bald nicht mehr, überhaupt noch den Mund aufzumachen. War ich aber mit meinem Mann allein, was leider nicht allzu oft vorkam, stellte ich ihm die Fragen, die seine Mutter unbeantwortet gelassen hatte. So erfuhr ich nach und nach Folgendes: Kreszentia, meine Schwiegermutter, war 1909 als mittleres von fünf Kindern in eine Kleinbauernfamilie hineingeboren worden. Die Familie hatte stets am Rande des Existenzminimums gelebt. Deshalb musste Zenta, wie das Mädchen allgemein gerufen wurde, ebenso wie ihre Geschwister, gleich nach Beendigung der Schulzeit in Dienst gehen. Sie kam als Magd in einen mittelgroßen Bauernbetrieb in ihrem Wohnort. Außer ein paar Schilling Taschengeld bekam sie dort nur ihr Essen und hatte ein Dach überm Kopf. Vielleicht war das der Grund, warum sie sich mir gegenüber so garstig verhielt. Neidete sie es mir, dass ich mich nie als Magd hatte verdingen müssen, dass ich seit meiner Schulentlassung ordentlich verdient hatte und mir so einiges leisten konnte? Wie ich bald herausfinden sollte, waren das jedoch nur einige der Gründe, warum sie mich mit ihrer Gehässigkeit verfolgte.

Jeden Sonntag hatte die Magd Zenta die heilige Messe besucht, wie seinerzeit alle Dienstboten. Nicht, dass diese besonders fromm gewesen wären, aber während dieser Zeit brauchten sie nicht zu arbeiten. Für die zwei Stunden – inklusive Hin- und Rückweg – beurlaubten die Herrschaften sie gern, weil sie dachten, gottesfürchtige Dienstboten seien ehrlicher und arbeitswilliger als andere.

Die Knechte und Mägde ihrerseits genossen nicht nur die arbeitsfreie Zeit, sondern wussten es auch zu schätzen, dass sie einmal aus ihrem Betrieb herauskamen, andere Leute sahen und sich mit Burschen und Madln in ihrem Alter, die sich in gleicher Situation befanden, austauschen konnten. Auf diese Weise kam Zenta dem Hans näher, den sie bereits aus der Schulzeit kannte. Er stammte aus demselben Dorf wie sie, war zwei Jahre älter und das sechste von zehn Kindern. Georg, sein Vater, war ein armer Mann gewesen, der es nie zu einem eigenen Hof gebracht hatte. Als Pächter bewirtschaftete er einen bescheidenen Bauernhof. Man kann sich vorstellen, dass es dort sehr ärmlich zuging. Deshalb musste auch Hans nach seiner Schulentlassung zu einem Bauern in Stellung gehen. So landete er als Knecht auf einem Einödhof, welcher zu seiner und Zentas Heimatpfarrei gehörte.

Jeden Sonntag gelang es den beiden, auf dem Kirchplatz einige Worte miteinander zu wechseln. Danach freuten sie sich die ganze kommende Woche auf den nächsten Kirchbesuch. So erfuhr der eine immer ein bisschen mehr über den anderen. Kreszentia musste ein hübsches Mädchen gewesen sei, wie ich an alten Fotos erkennen konnte, und Hans ein fescher Bursch. Deshalb fand ich es nicht verwunderlich, dass sich die beiden ineinander verliebten. Bald genügte es ihnen nicht mehr, so erzählte Paul, sich nur für ein paar Minuten am Sonntag nach dem Gottesdienst zu sehen. Nachdem sie sich gegenseitig ihre Liebe gestanden hatten, verabredeten sie sich zu einem Spaziergang an einem gemeinsamen freien Sonntagnachmittag.

Diesem folgten weitere Spaziergänge zu zweit. Zunächst ging alles sehr sittsam und ordentlich zu. Gewiss, sie tauschten das eine oder andere Küsschen, und die Umarmungen wurden immer heftiger und leidenschaftlicher. Dr sittenstrengen Zenta gelang es für lange Zeit, dem Begehren des Verehrers zu widerstehen, doch eines Tages gab sie seinem Drängen nach.

Wenige Wochen später merkte sie, dass das Folgen gehabt hatte. Der Hans aber, ein Ehrenmann, war bereit, seine Zenta zum Altar zu führen. Nur war vorher noch einiges zu regeln, damit er eine Familie ernähren konnte. Seit Langem schon hatte er sich mit der Absicht getragen, aus dem Stand eines Knechtes in den eines Bauern aufzusteigen. Wenn er sich schon keinen eigenen Hof leisten konnte, so wollte er doch wenigstens einen pachten. Bereits eine ganze Weile hatte er mit der Pachtmöglichkeit eines Hofes geliebäugelt. Jetzt hieß es zuschlagen, damit er seiner geliebten Zenta ein Heim bieten konnte.

Nachdem der Pachtvertrag unterschrieben war, heiratete das Paar Ende 1931 in aller Stille, und wenige Monate später kam das erste Kind an: zur Enttäuschung beider Eltern ein Mädchen. Nach seiner Patin, der ältesten Schwester von Zenta, wurde es Susanne getauft, aber Sanna gerufen. Einige Monate nach Sannas Geburt sah die junge Frau schon wieder Mutterfreuden entgegen. Das würde bestimmt der erwünschte Stammhalter sein. Doch dieses Kind kam bereits nach sechs Monaten als Frühgeburt zur Welt – tatsächlich ein Junge, der aber nur wenige Stunden überlebte. Beide Eltern betrauerten ihn sehr und waren lange Zeit untröstlich, zumal es recht lange dauerte, bis Zenta wieder guter Hoffnung war.

Erst 1935 brachte die Bäuerin ein weiteres Kind zur Welt, eine kräftige Tochter, die den Namen Katharina bekam, nach einer Schwester vom Hans, die das Amt der Patin übernahm. Genau ein Jahr später lag mit Josefa, zur großen Enttäuschung ihrer Eltern, abermals ein Mädchen in der Wiege. Im folgenden Jahr bekam das Paar schon wieder eine Tochter, nach der Mutter Kreszentia genannt und Zenzi gerufen.

Dann gibt es eine größere Lücke in der Geschwisterreihe. Veronika, kurz Vroni gerufen, wurde 1941 geboren. Zwischen ihr und Zenzi muss es zwei Fehlgeburten gegeben haben, etwas Genaues darüber wusste Paul nicht. Er hatte seine Schwestern mal darüber tuscheln gehört, sich aber nicht getraut, sie oder seine Mutter danach zu fragen.

Für die ständig wachsende Familie war der Wohnraum in dem gepachteten Hof allmählich zu klein geworden. Außerdem träumte Hans schon immer davon, sein eigener Herr zu sein. Deshalb hatte er stets eisern gespart, um sich eines Tages einen Hof kaufen zu können. Nach der Geburt der fünften Tochter schaute er sich also intensiv nach einem Anwesen um, das zum Verkauf stand. Es sollte ein etwas größeres Wohngebäude dabei sein, um genug Raum für seine Familie zu bieten. Auch sollte so viel Grund und Boden vorhanden sein, damit er seine Lieben gut ernähren konnte. Gewiss, er hatte nicht so viel ansparen können, dass es für die Bezahlung eines Hofes seiner Vorstellung reichte, aber er brachte in Erfahrung, dass es für Bauern zur Existenzgründung günstige Kredite gab. Zudem war ihm das Glück hold. In jener Zeit wurden erstaunlich viele Höfe angeboten, allerdings von sehr unterschiedlicher Qualität. Gemeinsam mit seiner Frau besah er sich eine ganze Reihe.

Der erste Hof, den sie besuchten, lag im Tal und war von sumpfigen Wiesen und Feldern umgeben. »Nein, das ist nichts für uns«, erklärte er. »Soll sich ein Dümmerer diesen Hof andrehen lassen.«

Das zweite Anwesen, der Lachnerhof, machte einen ordentlichen Eindruck, und es gehörten genügend Felder dazu. Das Haus lag am Hang, mit einer prächtigen Aussicht. Diese genoss Zenta jedoch nicht, ihr Blick wanderte vielmehr besorgt nach oben. Ihr Mann war schon bereit, einzuschlagen, da verhinderte sie es im letzten Moment: »Schau mal, Hans, der Berg oberhalb ist so glatt wie ein Kinderarsch und ohne ein bisschen Wald drunter, der Schutz böte. Da könnte doch leicht mal eine Lawine heruntersausen!«

Nun wandte auch Hans den Blick nach oben. »Du hast recht, Zenta. Das sieht wirklich zum Fürchten aus.«

Der dritte Hof war ihnen zu teuer, der vierte zu klein. Mit dem wenigen Grund, der dazugehörte, würde Hans die Familie nicht sattkriegen. Der nächste Hof hatte zwar genug Grund, aber die Gebäude sahen so baufällig aus, dass man fürchten musste, sie würden einem bald über dem Kopf zusammenbrechen. Endlich waren die beiden davon überzeugt, das passende Objekt gefunden zu haben: den Bärenhof. Er stand zwar am selben Berg wie der Lachnerhof, aber etwa hundertfünfzig Meter weiter unten, und da die Straße etwas um den Berg herumführte, lag er an einer Stelle, wo sich oberhalb ein dichter Wald befand. Die Gebäude machten einen durchaus soliden Eindruck, und man versicherte ihm, dass der Hof schon seit dreihundert Jahren Wind und Wetter trotze. In der Größe erschien ihnen das Anwesen genau recht, und auch, was das dazu gehörige Land betraf. Es bestand etwa zur Hälfte aus Wiesen und zur anderen aus Wald. Zusätzlich gab es eine etwas ebenere Fläche, auf der sich Kartoffeln und Getreide für den Hausgebrauch anbauen ließen. Selbstverständlich lag am Haus ein kleiner Garten, in dem man Gemüse ziehen konnte.

Hans war ganz begeistert, doch seine Frau gab zu bedenken: »Im Winter werden mit Sicherheit Schwierigkeiten auf uns zukommen.«

»Ach, was«, wischte er ihre Bedenken kurz weg. »So schlimm wird es nicht werden. Haus und Wirtschaftsgebäude sind grundsolide gebaut. Hier am Berg können die Wiesen gar nicht sumpfig sein, und der Wald oberhalb schützt uns vor Lawinen.« In der Tat schmiegte sich der Hof inmitten der saftigen Wiesen wie ein Schwalbennest an den Berg. Überzeugt davon, das Richtige zu tun, erklärte Hans dem alten Bauern, von ihm aus könne man morgen zum Notar gehen.

»So schnell geht das leider nicht«, äußerte der Altbauer bedächtig. Der Hans sah schon seine Felle davonschwimmen. Er befürchtete, der Bauer habe noch weitere Interessenten und versuche nun, den Preis in die Höhe zu treiben. Seine Besorgnis verbergend, fragte er so teilnahmslos wie möglich: »Wie, was meinst du? Willst den Hof nun doch nicht hergeben?«

»Doch, schon. Aber ich bin nicht der alleinige Besitzer.«

Hans erfuhr nun, dass einige Geschwister des Bauern und Nachkommen von verstorbenen Geschwistern Mitbesitzer waren. Dessen Vater hatte es versäumt, seinem Ältesten rechtzeitig das Sachl zu übergeben, daher war es nach seinem Ableben an eine ziemlich große Erbengemeinschaft gefallen. Bis dato waren sich die Erben nie einig geworden, wer von ihnen oder ob überhaupt einer von ihnen den Hof übernehmen werde.

Nun präsentierte der Altbauer, der den Hof all die Jahre gewissermaßen verwaltet hatte, seinen lieben Miterben einen ernst zu nehmenden Käufer. Sie brachten keine Einwände hervor, dennoch dauerte es eine halbe Ewigkeit, bis man einen Termin fand, an dem alle Erben beim Notar erscheinen konnten.

Während der langen Wartezeit sorgte sich Hans, ob es überhaupt etwas mit dem Kauf werde. Selbst als sie schon beim Notar im Amtszimmer saßen, bangte er noch, es könne plötzlich einer der Neffen den Hof übernehmen wollen. Zu seiner Erleichterung erhob niemand einen diesbezüglichen Anspruch. Es schien, als seien alle nur daran interessiert, endlich Bargeld in die Hand zu bekommen. Allerdings sprang für den Einzelnen nicht viel heraus, weil das Erbe ja in so viele Hände ging.

Schon vier Wochen später zog Hans voller Stolz mit seiner Familie in dem neuen Domizil ein. Das war doch ein ganz anderes Leben hier! Endlich hatte man Platz! Im Erdgeschoss befand sich eine riesige Küche und gleich daneben eine geräumige Speisekammer, angrenzend eine Besenkammer. Es war also an alles gedacht worden. Die Stube war so groß, dass man darin hätte tanzen können. Den Blickfang darin bildete ein bildschöner grüner Kachelofen, der für den Winter wohlige Wärme versprach. Im ersten Stock gab es vier Schlafkammern! Die würden selbst dann noch reichen, sollte ihnen doch noch ein Stammhalter geboren werden. Das Wichtigste aber: Hans konnte endlich Bauer auf seinem eigenen Hof sein und seinen eigenen Grund und Boden bewirtschaften.

Viel Zeit zu solcher Beschaulichkeit blieb ihnen allerdings nicht. Sogleich hieß es, die Ärmel aufkrempeln und sich auf die Arbeit stürzen, denn die

Heuernte stand vor der Tür. Unermüdlich rangen die Eltern und die älteste Tochter dem steilen Gelände das Winterfutter für die Tiere ab. Außer zwei Schweinen und einem Dutzend Hühner hatte man vom Vorgänger drei Kühe übernommen und diese Anfang Juni als Pensionsvieh einem Senner mit auf die Alm gegeben.

Die Bäuerin musste sich schon arg abrackern ohne fließendes Wasser und ohne Elektrizität. Von dem bisher gepachteten Hof war sie einen solchen »Komfort« gewöhnt gewesen, aber sie schickte sich ohne Murren in die primitiven Verhältnisse. Auch, was den Weg ins Dorf anging, mussten sie sich ganz schön umstellen. Statt einer befestigten Straße führte nur ein sechs Kilometer langer Schotterweg hinunter. Im Sommer sah der Weg noch manierlich aus, im Herbst aber wuschen starke Regenfälle tiefe Rinnen hinein. Im Frühjahr, zur Zeit der Schneeschmelze, verwandelte sich der Weg geradezu in einen Bach. Zweimal im Jahr wurden diese Rinnen von den Bergbauern in Gemeinschaftsarbeit wieder aufgeschottert.

Im Winter gab es Probleme anderer Art: Es existierte kein öffentlicher Räumdienst. Damit die Bauern ins Dorf gelangen und die Kinder die Schule besuchen konnten, musste jeder Bauer das Stück des Weges von seinem Hof bis zum unterhalb liegenden einigermaßen frei halten. Natürlich machte man den Weg nicht in der gesamten Breite frei, das wäre viel zu mühsam gewesen. Man begnügte sich damit, einen schmalen Pfad zu schaufeln, auf dem ein Fußgänger bequem gehen konnte. Es gab Zeiten, da musste jeden

Tag geschaufelt werden, an manchen Tagen sogar zweimal. Dennoch war es nicht einfach, ins Dorf zu gelangen. Das Hinaufkommen gestaltete sich noch ungleich schwieriger, wenn man mit Einkäufen schwer beladen war. Auch die Schultaschen der Töchter drückten beim Hinaufgehen wesentlich stärker als beim Abstieg.

Der einzige Vorteil für die Familie bestand darin, dass sie in ihrer Abgeschiedenheit nichts vom Krieg mitbekam. Hans blieb, als Vater von fünf kleinen Kindern und einziger Mann auf dem Hof, vorerst vom Kriegsdienst verschont. Doch als der Krieg schier kein Ende nehmen wollte, griff man auf die letzten Reserven zurück. So wurde der Ärmste noch im März 1945 eingezogen, als eh schon alles drunter und drüber ging. Für Zenta bedeutete das eine harte Zeit. Mit ihren ältesten Töchtern, Sanna war mittlerweile dreizehn und Kathi zehn, musste sie sich durchbeißen. Zum Glück stand noch keine Feldarbeit an, was die Sache für Mutter und Töchter erleichterte.

Zur Freude aller stand Hans, bevor die Heuernte losging, wieder daheim auf der Türschwelle. Er war gar nicht mehr zum Kriegseinsatz gekommen. Während er noch die Grundausbildung durchlaufen hatte, fand der Krieg ein Ende.

Überglücklich schloss Zenta den Heimkehrer in die Arme. Sie hatte nicht nur ihren geliebten Mann unversehrt zurück, dem Hof stand auch dessen volle Arbeitskraft wieder zur Verfügung.

So nahm das Leben seinen gewohnten Gang. Zu ihrem Leidwesen wollte sich bei der Bäuerin keine neue Schwangerschaft einstellen. So gaben die beiden die Hoffnung allmählich auf, doch noch einen Hoferben zu bekommen.

Da die Familie so abgeschieden wohnte, legte Hans großen Wert darauf, jede Woche zu seinem Stammtisch zu gehen. Erstens war es wichtig, mit den Dorfbewohnern Kontakt zu pflegen, zweitens liebte er dort die Geselligkeit und drittens erfuhr er, was es Neues im Dorf und in der Welt gab. Man hatte ja weder Radio noch Zeitung.

Eines Abends, im April 1947, kam er ganz aufgekratzt vom Stammtisch nach Hause und berichtete, noch völlig außer Atem: »Du, Zenta, ich hab den Hof verkauft.«

Vor Schreck ließ sie sich erst einmal auf einen Stuhl fallen. Dann fauchte sie ihn an: »Ja, bist du narrisch wor'n? Du kannst doch nicht einfach den Hof verkaufen!«

»Ich dachte, du freust dich über diese Nachricht! Dir hat es hier oben doch nie besonders gefallen. Das Leben war für dich doch immer so beschwerlich.«

»An die Beschwerlichkeiten hab ich mich längst gewöhnt. Und irgendwann werden wir fließendes Wasser ins Haus legen lassen und elektrischen Strom. Dann lässt sich's hier ganz gut leben.«

»Wieso sollen wir auf dem Hof bleiben und sogar noch investieren, wenn bei uns gar keine Aussicht mehr auf einen Hoferben besteht?«

»Ja, du bist gut! Wir sitzen hier doch nicht nur, um auf einen Hoferben zu warten. Wir anderen müssen doch auch irgendwo wohnen. Und wovon sollen wir dann leben?«, rief sie aufgebracht. »Schließlich ernährt uns der Hof!«

»Wir können ja wieder einen anderen pachten.«

»Pachten?!« Dieses Wort muss sie ihm geradezu verächtlich entgegengeschleudert haben. »Ich versteh dich nicht. Erst hast du alles darangesetzt, Herr auf eigenem Grund zu sein, und jetzt willst du dich wieder in Abhängigkeit begeben!«

»Ich meine ja nur vorübergehend, bis wir in einer Tallage einen geeigneten Hof kaufen können.«

»Wenn du vorhast, einen anderen Hof zu erwerben, können wir ja so lange hierbleiben, bis du den richtigen gefunden hast. Sonst müssten wir ja zweimal umziehen. So lustig finde ich das auch nicht. Sobald du einen neuen Hof gekauft hast, ist's noch früh genug, den Bärenhof herzugeben.«

»Mein Interessent möchte aber schon im Mai einziehen.«

»Ja, spinnst du?! Das seh ich überhaupt nicht ein! Wir können doch nicht so hoppla-hopp unsere Zelte hier abbrechen!«

»Aber schau mal, Zenta«, versuchte er, ihr diese Veränderung schmackhaft zu machen. »Wenn wir noch im Mai umziehen, ersparen wir uns in diesem Sommer sogar das Heumachen.«

»Red' doch keinen Schmarrn! Egal wo wir landen, dort müssten wir auch heuen. Oder willst du etwa irgendwo als Tagelöhner arbeiten?«

»Auf keinen Fall. Natürlich will ich Bauer bleiben, aber vorübergehend auf einem gepachteten Hof.«

»Auf einem Pachthof müssten wir auch Heu machen.«

»Ja, schon. Aber wenn wir einen Hof im Tal pachten, ist das doch viel einfacher. Außerdem würde das

Leben für dich dort in jeder Hinsicht leichter«, versuchte er es erneut.

»Bilde dir bloß nicht ein, dass du von heute auf morgen einen Pachthof findest«, hielt sie ihm vor.

»Wir sollten es zumindest versuchen.«

»Selbst wenn du in so kurzer Zeit einen auftreiben solltest, kein Bauer wird dir den für nur ein paar Monate überlassen. Pachtverträge laufen immer über mehrere Jahre. Für uns würde das bedeuten, dass wir ewig dort festsitzen. Nachdem ich einige Jahre Bäuerin gewesen bin, hab ich keine Lust, wieder Pächterin zu sein.«

»Ah, geh«, versuchte der Bauer, sie zu besänftigen. »Es wär ja wirklich nicht für lange, dann bist wieder Bäuerin. Schau, mein Interessent hat mir einen so sensationellen Preis geboten, dass wir schnell zugreifen sollten.«

»Wenn er wirklich so sehr an unserem Anwesen interessiert ist, wird er auch warten können, bis wir einen neuen Besitz gefunden haben.«

»So lange wird mein Interessent nicht warten.«

»Interessent? – Ich höre immer nur Interessent! Was ist das überhaupt für einer?«

»Ein Städter. Am Stammtisch hat er nachgefragt, ob nicht einer seinen Hof hergeben möchte. Er will auf Landwirtschaft umsatteln. Der Preis, den er bietet, ist wirklich sensationell und übersteigt den Wert unseres Hofes erheblich.«

»Und warum hat er so viel geboten?«, fragte seine Frau mit lauerndem Blick. »Da ist doch was faul dran!«

»Was soll daran faul sein? Er würde halt gern in dieser Gegend wohnen.«

»Nein, nein, mir gefällt das Ganze nicht. An der Sache muss ein Haken sein. Man gibt doch nicht einen Haufen Geld aus für ein Anwesen, das man noch nicht mal gesehen hat.«

»Geld spielt bei ihm keine Rolle, hat er versichert. Hauptsache, das Haus liege am Berg.«

»Und da hast du Depp dich gemeldet?«

»Warum nicht? Wenn man ein solches Angebot kriegt, wär man blöd, wenn man nicht zugreift. Der Mann bietet uns so viel, dass wir leicht unsere Schulden bei der Bank zahlen, uns später im Tal einen schönen Hof schuldenfrei kaufen können und sogar noch Geld übrig haben.«

Zenta schüttelte nur den Kopf. »Und deine Stammtischbrüder, wie haben die auf das Angebot reagiert?«

»Denen sind bald die Augen aus dem Kopf gefallen, als sie den Betrag hörten, den der Mann nannte.«

»Will denn von denen keiner verkaufen?«

»Nein.«

»Die sind eben gescheiter als du«, warf ihm Zenta an den Kopf.

»Mit Gescheitsein hat das nichts zu tun. Du glaubst nicht, wie sie alle miteinander bedauerten, dass sie das Angebot nicht annehmen können.«

»Und was hindert sie daran?«

»Seit Generationen sitzen die auf ihren Höfen und haben Söhne, die die Tradition fortsetzen sollen. Beide Gründe fallen bei uns weg. Da wir erst seit sechs Jahren hier wohnen und noch kein bisschen verwurzelt sind, können wir ebenso gut anderswo leben.«

Wieder schüttelte die Bäuerin den Kopf: »Nein, mir gefällt es nicht, dass der es so eilig hat. *Wer's eilig hat, will betrügen!*, sagte meine Großmutter immer, und damit hat sie stets recht gehabt.«

Auch die weiteren Argumente, die der Bauer vorbrachte, ließ Zenta nicht gelten.

»Hans, bleib mit den Füßen auf dem Boden. Zum Glück hast noch nichts unterschrieben. Lass den guten Mann bis zum nächsten Jahr warten. Dann bleibt dir Zeit genug, das Ganze gründlich zu überdenken. Während der Zeit kannst dich ja schon mal im Tal umschauen, ob du einen geeigneten Hof für uns findest. Jetzt wird nicht verkauft, basta.« Das brachte sie so entschieden vor, dass der Bauer nicht mehr zu widersprechen wagte.

Natürlich konnte er den Hof auch ohne ihre Einwilligung verkaufen, weil er ja alleiniger Besitzer war. Weil er aber seine Frau liebte, wollte er ihr das nicht antun. Außerdem gab er viel auf ihren Rat.

Einige Monate später hätte er Zenta für ihre Hartnäckigkeit die Füße küssen mögen. Im Oktober brachte er vom Stammtisch eine aufregende Neuigkeit mit nach Hause. Das Wort »Währungsreform« war in aller Munde. Es hieß, das Geld sei nichts mehr wert, im Dezember bekomme man pro Kopf für 150 alte Schilling 150 neue Schilling und das Übrige seiner Ersparnisse könne man innerhalb dieser zwei Wochen im Verhältnis 3:1 umtauschen. Wer diesen Termin verpasste, saß später auf wertlosem Papier.

Jetzt ging dem Bauernpaar vom Bärenhof ein Licht auf. Der »Interessent« hatte es deshalb so eilig gehabt, weil er wohl über Insiderwissen verfügte und sein Geld noch schnell in Haus- und Grundbesitz hatte anlegen wollen, bevor ihm die Inflation das meiste davon wegfraß.

»Zenta, wie gut, dass du so stur geblieben bist«, lobte Hans seine Frau. »Ich weiß gar nicht, wie ich dir dafür danken soll. Wär's nach mir gegangen, stünden wir jetzt auf der Straße. Denn von dem bisschen Geld, das uns nach dem Umtausch übrig bliebe, würden wir es nie wieder zu einem eigenen Anwesen bringen.«

Zenta war einigermaßen überrascht, als ihre Regelblutung zehn Jahre nach der Geburt ihrer Jüngsten auf einmal ausblieb. Da sie erst zweiundvierzig war, suchte sie Rat bei Burgi, ihrer um sieben Jahre älteren Schwester: »Könnte das der Beginn der Wechseljahre sein?«

»Möglich, aber ein bisschen früh vielleicht. Bei mir hat es erst mit siebenundvierzig angefangen. Mal blieben die Tage aus, mal kamen sie. Dabei wurden die Abstände immer größer«, klärte Burgi die »kleine« Schwester auf. »Du musst das halt beobachten. Wenn du dich gar zu unsicher fühlst, solltest du mal zum Arzt gehen. Es könnte ja was Ernstes dahinterstecken.«

Zenta beobachtete und beobachtete. Als ihre Tage ein drittes und viertes Mal ausblieben, machte sie sich ernstlich Sorgen. Das schien ihr schon verdächtig. Burgi hatte davon gesprochen, dass die Periode in immer unregelmäßigeren Abständen käme, aber nicht davon, dass diese mit einem Schlag ganz aufhörte. Doch einen Arzt aufzusuchen, hielt Zenta für unnötig. Es ging ihr ja gut, und eigentlich war sie froh, dass sie diesen allmonatlichen Zirkus nicht mehr über sich ergehen lassen musste.

Einige Wochen später war es ihr, als spüre sie Kindsbewegungen. Sie konnte es kaum glauben. Also achtete sie noch genauer darauf. Ja, es war nicht zu leugnen! Erfahrung damit hatte sie ja ausreichend. Sollte sie sich nun darüber freuen oder verzweifelt sein? Jetzt, in ihrem »hohen Alter« noch einmal Mutter zu werden – womöglich von einer weiteren Tochter –, das drückte ihr aufs Gemüt.

Als sie sich endlich ihrem Mann anvertraute, gab der sich die größte Mühe, sie wieder aufzubauen: »Freu dich doch, Zenta! Vielleicht wird's diesmal der ersehnte Bub.«

»Und wenn doch wieder ein Dirndl in der Wiege liegt?«, fragte sie verzagt.

»Dann wird es auch aufgezogen. Schau, unsere beiden Großen sind ja schon aus dem Haus, also haben wir Platz genug für ein neues. Und die drei andern Madln werden sich freuen, wenn sie dir beim Aufziehen helfen dürfen.«

Wie gewohnt und wie bei jeder vorhergehenden Schwangerschaft ging die Bäuerin ihrer Arbeit nach. Doch sie merkte, dass sie keine dreißig mehr war. Damals hatte sie alles leicht weggesteckt, jetzt aber musste sie öfter einmal rasten oder sich gar hinsetzen. In ihrem Zustand war sie heilfroh, dass sie ihre Töchter rechtzeitig in allem unterwiesen hatte. Mit ihren nunmehr zehn, vierzehn und fünfzehn Jahren bedeuteten die Dirndln für die Mutter eine wirkliche Entlastung.

Weil Zenta eben nicht mehr die Jüngste war, hatte sie sich vorsichtshalber sogar zur Dorfhebamme bemüht. Diese hatte ihr die Schwangerschaft bestätigt und ihr versichert, es sei alles in Ordnung, der Geburtstermin sei voraussichtlich Ende August.

In der Zeit des Heumachens erwiesen sich die Töchter als besonders wertvolle Hilfe. Denn wegen ihres zunehmenden Leibesumfangs war die Bäuerin in der Bewegung stark eingeschränkt. Auch das Atmen fiel ihr zusehends schwerer, weil das Kind ihr ganz schön gegen die Lunge drückte. Daher war Zenta beim Heuen gar nicht mehr einsetzbar.

Erfreulicherweise hatte es im Juni eine anhaltende Schönwetterperiode gegeben, sodass alle Bauern bis zum 29., dem Feiertag Peter und Paul, alles eingebracht hatten. Man konnte also ohne schlechtes Gewissen mit dem Jungbauern vom Wimmerhof Hochzeit feiern. Auch die Bärenhofleute waren eingeladen.

»Ich geh nicht mit«, entschied die schwangere Bäuerin kategorisch. »Einerseits gebe ich mit meinem dicken Bauch nicht gerade einen schönen Anblick ab, andererseits fürchte ich mich vor dem Heimweg. Der Aufstieg dürfte doch recht beschwerlich für mich werden, fällt mir doch schon beim Gehen auf ebenem Boden das Atmen schwer.«

Das sah ihr Mann ein. Da ihm seine Dirndln bei der Stallarbeit so gut geholfen hatten, konnte er es sich erlauben, sogar schon am Morgen zu Tal zu wandern, um schon bei der kirchlichen Trauung zugegen zu sein.

Vor einigen Wochen hatte Zenta vorübergehend zwei kleine Nichten in Pflege genommen. Weil sie sich um diese schon seit Längerem nicht mehr kümmern konnte, hatten ihre Töchter diese Aufgabe übernommen. Nach dem Nachtessen achtete Zenta noch darauf, dass Tochter Josefa die beiden kleinen Cousinen zu Bett brachte. Dann zog sie sich, erschöpft von des Tages Last, ebenfalls zurück.

Gegen acht Uhr, ihre drei Madln saßen noch mit Stricken und Spinnen beschäftigt in der Stube, hörten sie die Mutter oben gegen die Wand klopfen. Die Fünfzehnjährige stürmte sofort nach oben. »Mami, was ist los?«

»Dirndl, lauf zur Hebamme, sag ihr, dass bei mir die Wehen eingesetzt haben, sie soll gleich mitkommen. Nimm eine Stalllaterne mit, auf dem Rückweg wirst sie brauchen.«

Josefa fragte nicht lange, sie war es gewöhnt, der Mutter aufs Wort zu gehorchen. Bevor sie jedoch das Haus verließ, erklärte sie ihren Schwestern, der Mutter gehe es nicht gut, deshalb sollten sie bald nach ihr schauen. Und schon sprang sie leichtfüßig hinunter ins Dorf. Die Vierzehnjährige begab sich unterdessen nach oben, um zu fragen, ob die Mutter Wünsche habe.

»Ja, Zenzi, sei so gut und schick die Vroni ins Bett. Dann kommst wieder rauf.«

Nachdem dieser Auftrag ausgeführt war, musste das Mädchen aus Mutters Kasten, so nennt man in Österreich den Kleiderschrank, die Kindswäsche und die Windeln heraussuchen, die Zenta in weiser Voraussicht aufgehoben hatte. Weil bei ihr die Wehen viel zu früh eingesetzt hatten, war sie noch dazu gekommen, weitere Vorbereitungen zu treffen. Zunächst hieß es für Zenzi, den Tisch abräumen, der noch in der Kammer stand aus der Zeit, als er für Vroni als Wickeltisch diente. Auf diesem hatte sich im Laufe der Jahre allerlei angesammelt. Anschließend musste sie eine mehrfach gefaltete Wolldecke darauflegen und darüber ein Biberbetttuch, ebenfalls in mehreren Lagen. Damit war der Wickeltisch fertig. Danach wies die Schwangere ihre Tochter an, den Küchenherd einzuheizen und zwei große Töpfe mit Wasser aufzusetzen.

Hans, der werdende Vater, wusste von alledem nichts. Er genoss noch immer gut gelaunt das Zusammensein bei der Hochzeitsgesellschaft. In angeregte Gespräche verwickelt, saß er mit einigen Bauern in gemütlicher Runde. Nach dem guten und reichlichen Essen kämpften sie mit dem einen oder anderen Bier gegen den Durst an. Die Stimmung hätte nicht besser sein können, und man hätte normalerweise bis zum Morgengrauen durchhalten. Doch unvermittelt sprang der Bärenhofbauer auf und angelte seinen Hut vom Kleiderhaken. Alle starrten ihn entsetzt an.

»Was ist jetzt in dich gefahren?«, fragte sein Nachbar zur Linken.

»Ich muss heim!«

»Wieso denn jetzt schon?«, wollte der Nachbar zur Rechten wissen.

»Frühmorgens, wenn die Hähne krähn, dann ist noch genug Zeit, nach Haus zu gehn!«, versuchte ein weiterer Tischgenosse, ihn mit einem banalen Spruch zum Dableiben zu bewegen.

Doch Hans schüttelte nur den Kopf.

»A geh! Um dein Vieh zu füttern reicht es, wenn du um sechs in der Früh daheim bist«, versuchte ihn ein anderer Bauer zu überzeugen.

»Ich tät ja gern bleiben, aber ich mach mir Sorgen. Daheim stimmt was nicht.«

»Meinst, dass eine Kuh zum Kalben kommt?«, äußerte sich einer verständnisvoll.

»Nein, keine Kuh. Ihr wisst doch, dass meine Frau ein Kind erwartet.«

»Aber geh! Du hast doch erzählt, dass sie erst Ende August niederkommen soll«, erinnerte ihn einer der Bauern.

»Gewiss. Aber …« Er druckste ein bisschen herum. »Vielleicht kriegt sie Zwillinge. Es ist bekannt, dass Zwillinge gern zu früh kommen, weil's ihnen im Mutterleib zu eng wird.«

»Wie kommst jetzt auf so was? Zwillinge?«

Nun ja, sie sei schon außergewöhnlich dick dafür, dass sie noch zwei Monate vor sich habe, klärte er die Freunde auf. Außerdem habe ihm vor ein paar Wochen auf dem Viehmarkt eine Zigeunerin aus der Hand gelesen und ihm Zwillinge prophezeit. »Vielleicht hat sie ja recht«, schloss er seine Ausführungen.

»Du glaubst doch nicht etwa solch einen Schmarrn?«, höhnte einer seiner Freunde.

»Bis jetzt hab ich auch nicht dran geglaubt. Aber ich spür so eine Unruhe! Ich bin mir sicher, daheim gibt's Probleme.«

»Was für Probleme sollen das sein? Und wie willst du das auf diese Entfernung merken?«, fragte einer aus der Runde. Hans zuckte hilflos die Schultern.

»Selbst wenn es Zwillinge werden sollten, dann müssen sie doch nicht ausgerechnet heute kommen«, versuchte man, ihn zu beruhigen.

»Egal, ich muss heim. Ich hab das Gefühl, meine Frau braucht mich.«

Er verabschiedete sich kurz von dem Brautpaar und verließ wie gehetzt den Wirtshaussaal, um sich nicht noch mehr dumme Bemerkungen anhören zu müssen.

Schneller als gewöhnlich lenkte er seine Schritte den Berg hinan, wobei ihm seine Stalllaterne, die er vorsorglich mitgenommen hatte, wertvolle Dienste tat. Es regnete zwar noch nicht, aber der Himmel war so verhangen, dass weder Mond noch Sterne zu sehen waren. Nachdem er etwa eine halbe Stunde rüstig ausgeschritten war und voller Unruhe den Blick immer wieder einmal nach oben gerichtet hatte, kam es ihm vor, als sehe er ein kleines Licht. Er zwickte die Augen zu und öffnete sie wieder. Das Licht war immer noch zu sehen, aber ein Stern war das gewiss nicht. Eher ein irdisches Licht, das bergan wanderte. Es musste etwas passiert sein! Nicht ohne Grund würde zu dieser nächtlichen Stunde ein Licht nach oben wandern.

Also beschleunigte er seine Schritte, sodass er ins Schwitzen geriet und gehörig schnaufen musste. So plötzlich, wie das Licht aufgetaucht war, verschwand es mit einem Male wieder. Erleichtert gönnte er sich eine kleine Atempause. Er glaubte schon, ihn habe ein Trugbild genarrt, zumal er einige Bier intus hatte. Doch dann kam ihm der Gedanke, dass es nur um die nächste Biegung verschwunden sein könne.

Mit dieser Vermutung lag er richtig, denn schon bald entdeckte er wieder das schwankende Lichtpünktchen, und seine Sorge nahm wieder zu. So sehr er sich auch bemühte, das Licht einzuholen, er schaffte es nicht. Er musste seine Schritte sogar verlangsamen, weil er am Ende seiner Kräfte war. Nach einigen Kehren konnte er in der Höhe seinen Hof ausmachen. Normalerweise wäre das bei der herrschenden Dunkelheit gar nicht möglich gewesen. Dass er ihn dennoch sah, lag daran, dass in der Küche und in seiner Schlafkammer Licht brannte. Seine Besorgnis wuchs mit jedem Schritt. Wenn um diese Nachtzeit im Haus Lichter brannten, musste tatsächlich etwas vorgefallen sein! Das sich bewegende Licht näherte sich dem Haus immer mehr, bis es darin verschwand.

Eine halbe Stunde vor Mitternacht erreichte er keuchend seinen Hof. Sogleich stürzte er in die eheliche Schlafkammer. Doch was er da erblickte, ließ ihn mit einem Schlag seine Sorgen vergessen. Notburga, die Hebamme, stand am Bett seiner Frau und hielt einen winzigen Säugling in der Hand, der aus Leibeskräften schrie. Schnaufend, aber überglücklich schaute der stolze Vater zu, wie sie den Kleinen abnabelte.

»Ich bin keine Sekunde zu früh gekommen«, erklärte Notburga lachend. »Als ich ans Bett deiner Frau trat, flutschte er mir direkt in die Hände.«

Um sich davon zu überzeugen, ob er richtig gehört und auf den ersten Blick auch richtig gesehen hatte, hielt der Bauer seine Laterne so, dass er die entscheidende Stelle einwandfrei erkennen konnte.

»Ja, schau nur genau hin«, amüsierte sich die Hebamme. »An ihm ist alles dran.«

»Zenta, du hast es geschafft!«, jubelte der Bärenhofer. »Wir haben einen Sohn!«

Die Angesprochene lächelte matt, verzog kurz darauf aber unter einer neuen Schmerzwelle das Gesicht. Hastig schlang Notburga eine Mullwindel um den Kleinen und drückte ihn seinem Vater in die Hand. »Du, Hans, halt mal. Ich glaube, da kommt noch eins.«

Tatsächlich, wenige Minuten nach dem ersten Kind presste die Bäuerin ein zweites heraus, das die Geburtshelferin mit beiden Händen auffing. Ein Blick genügte der erfahrenen Frau, um sagen zu können: »Hans, dein Bua hat sich Verstärkung mitgebracht. Er hatte wohl Angst, mit so vielen Weibsleuten allein zu sein.«

Der Zweitgeborene ließ leider keinen Ton hören. Deshalb versetzte Notburga ihm einige Klapse auf das winzige Hinterteil, bis er endlich einen zaghaften Schrei von sich gab.

Jetzt erst konnte die Weise Frau darangehen, die Winzlinge zu baden. Die umsichtige Josefa hatte rechtzeitig die kleine emaillierte Wanne sowie heißes und kaltes Wasser aus der Küche herbeigeschafft. Die Erstlingswäsche war für die beiden Kerlchen viel zu groß. Deshalb umwickelte die Hebamme jedes mit einer Mullwindel und schlang zusätzlich ein Frotteetuch um jedes Bündelchen. »Eure Buben sind acht Wochen zu früh gekommen, daher sind sie noch nicht ganz ausgereift und sehr gefährdet. Vorsichtshalber gebe ich ihnen die Nottaufe. Wie sollen sie denn heißen?«

»Peter und Paul«, antwortete der Vater spontan. »Weil heute das Fest dieser beiden Heiligen ist.«

Nachdem die Hebamme die heilige Handlung vorgenommen hatte, äußerte sie weitere Bedenken: »Wären wir jetzt im Spital, kämen eure Zwillinge in den Brutkasten oder in ein Wärmebettchen. Aber was machen wir hier?« Sie schaute die Eheleute ratlos an.

Die praktisch denkende Bäuerin wusste Rat: »Gib sie her. Ich halt sie so lange warm, bis Hans den Kachelofen geschürt hat. Dann kannst du die beiden in die Wärmenische legen.«

In der Tat hatten die alten Kachelöfen eine Nische, in der man Speisen und Getränke warm halten konnte. Diese erwies sich als breit genug, sodass die beiden Buben nebeneinander Platz in ihr fanden. Wie Brote schob Notburga die Neugeborenen hinein, mit den Füßen zuerst.

»Laut Vorschrift muss ich noch fast drei Stunden bei der Wöchnerin wachen«, ließ sie nun verlauten. »Danach lohnt es sich für mich nicht mehr, heimzugehen. In der Früh müsste ich eh wieder aufsteigen, um nach der Mutter und den beiden Buben zu schauen. Deshalb leg ich mich einfach in der Stube auf den Diwan, wenn ihr erlaubt. So hab ich auch gleich ein Ohr auf die Zwillinge.«

Bevor die Fünfzehnjährige, die bei dem ganzen Geschehen vorbildlich assistiert hatte, zu Bett ging, sagte Notburga: »Josefa, morgen früh musst fest zuschauen, wenn ich deine Brüderchen versorge, damit du es lernst. Du musst dich um sie kümmern, solange deine Mutter im Wochenbett liegt.«

Diese vor ihr liegende Aufgabe erfüllte das Mädchen mit sichtlichem Stolz.

Dem Vater der Buben gab die Hebamme die Anweisung, den Kachelofen über Nacht mäßig in Gang zu halten. Denn nur wenn die richtige Temperatur die zwei Kleinen umgab, hatten die beiden zu früh Geborenen eine Chance, zu überleben.

Am nächsten Morgen wurde Notburga durch Kindsgeschrei geweckt. Hastig sprang sie vom Diwan und stürzte zum Kachelofen. Es war Paul, der Erstgeborene, der das laute Lebenszeichen von sich gab. Sein Bruder dagegen rührte sich nicht. Die Hebamme hob ihn aus der Nische. Sein kleiner Körper war starr. Das erschreckte sie nicht besonders, denn sie hatte ihm von Anfang an keine großen Überlebenschancen eingeräumt.

Den lebenden Säugling brachte sie zu seiner Mutter. Auf deren fragenden Blick hin, nickte die Hebamme nur. Da wusste Zenta, dass ihr zweiter Sohn die Nacht nicht überlebt hatte. Sie schluckte kurz und erklärte schicksalsergeben: »Ich hab mir gleich gedacht, dass er nicht genug Lebenskraft hat, er hat ja schon nicht schreien mögen.«

Dann nahm sie den schreienden Paul unter ihre Bettdecke und legte ihn an. Und siehe da, so winzig das Kerlchen auch war, es saugte kräftig, und der mütterliche Quell gab schon genug für ihn her. »Jetzt haben wir gewonnen«, kam es erleichtert von Notburga. »Nur müssen wir ihn weiterhin warm halten.«

Sie untersuchte die Wöchnerin, bei der alles in Ordnung zu sein schien, und wies Josefa in die Säuglingspflege ein. Danach bat Zenta wieder um den

Kleinen. »Weißt, Notburga, ich behalte ihn bei mir im Bett, dann hat er die richtige Temperatur und ich kann ihm jedes Mal die Brust geben, wenn er Hunger hat.«

Das hieß die Hebamme gut, denn eine Frühgeburt brauchte mehr Mahlzeiten als ein voll ausgetragener Säugling, weil diese kleiner ausfielen. Gleichzeitig äußerte sie aber Bedenken: »Bei Tag mag das gut gehen. In der Nacht aber ist das für den Buben zu gefährlich. Es ist schon öfter vorgekommen, dass eine Mutter ihr Neugeborenes im Schlaf erdrückt hat. Schon in der Bibel ist so ein Fall beschrieben. Eine Mutter hatte ihren Säugling im Schlaf erdrückt und ihn nachher mit dem lebenden Kind einer anderen Mutter vertauscht. Nun sollte der weise König Salomon herausfinden, wem der lebende Säugling gehörte.«

»Um Gottes willen, ja, die Geschichte kenn ich«, rief die Bäuerin erschrocken aus. »Ein solches Risiko will ich nicht eingehen.«

Notburga überlegte: »Der kleine Paul scheint mir recht stabil. In den Kachelofen braucht er nicht mehr. Aber ein Wärmebettchen wäre gut. Ihr habt doch gewiss zwei Wärmflaschen?« Zenta nickte. »Die soll der Hans am Abend mit 39 Grad warmem Wasser füllen, um jede ein Frotteetuch wickeln und sie rechts und links von dem Kleinen in die Wiege legen. Sobald er sich in der Nacht meldet, soll Hans das Wasser wieder auf 39 Grad erwärmen.«

»Und woher soll er wissen, wann das Wasser 39 Grad hat?«, war die besorgte Frage der Zwillingsmutter.

»Du hast doch gewiss ein Einkochthermometer?«
»Ei, freilich!«
»Dann fehlt ja gar nichts«, antwortete die schlaue Notburga.

Mein Ehemann, als Frühchen geboren, wurde also auf sehr unkonventionelle Weise am Leben erhalten: mithilfe eines Kachelofens, zweier ovaler Kupferwärmflaschen und eines Einmachthermometers.

Seine Mutter aber, die so überraschend von Zwillingen entbunden worden war, hatte sich spontan darauf eingestellt, zwei Söhne aufzupäppeln und zu lieben. Nun hieß es, sich wieder umstellen. Dem Verstorbenen trauerte sie nicht lange nach. Stattdessen überschüttete sie den verbliebenen Sohn mit doppelter Fürsorge und doppelter Liebe. Da er seine erste Lebenswoche tagsüber bei ihr im Bett verbrachte, entwickelte sich eine außergewöhnlich enge Mutter-Kind-Bindung. Aber auch der Vater war nicht nur stolz auf seinen spät geborenen Stammhalter, er ließ ihn ebenfalls seine ganze Liebe und Fürsorge spüren.

Zentas Dirndln waren mit der Pflege des Säuglings, mit der Betreuung der Wöchnerin sowie der Arbeit im Haushalt und im Stall voll ausgelastet. Hätten sie sich weiterhin um ihre kleinen Cousinen kümmern müssen, wären sie überfordert gewesen. Deshalb brachten Josefa und ihr Vater die Kleinen ins Dorf zu deren Mutter Mena, einer Schwester von Zenta.

Hatten sich Pauls Schwestern zunächst über die Geburt des Brüderchens sehr gefreut und darin gewetteifert, ihm Liebes und Gutes zu tun, so fühlten sie sich nach einigen Monaten von der Mutter vernachlässigt, die sie auf einmal wie Luft behandelte. Nur arbeiten durften sie bis in die Nacht. Selbst die Zehnjährige wurde, wenn sie von der Schule kam und erst recht in den Ferien, stark eingespannt. Doch ein Wort des Lobes oder der Anerkennung vermissten sie sehr, und ein paar Schilling als Belohnung gab es schon gar nicht.

Deshalb bettelte Josefa ständig, die Mutter möge ihr erlauben, in Stellung zu gehen. Als der Kleine ein Jahr alt war, gab Zenta dem Drängen endlich nach. Die mittlerweile Sechzehnjährige trat bei einem Bauern in den Dienst als Magd, wo sie nun ihr erstes Geld verdiente. Nach einem weiteren Jahr »flüchtete« Zenzi ebenfalls zu einem fremden Bauern. Der Bub war mittlerweile aus dem Gröbsten heraus, sodass er keine direkte Pflege mehr brauchte, doch er musste ständig beaufsichtigt werden. Wenn die Mutter nicht dazu kam, übertrug sie die Aufgabe der zwölfjährigen Vroni. Inzwischen war diese auch so weit herangewachsen, dass sie in Haus und Feld voll eingespannt werden konnte.

Aber zurück zu meinem eigenen Leben. Wie gesagt, ich war bemüht, meiner Schwiegermutter nicht zu oft unter die Augen zu treten, um ihr keinen Anlass zu bissigen Bemerkungen zu geben. Bei den Mahlzeiten war das jedoch unvermeidlich. Jedes Mal, wenn ich die Küche betrat, sah ich, wie sie meinen Bauch taxierte. Obwohl nicht das geringste bisschen einer Schwangerschaft zu entdecken war, muss sie im Dorf und bei ihren Töchtern herumgetratscht haben, mir sei es nur gelungen, mir ihren Sohn einzufangen, indem ich ihn vor der Ehe hereinlegte. Wenn ich nicht schwanger gewesen wäre, hätte er mich nie und nimmer geheiratet. Diese Geschichte wurde mir von verschiedenen Seiten zugetragen.

Da ich jedoch fünf Monate nach der Hochzeit noch immer gertenschlank war, verbreitete sie neue Märchen über mich. Ihren Sohn habe ich mir nur deshalb angeln können, weil ich ihm vorspielte, in anderen Umständen zu sein. In Wirklichkeit sei ich eine taube Nuss. Ihr armer Sohn täte ihr leid, weil er auf eine Frau hereingefallen wäre, die ihm keinen Erben schenken könne, und der Hof, den sie mit so viel Mühe erhalten habe, müsse nach ihm in fremde Hände übergehen.

Als mir dieses Gerücht zu Ohren kam, lächelte ich nur still in mich hinein und erwähnte mit keiner Silbe, dass ich bereits im dritten Monat war. Mein Bäuchlein ließ sich aber nicht mehr lange verbergen, und eines Tages, nachdem die allmorgendliche Blickkontrolle über mich ergangen war, erfolgte von Schwiegermutter der Kommentar: »Aha, hast dich jetzt ausgestopft, damit man meint, du seist in der Hoffnung? Damit kommst nicht weit. Über kurz oder lang fliegt der Schwindel auf.«

Dazu gab ich keinen Kommentar. Mein süßes Geheimnis wollte ich so lange wie möglich für mich behalten. In dieser Situation sah ich es als Glücksfall an, dass mir nie schlecht war und ich alle meine Aufgaben wie gewohnt erledigen konnte.

Gegen Ende der Schwangerschaft – inzwischen hatte seine Mutter wohl begriffen, dass meine

Schwangerschaft nicht vorgetäuscht sein konnte – trat allerdings ein Problem auf. Durch die Kindslage war bei mir ein Nerv eingeklemmt, was mir bei jeder Bewegung höllische Schmerzen verursachte. Jede Arbeit konnte ich nur mühsam verrichten. An einem Samstag fühlte es sich wieder total arg an. Zu meinen Aufgaben gehörte es, regelmäßig die Holzkiste zu füllen. Mit der leeren Kiste begab ich mich in den Keller, belud sie und wusste aufgrund der Schmerzen nicht, wie ich mit dieser wieder nach oben gelangen sollte. Nur unter Aufbietung eines eisernen Willens schaffte ich es quasi auf allen Vieren, nach oben zu kriechen, indem ich die Kiste Stufe für Stufe höher schob. Total erschöpft legte ich mich in der Küche auf die Ofenbank, damit sich mein Nerv wieder ein bisschen beruhige, bevor ich die nächste Aufgabe in Angriff nehmen wollte: den Hausgang putzen.

Meine Schwiegermutter kam just in dem Moment herein, sah mich liegen, fragte nicht lange nach dem Grund, sondern machte sich selbst ans Putzen. Beim Nachtessen hielt sie es dann für nötig, bissig vor sich hin zu brummen: »Als ich mein erstes Kind erwartete, hab ich meine Aufgaben allesamt erledigt. Das faule Luder ist nicht in der Lage, das zu schaffen.«

Elf Monate nach unserer Hochzeit war es dann so weit. Anfang Mai 1975 setzten die Wehen ein. Bevor Paul mich ins nächstgelegene Spital brachte, bekam ich von Zenta noch folgende Belehrung mit auf den Weg: »Fang bloß nicht mit dem Stillen an. Das geht bei uns nicht. Du fällst sonst beim Heuen aus, das können wir uns nicht leisten.«

»Ja, aber ...«, versuchte ich etwas einzuwenden, da schnitt sie mir das Wort ab.

»Kein Aber. Dem Kind kann ich die Flasche geben, wenn du im Feld bist.«

Schweren Herzens fügte ich mich, zumal es zu der Zeit gerade »in« war, Kinder mit der Flasche aufzuziehen. Erst einige Jahre später besann man sich wieder aufs Stillen. Das wäre in unserem Haus vordem auch wegen der Feriengäste schlecht gegangen, die ab Anfang Juni regelmäßig bei uns einfielen und Küche und Stube belagerten, sodass ich kein ruhiges Plätzchen für mich und mein Kind gehabt hätte. Gewiss hätte ich mich hierzu auch in unsere Schlafkammer zurückziehen können. Da wäre es warm genug gewesen, aber ich besaß nicht die Kraft, mich gegen Zenta durchzusetzen.

Im Spital wurde dann sehr viel Geduld von mir abverlangt. Nach vierundzwanzig Stunden in den Wehen hörte ich endlich den ersten Schrei meines Kindes. Dem rundum gesunden Mädchen gaben wir den Namen »Petra«, der bisher in der Familie weder auf meiner noch auf Pauls Seite vorgekommen war.

Dieser Name bot meiner Schwiegermutter, als ich vom Spital nach Hause kam, wieder eine Angriffsfläche. Wie immer hielt ich den Mund und schluckte ihre gehässigen Bemerkungen hinunter. Dass sie mich auf der Wochenstation nicht besucht hatte, war nichts Außergewöhnliches. Bei uns war es üblich, eine junge Mutter mit ihrem Kind erst nach ihrer Heimkehr zu besuchen und Wesat abzuhalten: eine kleine Feier, bei der man den Gästen Kaffee und Kuchen anbot. Ich habe keine Ahnung, wovon das Wort abgeleitet ist und was es bedeutet. Nicht nur Verwandte und Freundinnen, sondern auch Nachbarinnen kamen, die zum Teil einen ganz schön weiten Weg zurücklegten. Jede brachte ein Geschenk für das Kind mit, eine Strampelhose, eine Rassel, ein selbst gehäkeltes Mützchen, gestrickte Patschen, Fäustlinge oder gar eine Wolljacke. Diese Sachen konnte ich alle gut brauchen, denn beim Einkauf der Babyausstattung hatten wir uns auf das Nötigste beschränkt.

Es gab allerdings etwas, das mich schon im Spital verwundert hatte: Dort war meine älteste Schwägerin Sanna aufgetaucht, hatte sehr distanziert gratuliert und es nicht fertiggebracht, mir etwas Nettes zu sagen. Daran merkte ich, dass die vielen Lügen, die Pauls Mutter über mich verbreitet hatte, auf fruchtbaren Boden gefallen sein mussten. Entweder war Susanne aus purer Neugier ins Spital gekommen, oder meine Schwiegermutter hatte sie als Kundschafterin geschickt. Sie blieb nicht lange, doch zum Abschied ließ sie einen Kommentar los, der mir eindeutig zeigte, dass ihre Mutter ihr die Gehässigkeit gegen mich bereits eingepflanzt hatte: »Dir wird es genauso ergehen wie unserer Mutter, dass du nur Mädchen bekommst.«

Das baute mich nicht gerade auf. Doch zum Glück hatte mein Mann mich regelmäßig besucht, der sehr glücklich über sein Töchterchen war. Auch meine Eltern waren gekommen, ein Lichtblick für mich! Nach sechs Tagen schon musste ich die Klinik verlassen – schweren Herzens, denn jetzt war ich mit meinem Kind den ganzen Tag dem alten Drachen ausgeliefert.

Zweiundzwanzig Monate nach Petras Geburt fuhr mein Mann mich erneut ins Krankenhaus. Diesmal lag ich nicht so lange in Wehen: Zwischen der ersten Wehe und dem ersten Schrei unseres Stammhalters lagen nur drei Stunden. Paul und ich freuten uns über unseren prächtigen Buben. Wir nannten ihn Matthias, wieder ein Name, der bisher in der Familie nicht vorgekommen war. Und dieses Mal schickte die Schwiegermutter keine ihrer Töchter als Kundschafterin. Vermutlich weil es nichts zu meckern gab, ich hatte ja pflichtschuldigst den Hoferben geliefert.

Nach weiteren vierzehn Monaten brachte ich einen zweiten Buben zur Welt, den Franz-Josef. Mein Mann und ich waren überglücklich und betrachteten damit unsere Familienplanung als abgeschlossen.

Zwischendurch, im Jahre 1976, beabsichtigte Paul, in alle Gästezimmer fließendes Wasser und Zentralheizung legen zu lassen, weil die Urlauber anspruchsvoller wurden. Seine Mutter hielt strikt dagegen, weil das wieder bedeutet hätte, Schulden zu machen. Es dauerte lange, bis Paul sie endlich dazu bewegen konnte, einen Kredit aufzunehmen, damit er seinen Plan verwirklichen konnte. Er ließ nicht nur in alle Gästezimmer Heizkörper und Waschbecken installieren, sondern auch jeweils eine Gästetoilette im ersten Stock und im Dachgeschoss einbauen.

Lawinen

Wir erinnern uns: Meine Schwiegereltern hatten 1941 den Bärenhof gekauft. Den weiter oben liegenden Lachnerhof hatten sie verschmäht, weil Zenta die Lawinengefahr fürchtete. Andere mochten diese Befürchtung ebenfalls geteilt haben, denn man sah dort droben immer wieder den einen oder anderen Interessenten kommen und gehen, wie Paul mir erzählte. Bei diesen mögen aber auch andere Gründe eine Rolle gespielt haben, dass sie sich nicht zum Kauf hatten entschließen können. Zenta traute sich nicht, zu fragen, weshalb auch diese Leute auf den Kauf verzichteten.

Jedenfalls blieb der alte Simon zu seinem Leidwesen länger auf dem Hof sitzen, als ihm lieb war. Dabei fiel ihm die Feld- und Stallarbeit von Jahr zu Jahr schwerer. Selbst als er mit dem Preis erheblich heruntergingen, griff niemand zu. Fast zwei Jahre lang stand der Hof zum Verkauf, dann endlich rang sich der alte Bauer dazu durch, ihn auf Rentenbasis anzubieten. Da fand sich sehr schnell ein Käufer.

Der 1914 geborene Toni arbeitete bisher auf dem Hof seines Vaters als Knecht – jedoch ohne Aussicht, diesen eines Tages übernehmen zu können, da der ältere Bruder in der Erbfolge vorging. Der Jüngere aber wollte unbedingt Bauer sein. Obwohl er bisher nur geringe Ersparnisse aufweisen konnte, hatte er schon Ausschau nach einem Hof gehalten. Als er von

Simons Angebot erfuhr, sah er die Chance seines Lebens. Den Hof konnte er zu einem äußerst günstigen Preis erwerben, daher übernahm er auch bereitwillig die Verpflichtung, den alten Bauern und seine Frau bis zu deren Lebensende zu unterhalten und gegebenenfalls zu pflegen. Rosa, die alte Bäuerin, konnte zwar keine Feldarbeit mehr erledigen, aber in Küche und Haushalt stand sie noch »ihren Mann«. Selbst der Altbauer machte sich noch auf mancherlei Weise nützlich. So kam man gut miteinander aus.

Wie es unter Nachbarn guter Brauch war, machte der junge Mann bald auf dem Bärenhof einen Antrittsbesuch, so lernte man sich kennen. Und da ihre Felder aneinandergrenzten, traf man sich auch hin und wieder bei der Arbeit und ratschte ein wenig.

Es war noch kein ganzes Jahr seit dem Einzug des Jungbauern vergangen, da erlitt Rosa einen Schlaganfall und kam nicht mehr auf die Beine. Toni sah sich nun vor dem Problem, neben seinen landwirtschaftlichen Arbeiten auch noch den Haushalt schmeißen zu müssen und zudem die Kranke zu pflegen. In seiner Not wandte er sich an Zenta und fragte an, ob sie nicht eine tüchtige Frau für ihn wisse, die bereit wäre, bei ihm einzuheiraten.

»Da wüsst ich schon eine«, antwortete Zenta spontan. »Meine jüngste Schwester, die Mena, sie ist dreiundzwanzig und arbeitet als Magd. Mit ihrem jetzigen Bauern verträgt sie sich nicht besonders, drum hat sie ihm zu Lichtmess, also zum 2. Februar, bereits gekündigt. Außerdem ist sie es leid, immer in dienender Stellung zu arbeiten, deshalb sucht sie schon seit Längerem nach einem Hochzeiter.«

Auf den Brief ihrer Schwester hin erschien Philomena bereits am folgenden Sonntag auf dem Bärenhof zum Kaffee. Toni hatte man ebenfalls eingeladen. Die jungen Leute kamen ohne Illusionen, denn beiden war bekannt, dass eine Vernunftheirat arrangiert werden sollte. Als sie aber einander erblickten, waren sie sich auf Anhieb sympathisch und einer Heirat nicht abgeneigt. Deshalb wurde man schnell einig, dass die Hochzeit schon vier Wochen später stattfinden sollte.

Nachdem das junge Paar gegangen war, fragte Hans seine Frau besorgt: »Hast du keine Bedenken, deine Schwester in diesen Hof einheiraten zu lassen, in den du nicht wolltest wegen der Lawinengefahr?«

»Diese Sorge hab ich schon lange nicht mehr«, gab sie zurück. »Wir konnten schließlich zwei Winter lang die Wetterlage beobachten. Da hat sich nichts Verdächtiges gerührt.«

»Ja, wenn du meinst, mir soll's recht sein, wenn wir mit dem Nachbarn verwandt werden, er scheint ein sympathischer Bursche. Und für dich ist es gewiss schön, deine Schwester in der Nähe zu haben.«

Bis zur Hochzeit wurschtelte sich der Jungbauer so schlecht und recht durch, wobei er einige Unterstützung von seiner zukünftigen Schwägerin Zenta erhielt.

Ein halbes Jahr nach der Hochzeit erlag die alte Bäuerin ihrem zweiten Schlaganfall. So erlebte sie leider die Geburt von Tonis Stammhalter nicht mehr. Dieser kam Anfang 1944 exakt neun Monate nach der Hochzeit zur Welt, mit leisem Neid betrachtet von Zenta und ihrem Mann. Dem Altbauern zu

Ehren, der sich riesig freute, dass wieder junges Leben auf seinem alten Hof heranwuchs, bekam der Bub den Namen Simon.

Der zweite Sohn erblickte ein gutes Jahr nach dem ersten das Licht der Welt. Danach ging es weiter Schlag auf Schlag. Fast jedes Jahr lag ein neues Kind in der alten Wiege: 1944, 1945, 1947, 1948 und 1950.

Nach der Geburt des dritten Kindes, eines prächtigen Mädchens, an dem Simon ebenfalls viel Freude hatte, begann er zu kränkeln. Eines Morgens wachte er nicht mehr auf. Es bedeutete zwar für das junge Paar eine Erleichterung, dass sie den Altbauern nicht mehr pflegen mussten, dennoch vermissten sie ihn sehr – und nicht nur, weil er immer wieder als »Kindsmagd« einsetzbar gewesen war und für die Kleinen den Ersatz-Opa gespielt hatte. Sie vermissten auch seine interessanten Erzählungen von früher.

Im November 1950, die Straße war noch schnee- und eisfrei, suchte Mena wieder einmal Notburga auf. Die alte Hebamme bestätigte ihr die erneute Schwangerschaft, Mitte Mai sei mit der Entbindung zu rechnen.

»Nun ja, dann bin ich zur Heuernte wieder einsetzbar«, stellte die werdende Mutter sachlich fest.

Ihr Ehemann nahm diese Nachricht ebenfalls gelassen zur Kenntnis: »Damit wäre dann das halbe Dutzend voll. Danach sollten wir die ›Produktion‹ einstellen.«

Hatte sich im November noch kaum etwas vom Winter gezeigt, so rauschte er ab Anfang Dezember mit aller Wucht heran. Tagelang schneite es, und die Bauern wurden kaum mit Räumen fertig. Nach

Weihnachten legte die Kälte dann eine Atempause ein, um nach der ersten Januarwoche mit anhaltendem Schneefall wieder all ihre winterliche Macht zu demonstrieren. Der Himmel blieb so verhangen, dass die oberen Teile der Berge tagelang nicht zu sehen waren. Am 19. Jänner, einem Freitag, klarte es allmählich auf. Immer mehr setzte sich der blaue Himmel durch, und die weißen Bergriesen grenzten sich in voller Schönheit davon ab.

Dennoch, so herrlich das auch aussah – als Toni am Morgen vor die Stalltür trat und den Blick nach oben richtete, wollte ihm der Anblick nicht so recht gefallen. Obwohl er aus dem flachen Niederösterreich stammte und von daheim aus mit dieser Art Wetterphänomenen keinerlei Erfahrung hatte, kam ihm der aufgetürmte Schnee auf dem oberhalb von seinem Anwesen liegenden Berg bedrohlich vor.

Als er dies seiner Frau mitteilte, versuchte sie mit einer Handbewegung, seine Bedenken wegzuwischen: »Ach, mach dir deswegen keine Sorgen. Wir wohnen jetzt den achten Winter hier und hatten alle Jahre reichlich Schnee, aber nie ist was passiert.«

Darauf gab er zu bedenken: »Das stimmt, aber so viel Schnee wie heuer hatten wir noch nie. Sieht aus, als hätte der Wind dort oben eine ganze Menge davon zusammengeweht.«

Erneut versuchte Mena, ihn zu beruhigen: »Der alte Simon hat erzählt, dass er siebenundsiebzig Jahre in diesem Haus gelebt hat und nie sei etwas Gefährliches vorgefallen. Selbst sein Vater und Großvater hätten nie erlebt, dass eine Lawine das Anwesen überrollte.«

Toni schien beruhigt, und nach diesem Gespräch ging man zur Tagesordnung über.

Die Familie beendete gerade das Mittagessen, da klopfte es an der Küchentür. Toni öffnete, erblickte davor einen älteren Bauern aus dem Dorf, den er vom Sehen kannte, und trat zu ihm hinaus.

Der Besucher, ein gewisser Andi, stellte sich als Mitglied beim Bergrettungsdienst vor. In dieser Eigenschaft sehe er sich verpflichtet, ein warnendes Wort an den jungen Bauern zu richten: »Du musst sofort weg von hier, mitsamt deiner Familie und dem Vieh. Was ich da oben auf dem Berg seh, gefällt mir ganz und gar nicht!«

»Gell, das sagst auch?« Tonis große Besorgnis kehrte zurück. »Komm doch bittschön rein und erklär meiner Frau, wie gefährlich das für uns aussieht. Mir glaubt sie's ja nicht.«

Es bedurfte einiger Überzeugungskunst, bis die Bäuerin endlich begriff, dass es äußerst leichtsinnig sein würde, auf dem Hof zu bleiben. Ihre immer neu vorgebrachten Einwände wusste der Bergretter alle zu entkräften:

»In meinem Zustand will ich das schützende Haus nicht verlassen«, führte sie als Erstes an.

»Wenn die Lawine kommt, bietet das Haus dir keinen Schutz mehr.«

»Ich kann doch meine kleinen Kinder nicht so plötzlich aus ihrer gewohnten Umgebung reißen«, wandte sie als Nächstes ein.

»Für deine Kinder ist es besser, aus ihrer gewohnten Umgebung gerissen zu werden, als umzukommen!«

»Bisher ist doch noch nie was passiert«, versuchte sie, die Gefahr herunterzuspielen.

»Dass bisher nichts passiert ist, war ein großes Glück, aber für alles gibt es ein erstes Mal. Sobald ein Wind aufkommt, und der kommt ganz gewiss, bricht die Wechte ab und stürzt zu Tal. Dabei reißt sie alles mit, was ihr im Weg steht. In diesem Fall euer Anwesen.«

Nun jammerte sie, sie wisse ja nicht, wie sie die »Flucht« bewerkstelligen konnten und wo sie hinsollten.

Auch darauf wusste der besorgte »Bergwachtler« eine Antwort: »Bei der Evakuierung bin ich euch behilflich. Und ich hab auch schon eine Idee, wo ich euch und euer Vieh unterbringen kann.«

»Also gut«, zeigte sich Philomena endlich einsichtig. »Heut Abend pack ich unser Zeug zusammen, und morgen in der Früh verlassen wir das Haus.«

»Nein!«, beharrte Andi. »Dann kann es längst zu spät sein! Wenn euch euer Leben lieb ist, müsst ihr euch sofort auf den Weg machen. Die Lawine kann jeden Moment losgehen.«

Diese Worte wirkten. In aller Hast steckte die fünffache Mutter Geld und Papiere in ihre Handtasche, holte zwei alte Reisetaschen vom Dachboden und stopfte eilig für jeden etwas Unterwäsche und die Hausschuhe hinein – und natürlich die Mullwindeln für den Jüngsten.

Ihr Mann und der Dorfbauer blieben unterdessen nicht untätig: Im Stall fingen sie die Hühner ein und steckten sie in einen großen Korb. Diesen trugen sie gemeinsam bergab und trieben gleichzeitig die beiden

Schweine vor sich her, bis zum Bärenhof. Dort schilderten sie kurz die Situation vom Lachnerhof. Ohne lange zu überlegen, sperrte Hans die Tiere seines Schwagers zu den seinen in den Stall, und seine Frau bot spontan an, einige der Kinder ihrer Schwester aufzunehmen.

Als die beiden Männer auf den gefährdeten Hof zurückkehrten – unterwegs hatten sie immer wieder ängstliche Blicke nach oben gesandt –, stand die Frau mit ihrem Gepäck und allen Kindern reisefertig im Hausgang. Sich selbst und die Kleinen hatte sie warm angezogen. Schweigend bewegte sich der traurige Zug in Richtung Bärenhof. Keines maulte und keines weinte: Selbst die Kinder hatten offenbar den Ernst der Lage begriffen. Der Vater marschierte voraus, auf dem Arm die Zweijährige und in der freien Hand eine Reisetasche. Es folgten die beiden Buben, fünf und sechs Jahre alt, dann die Mutter mit dem erst neun Monate alten Jüngsten, den sie sich in einem Tragetuch auf den Rücken gebunden hatte. Die Handtasche hielt sie eisern umklammert. Andi, mit der Dreijährigen auf dem Arm und in der freien Hand die andere Reisetasche, bildete das Schlusslicht.

Als der kleine Trupp das Anwesen von Schwager und Schwester erreicht hatte, luden die beiden Männer ihre Last in der Stube ab und kehrten sofort wieder um. Sie mussten ja noch die Kühe in Sicherheit bringen.

Zenta wäre es recht gewesen, wenn ihre Schwester die großen Buben bei ihr gelassen hätte. Diese aber meinte: »Wenn du die beiden Dirndln nehmen könntest, wäre mir mehr geholfen. Die müssten wir sonst bis ins Dorf tragen, die Buben dagegen können schon ganz gut auf ihren eigenen Beinen hinunterstapfen. Schließlich brauchen die Männer eine freie Hand, um die Tiere nach unten zu treiben.«

Bevor Andi und Toni mit den fünf Kühen ankamen, kramte Mena Wäsche und Hausschuhe für die beiden Mädchen aus der Reisetasche, um sie ihrer Schwester zu geben. Darauf trottete der winterliche Zug weiter zu Tal. Zunächst lieferte der Andi die erschöpfte Frau mit ihren Buben bei seiner Frau ab und begab sich dann mit Toni und dessen Kühen weiter zum Bauern Pepi, wo die Unterkunft für die Tiere angedacht war.

Andis Frau, obwohl über den unerwarteten Besuch sehr überrascht, fasste sich schnell. Sie setzte jedem eine Tasse warme Milch vor, die dankbar angenommen wurde.

Der Mann vom Bergrettungsdienst hatte Pepi richtig eingeschätzt. Toni durfte seine Tiere sofort in dessen Stall führen.

Pepi war nicht mehr der Jüngste. Da sein einziger Sohn im Krieg gefallen war und seine beiden Töchter nach auswärts geheiratet hatten und keinerlei Interesse an der väterlichen Landwirtschaft zeigten, hatte er seinen Betrieb von acht Kühen auf zwei verkleinert. »Für uns beide reicht das Einkommen«, erklärte er dem Toni und fügte lachend hinzu: »Und die Arbeit auch.«

Pepis Frau Amalia war sofort bereit, Tonis Familie aufzunehmen, als sie von deren Bedrohung durch die Lawine erfuhr. »Seit die Kinder aus dem Haus sind, stehen die Kammern eh leer. Es ist kein Fehler, wenn sie vorübergehend mal mit Leben erfüllt sind«, erklärte sie der Mena bei der Begrüßung.

Die junge Bäuerin bedankte sich herzlich für die freundliche Aufnahme und sprach die Hoffnung aus, die Gastfreundschaft nur für einige Tage in Anspruch nehmen zu müssen.

»Auf ein paar Tage mehr oder weniger soll's mir nicht ankommen«, versicherte Amalia.

»Ihr bleibt jedenfalls so lange hier, bis für euch da droben keine Gefahr mehr besteht.«

Am folgenden Morgen beobachteten Toni und Pepi besorgt den Berg und den Himmel. Dieser strahlte in seinem schönsten Blau auf das friedliche Dorf herab, und es machte nicht den Anschein, als ob sich oben am Berg etwas rührte. Mena, die zu den beiden getreten war und nun ebenfalls nach oben starrte, grübelte: »Vielleicht hätten wir doch in unserem Haus bleiben können.«

Darauf der Pepi: »Nein, Mena. Das ist eine trügerische Ruhe. Wenn der Andi der Ansicht ist, dass oben auf dem Berg für euch eine Gefahr lauert, dann sieht er das richtig. Er hat genug Erfahrung auf diesem Gebiet. Die Katastrophe kommt ganz gewiss.«

Die Lachnerin versorgte ihre Buben und half ihrer Gastgeberin so gut wie möglich im Haushalt. Es war nicht ihre Art, die Hände in den Schoß zu legen und sich bedienen zu lassen. Ihr Mann erledigte selbstverständlich alle Stallarbeiten gemeinsam mit dem Pepi. Zwischendurch traten sie immer wieder vors Haus und suchten mit den Augen den Berg ab. Bis zum Abend blieb alles still.

Am folgenden Morgen, es war Sonntag, der 21. Jänner, beobachteten selbst die beiden Fünf- und Sechsjährigen »fachkundig« die Lage und gaben ihre Kommentare dazu ab. Um zehn besuchten alle gemeinsam die heilige Messe, sowohl die Gastgeber als auch die Gäste. Jeder von ihnen dankte Gott auf seine Weise.

Als man nach dem Gottesdienst noch auf dem Kirchplatz zusammenstand, um mit Freunden und Nachbarn die Ereignisse der vergangenen Woche zu diskutieren, wobei die drohende Lawine das vorherrschende Thema bildete – kam sie oder kam sie nicht? –, vernahm man plötzlich ein Rauschen, das sich zu einem Tosen steigerte. Schlagartig starrten alle entsetzt auf den bewussten Berg. In einem Gefühl von Sicherheit, aufgrund des großen Abstandes zu dem Ereignis, genoss man geradezu das schaurigschöne Schauspiel, als sich die Schneemasse gleich einer riesigen Staubwolke zu Tal stürzte. Nur die kleinen Kinder klammerten sich ängstlich an ihre Mütter, die größeren hingegen gesellten sich zu ihren Vätern und beteiligten sich lebhaft an der Diskussion um das Geschehen.

Einige der Frauen bekreuzigten sich und murmelten: »Jesus, Maria und Josef!«, auch die Bäuerin vom Lachnerhof. Inzwischen sah sie halbwegs ein, dass der Andi gut daran getan hatte, so sehr auf die Evakuierung zu drängen. Noch glaubte sie aber, da die Lawine nun endlich abgegangen war, am nächsten Tag wieder in ihr Zuhause zurückkehren zu können.

Toni, Andi und Pepi aber, die sich gleich nach dem Mittagsmahl auf den Weg machten, um die Lage zu erkunden, berichteten bei ihrer Rückkehr Schreckliches: Stall und Scheune waren komplett weggerissen worden, es sei so gut wie kein Stein mehr auf dem anderen geblieben. Selbst eine Maus, vermuteten sie, hätte kaum eine Chance gehabt, zu überleben. Das Wohngebäude hätte glücklicherweise nicht die ganze Wucht abbekommen, dennoch eine so starke Beschädigung davongetragen, dass man in absehbarer Zeit nicht darin würde leben können. Abgesehen davon türme sich so viel Schnee in und auf dem Gebäude, dass der Familienvater noch nicht einmal hatte hineingehen können, um Kleidung für seine Lieben zu holen.

Bei diesem Bericht der drei Kundschafter saß die schwangere Bäuerin zum Glück auf dem Diwan, sonst wäre sie in Ohnmacht gefallen. Aus einigen Tagen des Verweilens bei Amalia und Pepi würden Monate werden, in denen sie auf deren Gastfreund schaft angewiesen waren. Aber nicht nur der Gedanke daran beunruhigte Mena, sondern auch ihre Sorge, dass sie an Kleidung nur das bisschen besaßen, das sie auf dem Leib trugen – und das, was sie in der Eile an Unterwäsche hatte zusammenraffen können.

Doch schon wenig später ging eine große Welle der Hilfsbereitschaft durch das Dorf. Mit Handwagen schafften die Bauern von ihren Heu- und Strohvorräten herbei, weil sie sich denken konnten, dass der Pepi nicht darauf eingestellt war, zusätzlich fünf Kühe bis zum Almauftrieb durchzufüttern.

Die Frauen des Dorfes stöberten in ihren Schränken, Truhen und Speisekammern. Sie brachten Lebensmittel und abgelegte Kinderkleidung zu der lawinengeschädigten Familie. Der Mena und dem Toni bot man an, ihnen leihweise Kleidung zu überlassen, bis sie wieder an die eigene gelangen könnten. Man muss bedenken, das war Anfang 1951, da hatten die meisten Leute selbst nicht viel.

Die beiden Buben genossen es, in der Nachbarschaft endlich einmal Spielkameraden zu haben, während ihre Eltern eifrig auf dem Hof ihrer Gastgeber mitarbeiteten.

Als die letzte Aprilwoche anbrach, stieg Toni wie in den Wochen zuvor, seit der Schnee weitgehend geschmolzen war, schon sehr früh zu seinem Hof hinauf, um mit dem Aufräumen zu beginnen. In den Trümmern fand er tatsächlich noch einiges an brauchbarer Kleidung, vor allem aber auch den Karton mit Wäsche für ein Neugeborenes, den seine Frau sorgfältig in einer Truhe verwahrt hatte. Diesen wollte er auf jeden Fall mit ins Tal hinunter nehmen. Er konnte nicht ahnen, wie bald sie die Sachen schon brauchen würde.

Unterdessen blieb auch Mena nicht untätig. In der Küche ihrer Gastgeberin war sie mit Bügeln beschäftigt, während diese das Mittagsmahl zubereitete. Menas Buben spielten wie gewöhnlich im Nachbarhaus. Plötzlich stöhnte die junge Bäuerin laut auf.

»Was ist los, Mena? Was hast du?«, fragte Amalia erschrocken.

»Ich glaube, es geht los«, seufzte die Schwangere. »Wenn mich nicht alles täuscht, war das eine Wehe.«

»Aber das kann doch nicht sein. Hat nicht die Notburga den Termin für Mitte Mai berechnet? Demnach hättest du noch drei Wochen!«

»Das stimmt. Aber an solche Zeitangaben halten sich Kinder nicht immer. Vielleicht hast du ja recht, und es war nur eine Senkwehe. Warten wir mal ab, was in der nächsten Stunde geschieht.«

Nach etwa vierzig Minuten kam eine so heftige Wehe, dass für Mena kein Zweifel mehr bestand: Das Kind wollte vorzeitig aus ihrem Leib hinaus. »Dabei hab ich doch überhaupt nichts Anstrengendes getan«, stöhnte sie.

Während die werdende Mutter sich wusch, um sich auf die Entbindung vorzubereiten, eilte Amalia zur Nachbarin, flüsterte ihr etwas ins Ohr und bat sie, die Buben so lange zu behalten, bis sie abgeholt würden. Dann lief sie weiter, um die Hebamme herbeizuholen.

»Ja, Mena, du bist ja noch gar nicht dran«, tadelte Notburga lachend, als sie die Kammer betrat, wo sie die Schwangere im Bett vorfand, die gerade damit beschäftigt war, die nächste Wehe zu veratmen. »Da du's schon so eilig hast, können wir beide von Glück reden, dass ich nicht auf den Berg hinaufmuss.«

Sie tastete den Bauch der Schwangeren ab, um sich einen Überblick über die Lage des Kindes zu verschaffen. Sie befühlte ihn ein zweites Mal und machte ein bedenkliches Gesicht.

»Was ist los?«, wollte Mena wissen. »Du schaust so komisch. Stimmt was nicht?«

»Ich bin mir nicht ganz sicher. Aber es fühlt sich an, als ob unten ein Kopf wäre und einer oben.«

»Oh, mein Gott!«, stieß die Gebärende aus. »Du meinst, das Kind könnte eine Missgeburt sein?«

»Nein, nein«, beeilte sich die Notburga, ihre Patientin zu beruhigen. »Ich meine, wir müssen mit Zwillingen rechnen. Darauf deutet auch die Tatsache hin, dass die Wehen vorzeitig eingesetzt haben. Den Babys wird es bei dir zu eng. Dein Leibesumfang deutet auch auf Zwillinge hin.«

Als Nächstes horchte sie den Mutterleib mit dem Stethoskop ab, nur ein Herzschlag war zu hören. »Das hat nichts zu sagen. Bei eineiigen Zwillingen schlagen die Herzen schon mal im gleichen Takt.«

Eigentlich hätte die Hebamme einen Krankenwagen anfordern müssen, um die Gebärende ins Spital bringen zu lassen. Doch das einzige Telefon des Dorfes befand sich im Gasthaus, zu dem es gut und gerne zehn Minuten zu gehen waren. Die Geburt war aber bereits so weit fortgeschritten, dass Notburga befürchtete, die Zwillinge könnten während der Fahrt zur Welt kommen. Das Bauernhaus schien ihr für eine Entbindung jedoch komfortabler als der Rettungswagen. Da das Spital ausschied, war die Hebamme verpflichtet, einen Arzt hinzuzuziehen. Der nächste aber wohnte im Nachbardorf und würde, da die Wehen bereits dicht auf dicht folgten, zur eigentlichen Entbindung zu spät kommen. Dennoch schickte Notburga den Pepi zum Gasthaus, damit er nach dem Doktor telefoniere. Zur Sicherheit – es konnte ja immerhin sein, dass nachgeburtliche Komplikationen auftraten.

Es lief alles gut, der Muttermund öffnete sich kontinuierlich, und die Hebamme rechnete damit, das erste Kind schon bald in Empfang nehmen zu können. Da setzten auf einmal die Wehen aus. Dennoch behielt Notburga einen kühlen Kopf. »Immer schön weiteratmen!«, befahl sie der Kreißenden, »damit die Kinder genug Sauerstoff kriegen.« Unterdessen zog sie eine Spritze auf und verabreichte ihr ein wehenförderndes Mittel.

Es dauerte nicht lange, da setzten die Wehen wieder ein, und wenig später hielt die Hebamme ein schmächtiges Mädchen in der Hand, das zu ihrer Beruhigung laut schrie. Sie nabelte es ab und reichte es Amalia mit den Worten: »Hüll es in eine Windel, und leg es vorerst auf den Wickeltisch. Ich muss mich um das zweite Kind kümmern.«

Dessen Geburt erwies sich als wesentlich schwieriger, da es sich in Steißlage befand. Für das Kind ging es dabei wirklich um Leben und Tod. Endlich war auch das geschafft, das Kleine wollte aber nicht schreien. Mit der flachen Hand klatschte die Hebamme einige Male auf den kleinen Popo, um nachzuhelfen, doch vergeblich. Dann bespritzte sie Bauch und Brustkorb des Kindes mit kaltem Wasser. Endlich kam der erlösende Schrei, wenngleich noch etwas zaghaft. Erleichtert wischte sich die erfahrene Geburtshelferin den Schweiß von der Stirn. Nun erst konnte sie darangehen, die beiden Winzlinge unter Assistenz von Amalia zu baden. Schon vernahm sie vom Bett her die Stimme der Wöchnerin: »Notburga, damit du weißt, was du in dein Tagebuch schreiben sollst: Das erste Dirndl soll Anna heißen, das zweite Maria.«

Kaum hatte sich die Hebamme davon überzeugt, dass die Nachgeburt vollständig abgegangen war, erschien der Arzt auf der Bildfläche. Er bestätigte die

Vollständigkeit der Plazenta und wandte sich dem Nachwuchs zu. Tatsächlich: eineiige Zwillinge, sie glichen sich wie ein Ei dem anderen. Nach eingehender Untersuchung bescheinigte er ihnen eine gute Gesundheit, obwohl sie aufgrund der Tatsache, dass sie um drei Wochen zu früh das Licht der Welt erblickt hatten, ein bisschen mager aussahen. »Die fehlenden Fettpölsterchen lassen sich in einigen Wochen anfüttern«, meinte er lachend. Bei Maria stellte er allerdings eine Behinderung am linken Beinchen fest. Das sei wohl darauf zurückzuführen, dass dieses Bein für längere Zeit schlecht durchblutet worden sei, weil das Schwesterchen es abgedrückt habe. Dagegen könne man nun nichts mehr machen. Das sei aber nicht weiter tragisch, damit werde es trotzdem laufen lernen.

Wie wir wissen, kamen auf dem Bärenhof einige Wochen später ebenfalls Zwillinge an. Deshalb brachte man Menas Töchter, die dort zu Gast waren, umgehend zu ihrer Mutter. Dieser war es äußerst peinlich, dass sie der lieben Amalia nun mit noch mehr Personen zur Last fiel.

Doch diese sah das ganz locker. »Sei doch froh, dass du deine Dirndln wieder bei dir hast, bevor sie sich ganz entfremden.«

Obwohl Amalia sich stets liebenswürdig gezeigt hatte, atmete die Lachnerbäuerin auf, als sie Mitte August endlich wieder in ihr Wohnhaus einziehen konnten. Bis Anfang Oktober hatte man aus Mitteln des Katastrophenfonds auch neue Wirtschaftsgebäude errichtet, sodass die Tiere, als sie von der Alm kamen, direkt in den neuen Stall wanderten.

In der Folgezeit fragte man Mena und Toni mehrmals, ob sie nicht Angst hätten, wieder in diesem von einer Lawine heimgesuchten Haus zu wohnen. Beide antworteten, es sei wohl höchst unwahrscheinlich, dass sich ein solches Unglück innerhalb kurzer Zeit wiederhole. Man fühle sich vor allem deshalb sicher, weil das Land noch im Frühsommer mit der Lawinenverbauung begonnen hatte.

Dass die folgenden Jahre für die beiden nicht sorgenfrei verliefen, hatte einen anderen Grund. Die Zwillinge bereiteten ihnen Kummer, da sie nicht so gediehen wie erwartet. An ihren fünf gesunden Kindern hatten die jungen Eltern ausreichend Erfahrung gesammelt, um das beurteilen zu können. Jeder Entwicklungsschritt erfolgte bei den beiden kleinen Mädchen mit erheblicher Verzögerung

Anfangs hofften sie immer noch, dass sich dies bald ausgleichen würde. In gewisser Weise war das auch so. Als aber die Zwillinge ihr zweites Lebensjahr vollendet hatten, wiesen sie noch immer so gravierende Defizite auf, dass sich ihre Eltern die geistige Behinderung ihrer Kinder schweren Herzens eingestehen mussten.

Zum Arzt ging man wegen einer solchen Sache nicht, die Mädchen waren ja nicht krank im eigentlichen Sinne. Mena selbst fand eine Erklärung für diese Anomalie: Die Flucht vor der Lawine, der Schreck über das zerstörte Anwesen musste auf ihre ungeborenen Kinder so stark eingewirkt haben, dass die beiden einen geistigen Schaden davongetragen hatten. Das erzählte sie eifrig im Verwandten- und Bekanntenkreis herum, und die Leute glaubten es.

Der Hebamme Notburga kam diese Geschichte ebenfalls zu Ohren. Obwohl ihr sofort klar war, dass es sich dabei um ein Ammenmärchen handelte – ihrer Meinung nach musste die Schädigung der kleinen Gehirne auf Sauerstoffmangel unter der Geburt zurückzuführen sein –, hütete sie sich, ihre Vermutung kundzutun. Man würde sonst womöglich auf die Idee kommen, sie habe bei der Entbindung fehlerhaft gehandelt. Sie sah bei sich jedoch keine Schuld. Unter den gegebenen Umständen hatte sie das Bestmögliche getan.

Als für die Zwillinge die Schulpflicht anbrach, war es auch für ihren Cousin Paul so weit. Anna wanderte Tag für Tag mit ihm zu Tal und besuchte dieselbe Klasse wie er. Das Lernen fiel ihr zwar nicht so leicht wie den anderen Kindern, aber sie lernte lesen, schreiben und rechnen und konnte später ein selbstbestimmtes Leben führen. Ja, sie heiratete sogar und bekam mehrere Kinder. Maria dagegen war nicht in der Lage, die Schule zu besuchen. So etwas wie eine Förderschule kannte man damals noch nicht, zumindest gab es von ihrem Wohnort aus nicht die Möglichkeit, eine solche zu besuchen. Das Mädchen brauchte ständige Betreuung. Solange ihre Mutter lebte, stellte das kein Problem dar. Danach übernahm ihre älteste Schwester, Jahrgang 1947, diese Aufgabe, bis Maria im Alter von vierundsechzig Jahren starb.

Mena und Toni plagten sich mit ihren sieben Kindern noch einige Jahre auf dem Lachnerhof ab, bis sich 1960 eine einmalige Gelegenheit bot. Tonis ältester Bruder, der Erbe des elterlichen Hofes, bot ihn Toni zum Kauf an. Landwirtschaft hatte ihm sowieso nie Spaß gemacht. Und jetzt hatte er es endgültig satt, sich auf den Feldern abzumühen, ohne Sonn- und Feiertag und ohne Urlaub. Für sich hatte er etwas Besseres entdeckt. In der neu gegründeten, nahe gelegenen Fabrik nahm er eine Stelle mit regelmäßigem Einkommen und regelmäßiger Arbeitszeit an und war fortan nicht mehr von den Launen der Natur abhängig. Toni aber, mit Leib und Seele Bauer, fand für seinen Berghof schnell einen Käufer zu einem anständigen Preis, denn sein Anwesen war durch die inzwischen fertiggestellte Lawinenverbauung so sicher wie jeder andere Hof.

Mit dem Erlös kaufte Toni seinem Bruder den Heimathof ab und zog mit seiner Familie dort ein. Nun hatten er und seine Frau es leichter, und auch für die Kinder wurde es angenehmer. Sie hatten keinen anstrengenden Schulweg mehr, und nach der Schulentlassung war es für sie einfacher, eine Lehr- bzw. Arbeitsstelle zu finden und dorthin zu gelangen.

Als ich meinen Mann kennenlernte, lebte sein Vater schon nicht mehr. Interessiert, wie ich war, erkundigte ich mich, wann und woran er gestorben sei. Da vertröstete Paul mich mit der ausweichenden Antwort, das wolle er mir zu einem späteren Zeitpunkt erzählen.

Wahrscheinlich liegt der Tod seines Vaters noch nicht lange zurück, dachte ich damals, deshalb ist es für ihn noch zu schmerzlich, darüber zu reden. Daher sprach ich dieses Thema bei ihm nicht mehr an.

Bei seiner Mutter aber, mit der ich am Anfang unserer Ehe ins Gespräch kommen wollte, erkundigte ich mich auch nach ihrem Ehemann. Da bekam ich die übliche Antwort zu hören: »Das geht dich nichts an.«

Nach dieser Abfuhr wagte ich es erst gar nicht, meine Schwägerinnen nach deren Vater zu fragen. Zum einen gab es dazu kaum Gelegenheiten, sie waren ja längst aus dem Haus, lebten relativ weit entfernt und kamen selten zu Besuch. Wenn wir aber mal eine von ihnen zu Gesicht bekamen, wurde sie gleich von Zenta mit Beschlag belegt, sodass ich außer »Grüß Gott« und »Servus« kaum etwas zu Pauls Schwestern sagen konnte. Schon bald wagte ich es nicht mehr, eine von ihnen überhaupt anzusprechen, denn jede von ihnen behandelte mich von oben herab. Sicher hatte ihre Mutter mich bei ihnen schlechtgemacht. Sie taten so, als sei ich Luft.

Damit nicht genug, jede von ihnen drang dreist in die Gästezimmer ein, wenn diese nicht belegt waren, und inspizierte unter anderem genau die Betten, die ich schon für die nächsten Gäste bezogen hatte. Die Kissen ordnete ich immer dekorativ an, ganz so, wie ich das von zu Hause kannte. Meine Schwägerinnen aber gingen hin, schüttelten die Kissen neu auf und legten sie anders hin, wobei sie mir hämische Blicke zuwarfen, wie um auszudrücken: »So macht man das!«

Nun ja, auch das steckte ich schweigend ein.

Umso mehr genoss ich die wenigen Stunden der Zweisamkeit mit meinem Mann. Eines Tages begann er von sich aus, über seinen Vater Hans zu sprechen.

Er konnte mir allerdings nur das berichten, was er von seiner Mutter, seinen Schwestern und den Nachbarn erfahren hatte.

Demnach muss Hans ein unheimlich fleißiger Mann gewesen sein. Nicht nur, dass er seine eigene Landwirtschaft betrieben hatte, er musste auch überall dort zur Stelle gewesen sein, wo Not am Mann gewesen war – sei es, einen erkrankten Nachbarn im Stall zu vertreten, jemandem beim Heuen zu helfen oder auf der Alm einzuspringen, wenn eine Sennerin wegen einer Niederkunft einige Tage ausfiel.

Solche »Aushilfsjobs« gingen aber meist zu Lasten von Frau und Töchtern. Wenn er anderswo einsprang, mussten sie daheim seine Aufgaben übernehmen. Zwar brummelten sie ein wenig, lehnten sich aber nicht wirklich dagegen auf, wusste Paul zu berichten. Insgeheim hofften sie wohl, dass die Familie sich durch die zusätzlichen Einnahmen bald mehr leisten konnte. Doch in diesem Punkt enttäuschte Hans sie gewaltig, er hatte nämlich seine eigenen Pläne.

Gewissenhaft häufte er Schilling auf Schilling, denn ihm schwebte Großes vor. Auf die Dauer kam es ihm zu armselig vor, mit nur sieben Kühen zu wirtschaften. Er wollte seinen Viehbestand erheblich vergrößern. Für mehr Tiere gab sein Grund aber das Futter nicht her. Einfach Land dazuzukaufen, war nicht möglich, denn es gab kaum einen Bauern, der Wiesen hergegeben hätte. Die einzige Lösung sah er darin, einen zweiten Hof zu erwerben. Komplette Höfe wurden immer einwieder mal angeboten. Natürlich sollte dieser in der Nähe liegen, damit Hans keine zu weiten Wege zwischen seinen Besitztümern zurücklegen musste. Im näheren Umkreis entdeckte er jedoch nichts Gescheites. Außerdem hätte er, um diesen Traum verwirklichen zu können, noch viele Jahre eisern sparen müssen.

Im Sommer 1951, kurz nach der Geburt seines Sohnes, bot sich ihm ein Glücksfall. Auf einem Hof ganz in der Nähe lebte ein alter Mann, der keine Nachkommen hatte. Diesem fiel es zusehends schwerer, die landwirtschaftlichen Arbeiten zu erledigen. Deshalb bot er seinen Hof zur Pacht an – unter der Bedingung, dass ihm dort lebenslanges Wohnrecht eingeräumt würde. Ein Idealfall für Hans. Er war ja nicht am Wohnhaus interessiert, sondern nur an den Grundstücken und den Wirtschaftsgebäuden. Da hieß es, nicht lange zaudern, sondern zugreifen. Im Hinterkopf hegte er allerdings den Gedanken, dieses Anwesen in absehbarer Zeit käuflich erwerben zu können. Es würde nicht allzu lange dauern, dann waren seine Töchter flügge. Vielleicht würde eine von ihnen froh sein, wenn sie in dem Haus wohnen durfte. Seiner Frau erzählte er zunächst nichts von seinem Vorhaben. Er fürchtete, dass sie etwas dagegen einzuwenden hatte. Erst als der Pachtvertrag unter Dach und Fach war, gestand er ihr sein eigenmächtiges Handeln.

Erstaunlicherweise blieb das befürchtete Donnerwetter aus. Im Gegenteil, sie lobte ihn für seine kluge Entscheidung und fand es vernünftig, dass er fortan, statt auf fremden Wiesen zu arbeiten, mit den eigenen und den gepachteten voll ausgelastet war.

Dieser Hof lag oberhalb des Bärenhofes, und man benötigte eine gute halbe Stunde, um hinzugelangen. Dabei kam man an vier verstreut liegenden Höfen vorbei, unter anderem auch am Lachnerhof.

In dem Pachtstall brachte der Bärenhofbauer sieben weitere Kühe unter. Das Heu von den zusätzlichen Wiesen lagerte er in der dazugehörigen Tenne. Es diente seinen Tieren als Futter, wenn die Weidezeit beendet war. Das bedeutete, in den Wintermonaten jeden Morgen und jeden Abend hinaufzusteigen, um seine Viecher zu füttern, zu melken und auszumisten. Erst wenn das Heu alle war – es reichte meist bis Mitte Januar –, holte er sein Vieh nach Hause. Bis dahin hatte er aus dem heimischen Stall die älteren Tiere verkauft, sodass es Platz gab für die Kühe aus dem Pachtstall. Allerdings mussten die Tiere etwas zusammenrücken.

Im Winter 1953/54 fiel unglaublich viel Schnee. Bereits in den ersten Dezemberwochen hatte es reichlich geschneit, dann war eine ruhige Wetterlage eingetreten. Am Tag taute die Sonne die Schneeoberfläche an, und in der Nacht brachte die Kälte sie wieder zum Gefrieren. So konnte der Schnee eine richtig feste Decke bilden. Am 9. Jänner öffnete der Himmel erneut seine Schleusen. Es schneite den ganzen Tag, und am darauffolgenden ebenfalls. Das beobachtete Hans mit großer Besorgnis. Am Morgen des 11. hatte der Schneefall zwar weitgehend nachgelassen, doch der Himmel war immer noch dicht verhangen.

Wie jeden Morgen stieg Bauer Hans zu seinem Pachthof hinauf, wie immer mit einer leeren Milchkanne. Die sogenannte Transportkanne war mit

Lederriemen versehen, sodass sie sich wie ein Rucksack auf dem Rücken tragen ließ. Mit solchen Kannen pflegten die Bergbauern zweimal am Tag die Milch zu einer kleinen Sennerei zu bringen, die sich auf halbem Weg zum Dorf befand. Um eine normale volle Milchkanne per Hand nach unten zu tragen, war sie viel zu schwer und zu unhandlich. Wie die normalen fasste eine Transportkanne vierzig Liter Milch, und da sie zudem ein ganz schönes Eigengewicht hatte, schleppte ein Bauer fast einen Zentner auf seinem Rücken.

Nachdem seine Tiere an diesem Morgen versorgt waren, betrat Hans wie jeden Tag die Stube des alten Bauern und erklärte: »Das Wetter gefällt mir nicht. Da hängt noch ganz schön was oben. Deshalb werd ich die Kühe heute schon heimtreiben. Es ist zwar noch Heu für mehrere Tage vorhanden, aber bis das verfüttert ist, liegt womöglich so viel Schnee, dass ich sie nicht mehr hinunterbringe.«

Hilfsbereit, wie der Bauer war, begleitete er seinen Pächter in den Stall und half ihm, die Tiere loszubinden. Bevor Hans sich in Bewegung setzte, lud er sich die Milchkanne auf den Rücken. Mit dieser stapfte er in der Spur bergab, die er beim Aufstieg getreten hatte, der Bauer trieb währenddessen die Rindviecher aus dem Stall.

Die beiden ersten Kühe, noch junge Tiere, marschierten brav hinter Hans her. Die anderen fünf jedoch machten keine Anstalten, ihrem Herrn zu folgen. Sosehr der Hofbesitzer auch versuchte, sie mit einem Stock anzutreiben, sie weigerten sich beharrlich, das Grundstück des Bauern zu verlassen. Vom

Hof aus führte der Weg zunächst nur leicht bergab bis zu einer scharfen Kehre, ab dort wurde er wesentlich steiler. Doch plötzlich, Hans hatte diese Kehre noch nicht erreicht, vernahm der alte Bauer ein verhängnisvolles Rauschen. Entsetzt blickte er nach oben und dann auf Hans. Er konnte gerade noch sehen, dass auch dieser den Blick bergauf gerichtet hatte und sich instinktiv duckte. Dann wurde der junge Bauer von der Lawine mitsamt seinen Kühen in die Tiefe gerissen. Während der alte Mann wie erstarrt diesem schrecklichen Schauspiel zusah, drängten die restlichen Kühe panikartig in den noch offenen Stall zurück.

In etwa zweihundert Metern Tiefe wurde die Lawine von einem kleinen Wald aufgehalten. Nachdem sich seine Erstarrung gelöst hatte, band der Hofbesitzer die Kühe im Stall an und verriegelte die Tür. Hastig zog er sich warme Kleidung und feste Schuhe an und lenkte seine Schritte zu Tal, um Hilfe zu holen. Der Weg war zum Glück passierbar geblieben, ja, der erste Teil sogar besser als zuvor, denn die Lawine hatte die lockere obere Schneeschicht mitgerissen. In den vier Höfen, die an seinem Weg lagen, schilderte er kurz, was geschehen war, deshalb machte sich aus jedem Haus sogleich ein junger Mann mit Schaufel und Hacke auf, um den Verunglückten zu bergen. Bei Zenta kehrte der Bauer des Pachthofes ebenfalls ein und erzählte ihr, was geschehen war. Danach setzte er seine eilige Wanderung ins Dorf fort, wo er den Bergrettungsdienst benachrichtigte. Die Männer waren bald zusammengetrommelt und folgten dem alten Bauern mit Rettungshund und Sonden.

Von der Schreckensnachricht war die Bärenhofbäuerin zunächst wie erschlagen. Obwohl ihr der alte Mann versichert hatte, die Nachbarn hätten sich gleich auf die Suche begeben, blieb ihr nicht viel Hoffnung. Sie befürchtete, die Männer würden ihren Mann nicht schnell genug finden. Der Sauerstoff würde ihm gewiss bald ausgehen, selbst wenn er eine Atemhöhle gefunden haben sollte.

Als bis zum Abend noch keine Botschaft eingetroffen war, verrichtete sie wie mechanisch die Stallarbeiten, während die dreizehnjährige Vroni sich um den kleinen Bruder kümmerte und das Nachtessen richtete. Doch Zenta brachte kaum einen Bissen hinunter. In der Nacht fand sie wenig Schlaf und musste doch morgens wieder ihren Pflichten nachkommen.

Auch am zweiten Tag traf von den Rettern keine Nachricht ein. Zwischendurch lief die vom Schicksal gebeutelte Frau immer wieder an die Haustür und spähte den Berg hinauf. Am Nachmittag des dritten Tages sah sie endlich, dass sich ein trauriger Trupp ihrem Haus näherte. Einige Männer führten einen Schlitten mit sich, wie er normalerweise zum Holztransport verwendet und von einem Pferd gezogen wurde.

Sie starrte auf den Schlitten, der von einem Nachbarn gezogen, nein, eigentlich nur in der Spur gehalten wurde, während zwei Männer ihn bremsten, indem sie ihn mit zwei hinten befestigten Kälberstricken zurückhielten.

Ihr Mann war mit einem Leintuch bedeckt. Bei dem Anblick krampfte sich das Herz der Bäuerin zusammen, sie brach aber nicht in Weinen und Wehklagen aus. Lautlos sank sie ohnmächtig in den Schnee.

Einer der Männer rannte auf sie zu, scharrte den Schnee von der Hausbank und legte sie darauf. Nach wenigen Sekunden öffnete Zenta wieder die Augen. Inzwischen hatte man das Schneefahrzeug vor ihr zum Stehen gebracht. Sie rappelte sich auf, schlug das Tuch zurück, streichelte die kalte Wange ihres Mannes und schluchzte: »*So* muss ich dich wiedersehen.«

Einer der Helfer verständigte den Arzt, damit er den Totenschein ausstelle. Der Doktor diagnostizierte, dass Hans unterm Schnee nicht qualvoll erstickt, sondern an einem Genickbruch gestorben war. Den habe er vermutlich schon zu Beginn des Absturzes erlitten, deshalb habe er nicht lange leiden müssen. Immerhin ein kleiner Trost für die Witwe. Die Nachbarn und die Männer von der Bergrettung suchten am folgenden Tag weiter, bis die beiden Kühe gefunden waren, und brachten sie ebenfalls per Pferdeschlitten zum Bärenhof.

Dieses Lawinenunglück bedeutete einen unermesslich schweren Schlag für Zenta. Nicht nur, dass sie den Mann verloren hatte, den sie liebte, der materielle Schaden war ebenfalls empfindlich. Die beiden Kühe, die es erwischt hatte, waren noch ziemlich jung gewesen und hätten im Laufe der Jahre noch eine Menge Milch geben und etliche Kälber zur Welt bringen können. Noch nicht einmal das Fleisch der verunglückten Tiere konnte man verwenden, obwohl sie drei Tage lang kühl genug unter den Schneemassen gelegen hatten. Der Veterinär klärte die Bärenhoferin darüber auf, dass das Fleisch wertlos sei, weil die Tiere nicht ausbluten konnten. Sie seien nur noch ein Fall für die Abdeckerei.

Alles nichts gegen die Tatsache, dass die Existenz von Zenta und ihrer Familie von heute auf morgen bedroht war. Die Frau, erst fünfundvierzig Jahre alt, stand allein da mit zwei unmündigen Kindern und wusste nicht, wie es weitergehen sollte. Ihre vier älteren Töchter arbeiteten alle als Mägde auf verschiedenen Bauernhöfen. Konnte sie vielleicht eine von ihnen heimbeordern? Das musste reiflich überlegt sein, denn sie war ja froh gewesen, dass die Dirndln gut untergekommen waren und sich ihr Brot selbst verdienten. Außerdem war es üblich, dass man nur zu Lichtmess die Stelle wechselte. Bis dahin blieben zum Glück nur noch drei Wochen.

So sehr Zenta auch hin und her überlegte, in ihrer Notlage würde ihr nichts anderes übrig bleiben, als doch eine von ihnen nach Hause zu zitieren. Es galt nur, sorgfältig die Richtige auszuwählen. Doch würde es ausreichen, nur eine der Töchter heimzuholen, wenn diese auch mehr oder weniger erwachsen war? Für die wirklich schweren Arbeiten wie Mähen, das Schleppen der Milchkanne zur Sennerei oder das Baumfällen bräuchte man doch einen Mann am Hof!

In dieser ausweglos scheinenden Situation kam ihr ein glücklicher Umstand zu Hilfe. Sanna, die älteste Tochter, die bei einem Großbauern im Nachbardorf in Dienst stand, sah plötzlich Mutterfreuden entgegen. Der »Verursacher« war Klaus, der bei seinem Vater als Knecht diente. Er hatte der hübschen Susanne so lange nachgestellt, bis es passiert war. Der junge Mann war weiß Gott kein Hallodri. Sich seiner Verantwortung voll bewusst, hätte er das Mädchen auf der Stelle geheiratet. Aber es passte dem Hofbesitzer nicht, dass sein Sohn mit einer Magd als Ehepaar auf dem Hof leben sollte. Außerdem ergab sich ein Wohnproblem: Für die beiden fand sich keine gemeinsame Kammer. Sanna hätte weiterhin in der Mägdekammer nächtigen und ihr Mann sich weiterhin eine Kammer mit Michael, seinem älteren Bruder, teilen müssen.

Bei der Beerdigung ihres Vaters gestand die älteste Tochter der Mutter ihren »Fehltritt« und auch, welche Probleme sich einer Heirat in den Weg stellten. Zu ihrer großen Verwunderung reagierte die Mama völlig anders als erwartet: »Das passt ja ausgezeichnet. Wie sagte meine Mutter schon immer: Ist die Not am größten, ist Gottes Hilfe am nächsten.«

»Wie meinst du das?«, fragte die Tochter verblüfft.

»Du heiratest deinen Klaus so bald wie möglich, und ihr zieht zu mir auf den Hof. Deine Kammer steht eh leer. Dann haben wir für die schweren Arbeiten wieder ein Mannsbild im Haus, und euch beiden ist geholfen.«

Das war die menschliche Hilfe, die Zenta zuteil wurde. Bald erfuhr sie aber auch finanzielle Unterstützung. In Zentas Fall reagierten das Land Tirol und die Schweiz sehr vorbildlich: Sie boten der jungen Witwe schnelle und unbürokratische Unterstützung. Damit Zenta den Stall erweitern konnte, bewilligte das Land entsprechende Mittel. Gleich nach der Schneeschmelze wurde damit begonnen. Zusätzlich erhielt die Witwe aus dem Nothilfefond der Schweiz hunderttausend Schilling. Davon verwendete sie in etwa die Hälfte für eine Wiese, die sie zu ihrer Freude von einem Nachbarn erwerben konnte, sodass sie genug Futter für sämtliche Kühe hatte. Von der Restsumme erhielt sie eine monatliche Halbwaisenrente für die beiden minderjährigen Kinder Vroni und Paul, die bei ihr lebten.

Noch am Tag der Beerdigung nahm Zenta ihren Sohn zu sich in die Schlafkammer. Es wäre schrecklich für sie gewesen, das Bett neben sich leer zu wissen. Zum anderen sah sie darin die einzige Möglichkeit, ihren Sohn beschützen zu können, denn in ihren Augen war er das Wichtigste, was ihr Mann ihr hinterlassen hatte.

In der Folgezeit machte man sich allenthalben Gedanken, wie es zu dem Unglück hatte kommen können. Es musste an den unterschiedlichen Schneeschichten gelegen haben, dass der Schnee sich löste. Auf den festen Altschnee hatte sich lockerer Pulverschnee gelegt. Der unschuldige Auslöser waren dann die beiden ersten Kühe gewesen. Im wahrsten Sinne des Wortes hatten sie eine Lawine losgetreten, und der Neuschnee war ins Rutschen geraten.

Warum waren die fünf anderen Kühe ihnen nicht gefolgt? Dafür hatte man unterschiedliche Erklärungen. Die einen meinten, diese älteren Tiere hätten schon mehr Erfahrung, andere meinten, sie verfügten über ein besonders feines Gehör, und einige waren gar der Ansicht, diese Kühe hätten eine Art sechsten Sinn besessen.

Zenta verlor jedoch nicht nur diese Tiere durch die Lawine, was sich aber erst einige Monate später herausstellte. Ihr Mann hatte neben dem Stall ein Bienenhaus mit zehn Völkern besessen, die er jahrelang liebevoll gepflegt hatte. Sie waren nicht nur sein ganzer Stolz gewesen, sondern brachten alljährlich auch einen ganz ansehnlichen Honigertrag, sodass nicht nur die Familie davon profitierte. Pauls Vater hatte bereits eine beachtliche Nebeneinnahme durch den Honigverkauf erzielt. Als nun nach dem Unglück Tochter und Schwiegersohn auf den Hof zogen, dachte niemand mehr an die Bienen. Wie nun Klaus im Mai endlich auf die Idee kam, ins Bienenhaus zu schauen, fand er nur tote Bienen vor. Man war sich nicht sicher, ob sie verhungert, erstickt oder erfroren waren.

Da Zentas Kinder beim Tod ihres Vaters noch alle minderjährig waren, wurde von Amts wegen ein Vormund bestellt, auch für die Töchter, die sich bereits in Stellung befanden. Dazu wählte man den amtierenden Bürgermeister des Dorfes.

Eine Witwe schlägt sich durch

In den folgenden Jahren – das lässt sich ohne Übertreibung behaupten – leistete Zenta Übermenschliches. Unter primitiven Verhältnissen, es gab ja noch immer keine Elektrizität auf dem Hof, und das Wasser musste Eimer für Eimer vom Brunnentrog ins Haus getragen werden, hat sie mit ihrer ältesten Tochter und deren Mann den Betrieb nicht nur erhalten, sondern ihn sogar aufwärts gebracht. Selbst die junge Vroni trug ihren Anteil dazu bei. An Nahrungsmitteln gab der Hof fast alles her, was man zum Leben brauchte. Damit sie aber Geld in die Hände bekam für Dinge, die sie selbst nicht erzeugen konnte, ging Zenta im Sommer trotz ihrer vielen Arbeit mit Vroni zum Beerensammeln. Gar nicht allzu weit von ihrem Anwesen entfernt, kannte sie gute Plätze mit Heidel- und Preiselbeeren, die bei den Stadtbewohnern sehr begehrt waren. Deshalb kam während der Beerenzeit täglich ein Auto ins Dorf, dessen Besitzer die von den Dorfbewohnern gesammelten Früchte aufkaufte. Auch Vroni musste an jedem Spätnachmittag mit dem Buckelkorb hinunter ins Dorf.

Im Herbst waren es Schwammerl (Pilze), die Zenta mit ihrer Jüngsten suchte. Die begehrtesten waren natürlich Eierschwammerl (Pfifferlinge) und Steinpilze. Diese musste Vroni ebenfalls regelmäßig zum Verkauf ins Dorf tragen. Mit den weniger beliebten

Sorten wie Parasol, Herrenpilzen, Braun- und Rotkappen bereicherte man den eigenen Speisezettel.

Paul hatte sein erstes Schuljahr noch nicht ganz hinter sich, da wusste er schon so gut mit Geld umzugehen, dass man es wagen konnte, ihn mit den Früchten des Waldes ins Dorf zu schicken. Außerdem war er bereits kräftig genug, um den kleinen Buckelkorb zu tragen. Nun hatte also er die Aufgabe, am Spätnachmittag zu dem Händlerauto zu marschieren, um die Tagesausbeute von Mutter und Schwester abzuliefern. Daher konnte Vroni andere Aufgaben übernehmen. Den Luxus, ihn oder vorher Vroni mit leerem Korb nach Hause wandern zu lassen, leistete man sich nicht. Für das Geld, das die Kinder durch den Verkauf ihrer Ware erzielten, mussten sie vom Krämer Zucker, Margarine, Gewürze, Waschpulver oder andere Bedarfsartikel heimbringen. Den Zucker benötigte die Mutter unter anderem, um die schwarzen und roten Ribisel (Johannisbeeren) aus dem Garten zu Marmelade oder Saft zu verarbeiten. Statt Butter strich man sich Margarine aufs Brot. In diesen Jahren butterte man schon nicht mehr selbst, man lieferte die meiste Vollmilch ab, weil es dafür gutes Geld gab.

Tochter Sanna konnte leider nicht mit, um die Früchte des Waldes zu ernten. Sie musste ihre Kinder hüten, denn ihre Familie vergrößerte sich zusehends. Fünf Monate nach der Hochzeit brachte sie ihr erstes Kind zur Welt, Hanna. In dieser kleinen Nichte fand Paul bald eine Spielgefährtin. Georg, der Stammhalter, erblickte 1956 das Licht der Welt, Rosa 1957 und Klein-Zenta 1959.

Es ergab sich bald, dass Zentas Schwiegersohn Klaus nicht so viel auf dem Hof arbeiten konnte wie zunächst erwartet. Bereits nach wenigen Monaten hatte er eine zusätzliche Arbeit angenommen. Die kleine Landwirtschaft hätte vielleicht mit Mühe die wachsende Familie ernährt, doch für die steigenden Ansprüche wäre es nicht ausreichend gewesen. Klaus hatte das Glück, dass man ihm bereits im ersten Sommer, den er im Haus der Schwiegermutter wohnte, eine Stelle anbot, die Bargeld ins Haus brachte. Für den dringend notwendigen Wildbach- und Lawinenverbau suchte man tüchtige Leute. Wie viele andere Männer der Umgebung meldete sich auch Klaus und wurde wie diese innerhalb weniger Tage angelernt. Seitdem war er jeden Sommer auf »Montage«.

Da sich diese Verbauarbeiten über ein weites Gebiet erstreckten, bedeutete es für den jungen Familienvater, dass er jeden Montag in der Früh das Haus verlassen musste und erst wieder am Freitagnachmittag zurückkehrte. Obwohl er ziemlich abgekämpft nach Hause kam, war an Ausruhen nicht zu denken. Auf ihn warteten die schweren Aufgaben, mit denen die Weiberleut nicht zurechtkamen.

Vor allem ging es ums Fällen der Bäume, damit man Brennholz hatte. Holz wurde schließlich nicht nur im Winter benötigt, sondern das ganze Jahr über. Da es noch immer keine Elektrizität im Haus gab, musste täglich der Küchenherd eingeheizt werden, damit man warme Mahlzeiten zubereiten konnte. Auch musste alle paar Tage Brot gebacken werden. Brot beim Bäcker zu kaufen, wäre viel zu teuer gewesen, man hatte ja eigenes Getreide. Das Brot vom

Dorf heraufzuschleppen, wäre außerdem sehr mühsam gewesen. Sich um das Getreide zu kümmern, gehörte ebenfalls zu den Aufgaben des Schwiegersohnes. Er musste es säen, er musste es mähen, er musste das Korn zur Dreschmaschine schaffen und anschließend die Körner zentnerweise mit dem Buckelkorb zur Mühle tragen. In der Gemeinschaftsmühle durfte jeder teilhabende Bauer zu einer festgelegten Zeit vierundzwanzig Stunden mahlen.

Danach schleppte Klaus das Mehl und die Kleie auf dem Rücken nach Hause. Gebacken wurde in der Küche im Schürherd, immer nur in kleinen Mengen. Ein Backhaus, wie anderswo üblich, besaß man nicht. Da es zum Frühstück üblicherweise für alle ein Mehlmus gab, brauchte man nicht allzu viel Brot.

Die Kartoffelernte war ebenfalls Männersache, jedenfalls das Aushacken. Für die Frauen des Hofes war das Aufklauben schon anstrengend genug. Auch das Ausbringen von Mist und Gülle blieb überwiegend am Schwiegersohn hängen. Da man keinerlei Maschinen einsetzen konnte, empfand man das wirklich als mühsame, äußerst unangenehme Arbeit. Eine der Frauen half allerdings dabei. Damit man die steilen Wiesen düngen konnte, hatte man einen eigenen Mistkorb.

In diesen schöpfte Klaus mit einer Gabel den Mist aus der klassischen Mistgrube, die sich damals noch hinter jedem Bauernhaus fand. Zu zweit schleppte man diesen Korb auf die Wiese, wo Klaus den Inhalt mit der Mistgabel möglichst gleichmäßig verteilte. Für die Gülle gab es ein Jauchefass, das man auf dem Rücken zu den Wiesen brachte, wo mithilfe einer

Handpumpe der übel riechende Inhalt versprüht wurde.

In den Sommermonaten blieb unter der Woche die ganze Landwirtschaft an Zenta und ihren beiden Töchtern hängen. Ab Ende Mai oder Anfang Juni gestaltete sich diese etwas leichter, da standen die Rindviecher auf der Alm. Deshalb war auch keine Milch mehr zur Sennerei zu tragen. Allerdings behielt man eine Kuh am Hof, damit Milch zum Eigenbedarf zur Verfügung stand. Weil die Kühe Ende September wieder zurückkamen, der Schwiegersohn aber an den Werktagen bis Ende Oktober nicht zur Verfügung stand, ließ man sich für den Milchtransport eine andere Lösung einfallen. Einmal am Tag lud man die Kannen auf ein Wagerl, und Zentas Töchter fuhren damit zur Milchannahmestelle. Dabei fungierte die eine als Lenker und die andere als Bremser. Kaum dass der kleine Paul sechs Jahre alt war, konnte er auch schon eine dieser Aufgaben übernehmen. Daher wurde eine seiner Schwestern frei für andere Arbeiten. Das mit dem Wagerl hatte sich im Herbst so gut bewährt, dass man im Winter die Kinder die Milchkannen mit dem Schlitten zur Sennerei transportieren ließ. Daher konnte sich der einzige Mann im Haus intensiv um das Brennholz kümmern.

Als ob Zenta nicht schon genug am Hals gehabt hätte, lud sie sich noch eine zusätzliche Arbeit auf. Es war an einem Nachmittag Ende Juni 1959. Die Heuernte war glücklich beendet, die Töchter waren hinterm Haus mit Waschen beschäftigt, und weil es für die Bäuerin gerade nichts zu tun gab, erlaubte sie sich eine kurze Rast auf der Bank vor dem Haus.

Sie saß noch nicht lange, da beobachtete sie aufmerksam ein Auto, das auf dem Schotterweg heraufholperte. Ein Auto auf dieser Straße war nämlich ein ganz seltenes Ereignis. Zu ihrer Überraschung bog das Fahrzeug in ihren Hof ein, und der Fahrer kurbelte die Scheibe herunter. In einer Sprache, die für ihr Ohr fremd klang – es war Hochdeutsch – fragte er, ob sie nicht ein Ferienquartier für zwei Wochen für vier Personen hätte.

»Das wäre schon möglich. – Kommen Sie erst einmal mit«, gab die Bäuerin gedehnt zur Antwort. Gleichzeitig ging sie in Gedanken ihre Räumlichkeiten durch, um herauszufinden, wie sich das bewerkstelligen lassen konnte.

Zunächst führte sie die Leute, ein Elternpaar mit zwei Buben von zwölf und vierzehn Jahren, in ihre Küche und ließ sie am Tisch Platz nehmen, wo ihr Sohn gerade über seinen Hausaufgaben saß. Um die Fremden zu ködern, bewirtete Zenta diese erst einmal mit frischer Milch.

»Von meiner Seite aus wäre das kein Problem«, griff sie das Thema auf. »Es ist die Frage, ob ihr mit den einfachen Verhältnissen zufrieden seid.«

»Wie meinen Sie das?«, wollte das Familienoberhaupt wissen.

»Nun, es gibt bei uns noch kein elektrisches Licht und kein fließendes Wasser.«

»Gibt es so etwas tatsächlich noch?«, staunte die Ehefrau. »Aber Sie haben doch sicher eine Möglichkeit, wo man sich waschen kann?«

»Freilich. Im Hof steht ein Brunnen, an dem könnten Sie sich waschen. Andererseits könnte ich Ihnen aber auch, wenn Ihnen das lieber wäre, Waschwasser in Ihre Kammern tragen. In jeder befindet sich eine Waschschüssel.«

»Meinen Sie mit Kammer etwa Schlafzimmer?«, zeigte sich einer der Buben amüsiert.

»Freilich meine ich das«, säuselte die Bäuerin in dem Bestreben, sich diese Gäste nicht entgehen zu lassen.

Nun wagte auch der andere Sohn eine Frage: »Wenn Sie kein Elektrisches haben, womit beleuchten Sie dann, wenn es dunkel wird?«

»Jetzt im Sommer ist's ja lange hell. Für alle Fälle aber steht in jeder Kammer eine Petroleumlampe. Zusätzlich gibt es einen Halter mit Kerze, falls mal jemand in der Nacht raus muss.«

Der Familienvater, der dem Gespräch bis dahin aufmerksam gefolgt war, hakte ein: »Ach ja, wenn Sie kein fließendes Wasser haben, wie ist es dann um die sanitäre Anlage bestellt?«

»Um was für eine Anlage?«, fragte Zenta befremdet.

»Er meint das WC«, erklärte die Urlauberin. Auf Zentas Gesicht konnte sie jedoch keinen Hauch von Erkenntnis entdecken, deshalb versuchte sie es anders: »Wir meinen das Klosett. Die Toilette.«

Nun ging ein Aufleuchten über das Gesicht der Bäuerin: »Ach so, Sie meinen das Scheißheisl? Ja, das ist im Hof, gleich neben dem Misthaufen.«

»Ach, wie praktisch!«, lobte die Touristin. Er dagegen rümpfte die Nase und antwortete mit angewidertem Gesicht: »Ich weiß nicht, ob wir uns das wirklich antun wollen, in der Nacht mit einer Kerze herumzuwandern wie das Darmol-Männchen.« (Eine sehr bekannte Werbefigur in den Fünfzigerjahren.)

»Warum nicht, Papa?«, fragte der ältere Sohn. »Das hat doch was von Nostalgie.«

Noch ehe ein weiterer Kommentar erfolgte, bot Zenta für das kleine Geschäft ein Nachthaferl an, damit man nachts nicht ins Freie müsse.

»Ein Nachthaferl?«, platzte der Jüngere lachend heraus. »Meinen Sie einen Pisspott?«

»Aber Tobias! Mäßige dich in deinen Ausdrücken!«, tadelte der Vater. »Bei uns heißt das Nachttopf.«

»Wenn sie Scheißheisl sagen darf, dann kann ich auch Pisspott sagen«, rechtfertigte sich der Sprössling.

»Egal wie das nächtliche Geschirr heißt, Eduard, ich meine, wir sollten hier unsere Zelte aufschlagen. Schon allein wegen der traumhaften Aussicht. Und mal zwei Wochen ohne fließendes Wasser, Elektrizität und WC werden wir schon überleben. Das ist doch sehr romantisch.«

Der Vater Eduard wiegte bedenklich sein Haupt, und Zenta sah schon ihre Felle davonschwimmen. Um noch etwas zu retten, warf sie schnell ein: »Gewiss, es fehlt bei uns an einigem Komfort, dafür ist der Preis aber äußerst günstig: vierzig Schilling pro Kammer und Nacht, und das Frühstück ist auch noch drin.«

Nun war zu beobachten, wie es in Eduards Gehirnwindungen arbeitete. Schließlich rechnete er laut: »Vierzig Schilling, das sind noch keine sechs

Mark, das mal zwei macht zwölf Mark pro Nacht, und das mal vierzehn sind zusammen hundertachtundsechzig. Ja, Helga, das ist ein preiswerter Urlaub. Das machen wir.«

Die Bäuerin empfahl ihren Gästen einen kleinen Spaziergang, bei dem sie schon einmal die Gegend erkunden konnten. Diese Zeit benötigte sie dringend, um ungestört die Zimmer herzurichten. Zunächst räumte sie ihre eigene Kammer, ihren Sohn quartierte sie bei seinen kleinen Nichten und Neffen ein, und ihr eigenes Lager schlug sie auf dem Diwan in der Stube auf. Nachdem sie die Betten für die Gäste mit ihrer besten Wäsche bezogen hatte, machte sie sich an der Kammer von Tochter Vroni zu schaffen. Da ihr Schwiegersohn eh die ganze Woche nicht daheim war, quartierte sie Vroni kurzerhand bei ihrer großen Schwester im Schlafzimmer ein.

Am Wochenende mag Klaus sehr verwundert geschaut haben, dass er mit seinem Eheweib nicht mehr allein in der Kammer nächtigte. Zu Zentas eigenmächtigem Handeln machte er jedoch gute Miene und dachte wohl: *Nun ja, für zwei Wochenenden mag das mal gehen.*

Noch verwunderter und kein bisschen begeistert war er, als nach zwei Wochen neue Gäste aufgenommen wurden und sich dieses Kommen und Gehen bis in den Herbst hineinzog. Wahrscheinlich war diese »Belagerung« die Ursache dafür, dass im Jahr 1960 kein neues Kind in der Wiege lag. Umso überraschender aber war es, dass im Jahr darauf doch wieder eines ankam, ein kleiner Michael. Nun ja, das lag wohl an den langen ungestörten Winternächten.

Wieder ein Jahr später sollte für Klaus das »Kapitel Schlafproblem« beendet sein, denn sein Leben nahm eine erfreuliche Wendung. Sein älterer Bruder Michael, als Hoferbe vorgesehen, entwickelte plötzlich andere Ambitionen. Er sah sich dazu berufen, Landmaschinen-Mechaniker zu werden. Auf diese Idee war er deshalb gekommen, weil sein Vater sich nach und nach einige Landmaschinen angeschafft hatte, die ihm die Arbeit wesentlich erleichterten. Allerdings fiel bei diesen immer wieder einmal eine Reparatur an, für die er anschließend einen Haufen Geld hinblättern musste. Michael, der dem Mechaniker während der Arbeiten stets genau auf die Finger schaute, lernte dabei so einiges. Daher war er bald in der Lage, kleine Reparaturen selbst auszuführen. Damit ersparte er dem väterlichen Betrieb nicht nur eine Menge Zeit und Geld, es machte ihm auch Spaß. Warum sollte ich das nicht zu meinem Beruf machen?, fragte er sich. Damit kannst du gutes Geld verdienen, und eine geregelte Arbeitszeit hast du auch.

Seinem Vater sagte er also »Adieu!« und trat, obwohl er die dreißig längst überschritten hatte, in einen Landmaschinen-Reparaturbetrieb als Lehrling ein. Da er noch ledig war und weiterhin daheim wohnen konnte, kam er mit seinem »Lehrlingsgehalt« ganz gut über die Runden. Später legte er sogar mit großem Erfolg die Meisterprüfung ab, heiratete die Tochter seines Meisters, bekam mit ihr einige Kinder und übernahm nach einigen Jahren den Betrieb seines Schwiegervaters.

Michaels Vater aber sah sich genötigt, auf seinen Zweitgeborenen zurückzugreifen. Klaus erklärte dem

Vater, er werde gern heimkommen, aber erst, wenn der ihm den Hof überschrieben hätte. Er müsse schließlich eine Familie ernähren und wolle auf Nummer sicher gehen. Seinem Bruder könne es ja einfallen, doch wieder auf Bauer zu machen. Platz für Klaus und seine stattliche Familie war im Elternhaus nun genug vorhanden, denn der Fortschritt hatte auch vor diesem nicht Halt gemacht. Knechte und Mägde gab es auf dem Hof nicht mehr. Das lag zum einen daran, dass kaum noch jemand auf einem Bauernhof arbeiten wollte, und zum anderen daran, dass Maschinen weitgehend deren Arbeitskraft ersetzten. Zudem hatten die Töchter des Hauses hinausgeheiratet.

Nachdem alles zur Zufriedenheit des Jungbauern geregelt war, zog dieser mit Sack und Pack im Vaterhaus ein – glücklich, sich endlich als Vollzeitbauer betätigen zu können, da der väterliche Betrieb groß genug war. Gewiss, bei dem Trupp zum Lawinenverbau hatte es ihm auch gefallen, doch musste er damals die ganze Woche über von seiner Familie getrennt sein, was ihm als Familienmensch so gar nicht gefiel. In seinem Elternhaus sollte nach einem Jahr ein weiteres Kind ankommen, eine Resi.

Auf dem Bärenhof aber blieb eine traurige Zenta zurück, weil ihr nun die Arbeitskraft des Schwiegersohnes fehlte. Doch sie fing sich schnell wieder und schmiedete neue Pläne. Durch den Auszug der jungen Familie waren zwei Kammern frei geworden, darin witterte sie ihre Chance. Beim Nachtessen tat sie ihren Kindern kund, dass sie diese beiden Räume ab dem nächsten Sommer ebenfalls vermieten wolle.

»Und wo bleiben wir?,« fragten Vroni und Paul bestürzt.

Bei ihrem Bestreben, zu vermieten, hatte die gute Frau völlig außer Acht gelassen, dass ihr Sohn bei den Kindern einquartiert gewesen war und ihre Tochter bei Schwester und Schwager, und damit also nicht wirklich Kammern frei geworden waren. »Für euch werden wir auch noch eine Lösung finden«, äußerte sie zuversichtlich.

Die fand sie tatsächlich sehr schnell. Am Tag bevor die ersten Feriengäste auftauchten, musste Vroni ihr Nachtlager auf dem Dachboden aufschlagen. Dazu benutzte sie eine der alten Matratzen, die schon seit Jahren da herumlagen. Paul dagegen durfte seine Bettstatt in den Keller tragen. In einer Ecke des Bügelraumes fand er gerade so viel Platz, dass es sich aufstellen ließ. Dort verbrachte der Sohn des Hauses künftig alle Sommermonate. Zentas Sommerlager blieb nach wie vor der Diwan in der Stube.

Da nach dem Auszug des Schwiegersohnes der Mann im Haus fehlte, packte Zenta ihrem Sohn Paul immer mehr Pflichten auf. Dieser, mittlerweile zwölf Jahre alt, wurde sich erst jetzt dessen bewusst, dass er ohne Vater aufwuchs. Ab sofort musste er der Mann im Haus sein. Gewiss, er hatte auch schon vorher genügend Pflichten gehabt. Schon im Alter von vier Jahren war es seine Aufgabe gewesen, jeden Tag das Brennholz für die Öfen hereinzutragen und säuberlich aufzustapeln. Nach und nach hatte seine Mutter ihn auch zu anderen Arbeiten herangezogen. Seit seinem siebten Lebensjahre musste er bereits das Heu zur Tierfütterung von der Tenne durch die

Luke in den Stall werfen. Im Jahr darauf lernte er Kühe, Schweine und Hühner selbstständig zu füttern, und wieder ein Jahr später musste er ihre Ställe ausmisten und neu einstreuen. Mit zehn Jahren konnte er schon richtig melken. Trotz dieser vielen Aufgaben fühlte sich der kleine Kerl aber nicht überfordert. Es kam ihm ganz normal vor, er kannte es ja nicht anders. Mit zwölf hackte er schon Holz wie ein Erwachsener.

Das Baumfällen allerdings konnte man ihm noch nicht zumuten, das übernahm weiterhin sein Schwager, der eigens zu diesem Zweck jedes Jahr für einige Tage auf den Bärenhof zurückkehrte. Mit seiner Motorsäge stellte es für ihn kein Problem dar. In den ersten beiden Jahren hatte er sich allerdings mit der Einmannsäge oder unter Mithilfe seiner Frau oder Schwägerin mit der Wiegesäge abgeplagt. Mit der Motorsäge ließen sich die Bäume wesentlich schneller und müheloser fällen und zersägen, aber diese Säge hatte ein solches Gewicht, dass der Zwölfjährige noch nicht genug Kraft hatte, sie zu halten. Trotzdem begleitete Paul seinen Schwager jedes Mal in den Wald und schaute genau zu, um zu lernen wie in so vielen anderen Bereichen.

Sobald die Stämme entastet waren, legte der Bub die Zweige ordentlich übereinander, damit man sie leicht nach Hause ziehen konnte. Getrocknet dienten sie als wertvolles Anmachholz. Jeder Stamm wurde in vier Meter lange Stücke zersägt, und Paul half beim Aufstapeln. Diese Stapel ließ man bis zum Winter stehen. War die Schneedecke dick genug, bildete man eine Loite: eine Rinne, die aus dünnen

Stämmen jedes Jahr neu zu bauen war. In dieser ließ man die Stämme zu Tal rutschten. Dabei musste man die Loite stets beobachten, denn immer wieder einmal verhakte sich ein Stamm in ihr, dann musste man die Bahn von Hand wieder gängig machen.

Waren alle Stämme unten gelandet, hieß es, sie bis zum Straßenrand zu ziehen. Dazu bediente man sich eines Werkzeugs, das man »Sabin« nannte, man könnte es als Mittelding zwischen Axt und Hacke beschreiben. An einem Ende des Stammes schlug man das hackenartige Metallstück fest ins Holz, packte den Sabin an dem langen Holzstiel und zog ihn mit sich. Allerdings passierte es verschiedentlich, dass durch die Unebenheit des Bodens der Sabin aus dem Holz sprang. Dann musste man ihn erneut fest einhauen. Diese Kunst beherrschte Paul bereits im Alter von vierzehn Jahren. Zu dieser Zeit war man schon so fortschrittlich, dass man einen Holztransporter zum Straßenrand bestellt hatte. Dieser brachte das Holz mühelos nach Hause. Damit war die Arbeit jedoch noch nicht beendet. Mit dem elektrischen Strom im Jahre 1963 kam auch eine elektrische Kreissäge auf den Hof. An diese wollte man den jungen Paul noch nicht heranlassen. Deshalb zersägte Klaus noch einige Jahre lang die Stämme auf ofengerechte Länge. Diese mit der Axt so zu kliabn (spalten), dass sie sich gut in den Ofen schieben ließen, war dann Aufgabe des Buben.

In dem Winter, als Paul fünfzehn war, begleitete Schwager Klaus ihn ein letztes Mal in den Wald. Mittlerweile gab es wesentlich leichtere Motorsägen, eine solche besorgte Klaus für seinen jungen Schwager. Er zeigte ihm nicht nur die genaue Handhabung, sondern belehrte ihn auch, wie man beim Fällen am besten vorging, damit man nicht von seinem eigenen Baum erschlagen wurde. Paul, ein heller Bursche, begriff schnell. Inzwischen war er auch groß, kräftig und so geschickt, dass er in den folgenden Wintern ganz allein Bäume fällen, entasten und in Stücke zersägen konnte. Beim Aufstapeln der Stämme brauchte er allerdings die Hilfe seiner Schwester Vroni. Manchmal half auch die Mutter mit.

Das Holz, das man aus dem eigenen Wald entnehmen konnte, reichte für die Öfen des Bärenhofes bei Weitem nicht aus. Ein Glück, dass zu dem Anwesen auch ein Holzrecht am Gemeindewald gehörte. Der Förster markierte alljährlich die Bäume, die eine Familie als Brenn-, Nutz- oder Zaunholz schlagen durfte. Also fiel für den jungen Paul viel Arbeit an. War das Holz am Hof, ging es mit der Arbeit erst recht weiter.

Seit Zenta Zimmer vermietete, hatte sie in einer bestimmten Absicht jeden Schilling davon beiseitegelegt und im Frühjahr 1963 endlich so viel beisammen, dass sie elektrischen Strom legen lassen konnte. Ihre Stammgäste staunten nicht nur, sie wussten den Komfort auch zu schätzen. Bis die Bäuerin sich endlich fließendes Wasser im Haus leisten konnte, musste sie noch viele Gäste beherbergen.

Hatten die Touristen bisher nur im Sommer unsere schöne Gegend zu schätzen gewusst, so hatten sie diese zu Beginn der 1960er-Jahre auch für den Wintersport entdeckt. Nun strömten sie nicht nur im Sommer herbei, sondern auch im Winter. Für die armen

Berggemeinden bedeutete das einen enormen finanziellen Aufschwung. Zunächst aber galt es, zu investieren. Die Bergstraßen wurden asphaltiert, damit die Autotouristen mühelos bis in die entlegensten Winkel gelangen konnten, und Gasthäuser um-, aus- oder neu gebaut, damit man dem Ansturm von Wintergästen gerecht werden konnte. Aus diesem Grunde bemühten sich auch viele Bauern, ihre Häuser den Ansprüchen ihrer Gäste anzupassen.

Vor allem aber wurden Skipisten angelegt mit dazugehörigen Liften und Parkplätzen. Die Wintersportler wollten es ja bequem haben und ihre Brettl nicht stundenlang den Hang hinaufschleppen müssen.

Von dem Ausbau der Straßen profitierten selbstverständlich auch die Einwohner, denn immer mehr von ihnen legten sich ein Auto zu. Auf den gut ausgebauten Straßen fuhren aber nicht nur die Bauern zu ihren Höfen, mit dem Milchauto wurde die Milch nun regelmäßig zur Molkerei gebracht. Diese Neuerung wusste man sehr zu schätzen, entfiel doch der anstrengende und zeitraubende Milchtransport auf dem Rücken. Und dass der Schneepflug im Winter die Fahrbahnen räumte, damit die Touristen ungehindert zu ihren Quartieren gelangten, kam ebenfalls den Einheimischen zugute.

Doch noch bevor der Winter 1966 begann, klopfte es an Zentas Küchentür. Ein Fremder stand davor, der behauptete, in einer wichtigen Angelegenheit zu kommen. »Bist du die Bäuerin?«, wollte er wissen, als er sich schon bis zur Mitte der Küche vorgearbeitet hatte. Sie nickte.

»Aha! Ich bin der Toni und würde gern mit deinem Mann sprechen.«

»Der lebt leider nicht mehr«, antwortete die Frau mit einem tiefen Seufzer.

»Dann muss ich ja wohl mit *dir* reden.« Dabei machte er nicht gerade ein begeistertes Gesicht.

Dennoch entgegnete die Witwe: »Ja, wenn's recht ist. Übrigens, ich bin die Zenta. Setz dich!« Sie deutete auf einen der freien Stühle und ließ sich selbst auf dem anderen nieder. Ihre beiden Jüngsten saßen noch auf der Eckbank, weil man gerade das Nachtmahl beendet hatte.

Ohne dass die Mutter sie dazu aufgefordert hätte, räumte Vroni flink den Tisch ab und setzte sich wieder auf ihren Platz.

Der Gast betrachtete unterdessen wohlgefällig den jungen Mann. »Ist das dein Bua?«, wollte er wissen.

Nicht ohne Stolz stellte Zenta ihn vor: »Ja, mein Sohn Paul.«

»Er ist doch gewiss schon aus der Schule.« Das klang mehr nach einer Feststellung als nach einer Frage.

»Ja, seit einem Jahr. Warum?« Zenta musterte den Fremden mit argwöhnischen Blicken.

»Paul, was machst du so den ganzen Tag?«, richtete der Besucher das Wort nun direkt an Zentas Sohn.

Noch bevor dieser zum Antworten ansetzte, legte seine Mutter los: »Was soll er schon machen? Da sein Vater nicht mehr lebt, muss er all das übernehmen, was ein Bauer zu tun hat. Falls du selbst vom Land bist, wirst wissen, dass man im Sommer auf den Feldern eingespannt ist und im Winter im Stall und beim Holzmachen.«

»Freilich, ich kenn mich aus«, antwortete er in verbindlichem Ton und wandte sich gleich wieder an den jungen Mann: »Aber gewiss hast im Winter nebenher noch a bissl Zeit, um dir Geld zu verdienen?«

Das Wort Geld ließ die Witwe gleich freundlicher dreinschauen und einen sanfteren Ton anschlagen: »Geld verdienen? Wie meinst das?«

»Ihr habt doch sicher davon gehört, dass nicht weit von hier ein Skilift gebaut wird.«

»Nein, wie sollten wir denn? Wir kommen doch nirgendwohin«, sprudelte die Frau heraus.

»Vielleicht durchs Radio oder die Zeitung?«

»Bei uns gibt es weder das eine noch das andere«, offenbarte Zenta.

»Wenn das so ist, dann muss ich euch wohl aufklären. Nicht weit von hier lasse ich einen Skilift bauen, damit die Gegend für Winterurlauber attraktiver wird.«

»Und was haben wir damit zu tun?«

»Am ersten Dezember soll der Lift in Betrieb gehen. Den kann ich allerdings nicht allein betreiben, dazu brauche ich einige zuverlässige Helfer. Deshalb suche ich nach geeigneten jungen Leuten. Dein Sohn scheint mir der richtige Mann dafür zu sein.«

Das machte Paul hellhörig, dennoch wagte er nicht, etwas zu fragen. Das übernahm seine Mutter: »Wie weit ist denn das von hier?«

»Etwa sieben, acht Kilometer.«

»Und wie soll er da hinkommen?«

»Mit einem Kleinbus. In der Früh werden meine Mitarbeiter eingesammelt, sie beginnen um neun, und nach der Arbeit, um zwölf, werden sie wieder heimgebracht. Einen zeitlich längeren Liftbetrieb traue ich mir noch nicht zu. Man muss erst mal sehen, wie es sich anlässt.«

»Und wie sieht es mit dem Pagari aus?« Dabei machte sie die eindeutige Geste des Geldzählens.

Der Liftbetreiber nannte einen Stundenlohn, der Zenta beeindruckte. Noch mehr imponierte es ihr, als er hinzufügte: »Wenn der Junge sich bewährt, erhöht sich der Stundenlohn. Außerdem wird dein Sohn, falls die Geschäfte gut laufen und es euch recht ist, für mehr Stunden beschäftigt.«

An dieser Stelle schaltete sich der Betroffene selbst ein: »Was hätte ich denn da zu tun?«

»Da gibt es verschiedene Aufgaben. Für den Anfang würde ich dich als Parkplatzwächter einsetzen. Das heißt, du müsstest an den Autos kassieren und sie anschließend auf freie Plätze einweisen.«

»Das scheint mir keine allzu schwierige Aufgabe zu sein«, kam es erleichtert von Paul. »Das traue ich mir schon zu.«

Der Fremde nickte zufrieden und erklärte ihm, welche Aufgaben später auf ihn zukommen könnten. Was ein Kassier oder ein Ticketkontrolleur zu tun hatte, konnte sich der junge Mann noch vorstellen, was aber ein Einsteig- oder Bügelhelfer zu tun hatte, musste Toni ihm erklären. An der Talstation benötige man jemanden, der den Skifahrer in die Liftspur bringe und ihm vor allem dabei helfe, den Teller richtig anzulegen.

»Wieso Teller? Wieso braucht man beim Liftfahren einen Teller?«, wollte Zenta wissen.

»Ja, weißt, unser Schlepplift ist so konstruiert, dass für jeden einzelnen Fahrgast ein Metallteller an einem Bügel hängt. Die Aufgabe des Einsteighelfers ist es nun, den Bügel herunterzuziehen, an dem ein Teller befestigt ist. Diesen muss er dem Fahrgast in die Hand drücken und darauf achten, dass er den zwischen den Oberschenkeln nach hinten steckt. Der Teller muss nämlich den Arsch anschieben.« Die Damen konnten sich eines Grinsens nicht erwehren. Toni führte weiter aus: »Bei unseren Gästen dürfen wir aber auf keinen Fall dieses Wort verwenden, bei denen nennen wir das natürlich ›Gesäß‹.«

Wichtig sei es auch, die Anfänger unter den Skifahrern – denn nur für Personen mit Skiern an den Füßen war der Lift gedacht – darauf hinzuweisen, dass man sich keinesfalls auf den Teller setzen dürfe, sonst würde der unter einem wegrutschen und der Gast aus dem Lift fallen. Damit das nicht passieren könne, dürfe man die Beine keinesfalls anwinkeln, man müsse sie bis zur Bergstation gestreckt halten.

»Und woher weiß ich, ob einer ein Anfänger ist?«, stellte Paul eine Zwischenfrage.

»Das siehst auf den ersten Blick. Und wenn nicht: Es macht nichts, wenn du es auch mal einem lifterfahrenen Skifahrer erklärst. Was auch noch ganz wichtig ist: Beim Einsteigen musst du den Fahrgast schon darauf hinweisen, dass er an der Bergstation sofort zügig nach rechts wegfahren muss, damit er den Nachfolgenden nicht gefährdet.«

Als der Liftbetreiber dem jungen Burschen erklärte, welche Aufgabe ein Pistenwalzer hatte, lauschten Mutter und Tochter weiter aufmerksam. Mit einer

Pistenrolle, die von zwei Mann zu bedienen sei, ließ man sich per Lift nach oben ziehen. Von dort fuhr man mit diesem Gerät über die Liftspur hinab, während der Lift abgeschaltet war. Nach jedem stärkeren Schneefall, zumindest aber an jedem Abend, sei die Piste auf diese Weise wieder platt zu walzen.

Das alles gefiel dem jungen Bauern, und er konnte sich gut vorstellen, dass ihm diese Arbeiten sogar Spaß machen würden. Danach schnitt der Liftbetreiber ein weiteres Thema an, das vor allem Pauls Mutter interessierte: die Versicherung. Alle Mitarbeiter werde er bei der Gebietskrankenkasse anmelden, das enthalte Kranken-, Unfall- und Rentenversicherung.

Zum Schluss erwähnte er, Paul solle sich in den nächsten Tagen in seinem Büro den Arbeitsvertrag abholen, den Zenta als Erziehungsberechtigte unterschreiben müsse. Das allein genüge aber nicht. Da Paul minderjährig sei, müsse auch der amtliche Vormund unterschreiben. Er hoffe, dass der keine Probleme mache.

»Nein, gewiss nicht«, gab sich Zenta sicher. »Der hat sich noch nie in meine Angelegenheiten eingemischt. Alles, was ich unterschreibe, unterschreibt der auch.«

»Dann wäre also alles geklärt«, stellte der Liftbetreiber aufatmend fest.

»Noch nicht ganz«, schränkte Zenta ein. Sie war nämlich eine vorsichtige Frau. »Ich unterschreibe erst mal einen Arbeitsvertrag für einen Monat. Wenn meinem Sohn dann alles passt, unterschreibe ich für einen Winter. Und danach muss man weitersehen.«

Mit dieser Bedingung war Toni einverstanden.

Am 1. Dezember 1966 trat Paul seinen Dienst bei dem Liftunternehmen an, zunächst tatsächlich als Parkplatzwächter. Damals konnte er nicht ahnen, dass er fast fünf Jahrzehnte bei diesem Betrieb arbeiten und alle Stationen durchlaufen würde. Er sollte nacheinander mehre Chefs erleben und die Installierung immer modernerer Liftanlagen. So wurde 1972 ein Schlepplift mit Bügeln in Betrieb genommen, in denen gleichzeitig zwei stehende Skifahrer nach oben befördert wurden. Zehn Jahre später löste ein Lift ihn ab, in dem zwei Personen nebeneinander sitzen konnten, während ihre Skier an den Füßen baumelten. Im Jahre 1997 installierte man gar eine Kabinenbahn, in der jede Kabine Platz für sechs Personen bot, die ihre Skier in den Händen halten mussten.

Zenta zeigte sich so großzügig, dass sie ihren Sohn das Geld behalten ließ, das er durch die Arbeit beim Lift verdiente. Sie vertraute darauf, dass er es nicht leichtfertig ausgeben werde. Bis zu seinem siebzehnten Geburtstag hatte er sich so viel zusammengespart, dass es für ein Moped reichte. Das machte ihn beweglicher und brachte auch der Mutter so manchen Nutzen. Während man sich bisher jeden Gang ins Dorf dreimal überlegt hatte, hieß es jetzt: »Fahr mal schnell runter und erledige dieses und jenes.«

Im Jahre 1968 zog der Fortschritt in Form eines Telefons auf dem Bärenhof ein – zu einer Zeit, als meine Eltern noch nicht einmal an ein Telefon dachten. Ja, selbst 1974, als ich mein Elternhaus verließ, keine Rede davon. Erst im Jahr darauf ließ mein Vater eines installieren, zu einem Zeitpunkt also, als ich nicht mehr davon profitierte. Hätten wir eher einen solchen Apparat gehabt, hätten mein Liebster und ich unsere Rendezvous wesentlich leichter vereinbaren können.

Aber auch die Herrin des Bärenhofes wäre nicht so bald auf die Idee gekommen, sich einen Fernsprecher zuzulegen. Es war die Post, die ihr den Anschluss quasi aufdrängte. Da mit dem wachsenden Tourismus am Berg immer mehr Unfälle passierten, besonders im Winter, hielt man ein Telefon in dieser Region für unerlässlich. Bis jemand ins Dorf gelaufen war, um Hilfe zu holen, verstrich viel wertvolle Zeit, man brauchte nur an das Lawinenunglück vom Jänner 1954 zu denken. Den Bärenhof hatte man deshalb als Standort ausgewählt, weil er recht mittig zwischen all den verstreut liegenden Höfen stand. Natürlich wäre es auch möglich gewesen, eine Telefonzelle im Freien aufzustellen, das hätte aber entscheidende Nachteile gehabt. Erstens hätte die Post ein entsprechendes kleines Grundstück kaufen oder pachten müssen und zweitens hätten sie jemanden gebraucht, der im Winter ständig davor den Schnee wegräumte, damit die Zelle zugänglich blieb. Und drittens wäre es in der Zelle sehr kalt gewesen.

Zenta zeigte Verständnis für diese Probleme, deshalb erlaubte sie, dass man in ihrem Hausgang, der breit genug war, eine Telefonzelle installierte. Außen neben der Haustür wurde ein Schild mit dem Hinweis *Öffentlicher Fernsprecher* angebracht. Nun wusste jeder, wohin er sich im Falle eines Falles wenden konnte. Das Telefon war aber nicht nur für die Touristen von Nutzen, sondern auch für die Bergbauern. Wenn diese eine Hebamme, einen Arzt oder einen Viehdoktor brauchten, riefen sie von Zentas Telefonzelle aus an. Die Sache war insofern für die Bärenhoferin interessant, als dass die Installation sie nichts kostete und für sie keine monatliche Grundgebühr anfiel. Trotzdem war sie jederzeit telefonisch erreichbar und konnte selbst im Bedarfsfall anrufen. Sie musste nur – wie jeder andere Benutzer – den anfallenden Betrag, der durch ein Zählwerk angezeigt wurde, in das Kästchen neben dem Fernsprecher legen. Am Monatsende wurde mit der Post abgerechnet. Die Bauern machten bald regen Gebrauch von dem Telefon und nicht nur, um Hilfe herbeizurufen, falls sich einmal jemand einen Hax gebrochen hatte. Man rief auch Verwandte an oder ließ sich von diesen anrufen.

Im Jahre 1968 hatte aber nicht nur das Telefon auf dem Bärenhof Einzug gehalten, es war auch jemand ausgezogen, nämlich Vroni. Pauls jüngste Schwester, mittlerweile siebenundzwanzig, hatte schon einige Jahre zuvor auf einem Bauernball einen Hoferben kennengelernt. Das Paar konnte aber erst heiraten, nachdem der Vater diesem das Anwesen übergeben hatte.

Nun war also Zenta mit ihrem Sohn allein, und die beiden mussten den gesamten Laden schmeißen. Nach zwei Jahren konnten sie es sich endlich leisten, Wasser ins Haus legen zu lassen. Zenta ließ nicht nur in der Küche und in der Waschküche ein Waschbecken anbringen, sondern auch gleich ein komplettes Bad einbauen. In einem kleinen Raum neben der Küche, der bisher als Abstellkammer gedient hatte, ließ man ein Becken, eine Wanne und eine Toilette installieren! Vorbei die Zeiten mit dem Scheißheisl. Die Sommerurlauber nahmen das begeistert zur Kenntnis.

Nun konnte Zenta es sogar wagen, Winterurlauber aufzunehmen, von denen immer mehr anfragten. Das ging aber nur deshalb, weil diese keine zu großen Ansprüche stellten. Sie bestanden nicht auf beheizte Kammern, es genügte ihnen, wenn diese »überschlagen« waren. Bei den beiden Räumen über der Stube stellte das kein Problem dar, diese wurden im Winter sowieso durch den Kachelofen mitbeheizt. Die Altvordern waren so gescheit gewesen, in die Decke zwei Löcher von etwa zwölf auf zwölf Zentimeter zu machen, durch welche die Warmluft in die darüberliegenden Kammern stieg. Damit auch die beiden anderen Schlafräume etwas temperiert waren, ließ man tagsüber einfach die Türen offen. So konnte sich die warme Luft von Küche und Stube bis dorthin ausbreiten.

Nach der folgenden Wintersaison hatte Paul wieder so viel Geld beisammen, dass er den Führerschein machen und sich ein Auto leisten konnte. Seine Finanzen reichten zwar nur für einen Gebrauchtwagen, doch sein grauer VW Käfer, sein ganzer Stolz, brachte ihn überallhin, auch zu manchem Samstagabend-Tanzvergnügen. Dort lernte er einige Mädchen kennen, aber keines, das ihm gefiel. Erst als er mir begegnete, war es um ihn geschehen. Wie das weiterging, wissen wir ja.

Nun zurück zu Zenta. Zu ihrem größten Bedauern musste sie immer wieder anfragende Urlauber abweisen. Deshalb machte Paul ihr den Vorschlag, den Dachboden ausbauen zu lassen. Das Dach sei hoch genug, sodass sich leicht vier ordentliche Schlafzimmer herrichten ließen, mit richtigen Fenstern in den Giebeln. Auf der einen Seite hatte man den Ausblick nach Osten, auf der anderen gen Westen.

Von dieser Idee ihres Sohnes zeigte sich die Bäuerin keineswegs begeistert. »Nein, Bub, das schaff ich nicht. Noch mehr putzen, noch mehr waschen, noch mehr Frühstück richten.«

»Aber Mami, das ist doch kein Problem. Wir verkleinern einfach die Landwirtschaft. Vier Kühe reichen völlig aus, damit wir Milch für uns und unsere Gäste haben. Davon können wir sogar noch Butter für deren Frühstücksbrot machen. Wahrscheinlich liefern zwei Schweine genug Schinken und Wurst für die Urlauber. Sollte das nicht reichen, halten wir halt wieder ein Schwein mehr. Unsere Hühner müssten wir allerdings von zwölf auf zwanzig aufstocken, damit jeder sein Frühstücksei hat. Aber Hühner machen ja die wenigste Arbeit.«

»Ja, aber unser Brot! Für so viele Personen reicht es nicht aus. Ich kann den Gästen doch kein Milchmuaserl vorsetzen.«

»Das brauchst auch nicht. Mit dem Backen solltest du ganz aufhören. Die viele Arbeit lohnt sich nicht mehr.«

»Aber Paul, das kann ich doch nicht machen! Unsere Urlauber loben doch immer mein selbst gebackenes Brot!«

»Die werden sich schnell an das Brot vom Bäcker gewöhnen und wir auch«, wusste er dieses Argument zu entkräften.

»Und was ist mit unserem Getreide?«, fragte sie besorgt.

»Wir bauen einfach keines mehr an. Das erspart uns viel Arbeit.«

»Und womit füttern wir unsere Hühner?«

»Mami, das ist das geringste Problem. Für die kaufen wir eine fertige Futtermischung.«

Um seine Mutter vollends von seiner Idee zu überzeugen, erklärte er ihr: »Andere Bauern machen es genauso. Sie verkleinern die Landwirtschaft und stellen auf mehr Fremdenverkehr um.«

Doch schon hatte Zenta Bedenken anderer Art: »Aber Bub, wie soll das weitergehen? Wenn jeder Bauer verkleinert und noch nicht mal so viel produziert, wie er selbst zum Leben braucht, wie sollen dann alle Leute in unserem Land satt werden?«

»Um die Ernährung der Bevölkerung brauchst du dir keine Sorgen zu machen. Deren Versorgung übernehmen die Bauern im Flachland. Dort wächst genug für alle, es gibt fruchtbarere Böden und ein milderes Klima. Sie brauchen sich auch nicht so zu plagen wie wir an unseren steilen Hängen und können für die ganze Feldarbeit Maschinen einsetzen.«

Nachdem sie das alles begriffen hatte, kam seine Mutter mit einem neuen Argument: »Nein, Paul, was meinst, was das alles kosten wird! So viel Geld hab ich nicht, und ich will nicht schon wieder Schulden machen.«

»Mami, es wird uns gar nichts anderes übrig bleiben. Wir müssen mit der Zeit gehen. Wenn wir nichts investieren, werden wir abgehängt. Unser karger Grund bringt eh nicht viel ein. Wenn wir weiterhin auf die Landwirtschaft setzen, verhungern wir. Wir haben das große Glück, in einer wunderschönen Gegend zu wohnen, in der die Menschen gern ihren Urlaub verbringen. Deshalb gehört dem Tourismus die Zukunft.«

»Das hört sich schön an«, gab die Mutter zu. »Aber das mit den Schulden gefällt mir gar nicht.«

»Aber Mami, wenn wir weiterhin existieren wollen, müssen wir diesen Weg gehen. Du wirst ja gar nicht allzu viel aufnehmen müssen. Denn zu deinem Gesparten lege ich das meine dazu.«

Endlich gelang es Paul, sie davon zu überzeugen, dass sich die Schulden ganz schnell amortisieren ließen, zumal auch die Mietpreise kontinuierlich ansteigen würden.

Dass ihr Sohn mit seiner Prognose richtig lag, registrierte Zenta schon bald mit Dankbarkeit. »Beheizt« wurden die Schlafräume im Dachgeschoss durch einen Kohleofen, den man zwischen den Zimmern aufstellte und deren Türen offen ließ, damit sich die Wärme verteile. Es versteht sich, dass sich die Gäste in den schwach temperierten Räumen nicht für längere Zeit aufhalten konnten. Doch damit hatte niemand ein Problem.

Nachdem die Besucher von ihren Aktivitäten zurückkamen, saß man zusammen in der warmen Stube, während sich die Kinder in der Küche zu beschäftigen wussten. Da man keinen Fernseher besaß, vertrieb man sich die Zeit mit Brett- und Kartenspielen oder angeregten Gesprächen. Den überwiegend aus Norddeutschland und Holland angereisten Urlaubern ging der Gesprächsstoff nicht aus, mit der

Zeit entstanden sogar richtige Freundschaften. Manche stimmten selbst die Termine für das folgende Jahr miteinander ab, damit man sich wieder auf dem Bärenhof treffen konnte.

So hatte es sich gefügt, dass Paul, nachdem seine Schwester Sanna mit ihrer Familie ausgezogen war, nicht nur die schweren Tätigkeiten daheim übernehmen musste, er wurde auch der Partner seiner Mutter, ihr Vertrauter und Ratgeber.

Der Fluch

Nachdem ich die ganze Geschichte meiner Schwiegermutter kannte, zollte ich ihr großen Respekt. Ja, ich begann sogar, diese Frau zu bewundern, weil sie sich von ihrem schweren Schicksal nicht hatte unterkriegen lassen und sich tapfer durchgekämpft hatte. Wenn sie mir gegenüber auch weiterhin aggressiv war und mich beleidigte, wo sie nur konnte, sah ich ihr das alles nach. In ihrer Gegenwart wurde ich immer schweigsamer und in mich gekehrter, sofern das überhaupt noch möglich war. Vor allem versuchte ich, noch mehr zu leisten und alles so zu machen, wie sie das wünschte, in der Annahme, dass sie mich dann endlich akzeptieren würde. Ich war bescheiden genug, um nicht zu erwarten, dass sie meine Fähigkeiten anerkennen und mich dafür loben würde. Mir hätte es schon gut getan, wenn sie mich nicht immer als völlig unfähig hinstellen und das überall verbreiten würde. Dass sich ihre sämtlichen Töchter mir gegenüber so eisig verhielten, lag doch nur daran, dass sie diese negativ beeinflusste. Im Dorf verbreitete Zenta weiter ihre Unwahrheiten über mich, wovon ich manchmal zufällig erfuhr. Wenn ich in der Gemeinde etwas zu erledigen hatte, fragte ich meine Schwiegermutter, ob sie mitfahren wollte oder ob ich für sie etwas erledigen oder mitbringen könne.

»Nein, ich brauche nichts«, gab sie mir jedes Mal patzig zur Antwort. Kaum war ich weg, nahm sie den Bus ins Dorf oder ließ sich von einem Nachbarn mitnehmen. Drunten erzählte sie dann, ihre Schwiegertochter sei auch ins Dorf gefahren und habe sie noch nicht einmal gefragt, ob sie mitfahren wolle. Auch dazu schwieg ich. Sosehr ich mich auch bemühte, ich fand keine Gnade vor ihren Augen. Alles, was ich machte, war falsch.

Sie bestimmte den Speiseplan, und wir anderen hatten das zu essen, was sie auf den Tisch brachte. Wie gern hätte auch ich einmal den Kochlöffel in die Hand genommen und für mich und meine Kinder das gekocht, was wir gern mochten! Daran war jedoch nicht zu denken.

Infolge unserer wachsenden Kinderschar drohte unsere Kammer aus allen Nähten zu platzen, deshalb wollte Paul 1978 anbauen lassen. Gewiss, im Haus waren Räume genug vorhanden, dennoch schliefen unsere drei Kinder noch immer bei uns in der Kammer. Die Bäuerin wollte kein weiteres ihrer Gästezimmer für die Familie opfern. Das verstand ich sogar, denn Urlauber bedeuteten eine sichere Einnahmequelle, was uns allen zugute kam.

Als Paul zu seiner Mutter von einem Anbau sprach, wehrte sie vehement ab. Es dauerte Monate, bis er sie endlich so weit hatte, dass sie ihren Widerstand aufgab und er sein Bauvorhaben verwirklichen konnte. Er war schließlich auf ihre Einwilligung als Eigentümerin des Anwesens angewiesen. Auf der Bank musste sie mit unterschreiben, sonst hätte er keinen Kredit bekommen.

Es gab noch einen weiteren Grund, warum Paul anbauen wollte. Erst als er den zweiten Grund ins Feld führte, gab seine Mutter ihren Widerstand auf. Dieser Grund hatte mit seiner Gesundheit zu tun. Einige Monate nach unserer Hochzeit zeigten sich bei Paul Schlafstörungen. Mit der Zeit wurden diese immer schlimmer. Hinzu kamen Schmerzen im Kreuz und im Hüftbereich. Endlich raffte er sich auf, einen Arzt zu konsultieren. Dieser untersuchte ihn von Kopf bis Fuß, konnte jedoch nichts Krankhaftes feststellen. Seine Diagnose: »Kein Wunder, dass Sie Rückenschmerzen haben, wenn sie sich nachts schlaflos herumwälzen. Sobald Sie wieder richtig schlafen können, werden auch die Schmerzen verschwinden. Im Schlaf entspannt sich der Körper ganz anders.«

Um dem Schlafproblem abzuhelfen, empfahl ihm der Doktor viel Bewegung an der frischen Luft. Dann werde sich der gesunde Schlaf von selbst einstellen. Darauf entgegnete mein Mann lachend: »Herr Doktor, noch mehr Bewegung an frischer Luft ist bei mir nicht möglich. Als Bauer bin ich in den Sommermonaten ständig auf meinen Feldern, und im Winter arbeite ich den ganzen Tag am Skilift.«

Nachdenklich kratzte sich der Mediziner am Kopf. Dann fiel ihm nichts anderes ein, als seinem Patienten Schlaftabletten zu verschreiben.

Paul machte sich noch nicht einmal die Mühe, das Rezept in der Apotheke einzulösen. Wieder daheim, erklärte er: »Ich will mich nicht auch noch mit Tabletten vergiften.«

Doktor Zufall war es dann, der ihm die richtige Diagnose stellte und auch gleich die richtige

Therapie verordnete. Einige Tage nach dem Arztbesuch sprach ihn ein Kollege am Lift an, er würde ja miserabel aussehen und sollte mal zum Arzt gehen.

»Da war ich gerade vor ein paar Tagen, weil ich unter Schlaflosigkeit leide. Der Doktor meinte, mir fehlt nichts.«

Der Kollege wurde hellhörig. »Schlaflosigkeit, sagst du? Hast du schon daran gedacht, dass dein Bett über einer Wasserader stehen könnte?«

»Wasserader? Was soll das sein? Und was hat das mit meinem Bett zu tun?«

Nun erzählte ihm der Mitarbeiter, seine Mutter habe vor etlichen Jahren über ebensolche Probleme geklagt, wie Paul sie beschrieben hatte. Ein Wünschelrutengänger habe festgestellt, dass sie über einer Wasserader schlafe. Daraufhin habe sie ihr Bett in eine Ecke der Kammer gestellt, die dieser für unbedenklich hielt. Danach sei es ihr zusehends besser gegangen und heute schlafe sie wie ein Ratz.

Diese Geschichte ließ meinen Mann nicht unbeeindruckt. Nach seiner Heimkehr erzählte er mir davon. Noch am selben Abend räumten wir unser Schlafzimmer um und warteten einige Tage ab. Keine Besserung!

»Ehe wir jetzt aber jede Ecke ausprobieren, lass dir von diesem Kollegen die Adresse des Wünschelrutengängers geben«, schlug ich vor.

»Ach was«, Paul winkte ab. »Der Domin hat mir einen rechten Schmarrn erzählt. Ich hab gleich nicht so recht daran geglaubt. Mit meinen Schlafproblemen muss ich mich halt abfinden. Wenn's gar nicht mehr geht, bleiben mir noch immer die Schlaftabletten.«

»Unsinn, Paul. Wir sollten es zumindest versuchen. Schaden kann es ja nicht, wenn der Mann mit seiner Wünschelrute durch unser Haus turnt.«

Einige Wochen später reiste der Franz an. Mit seiner Wünschelrute ging er alle Kellerräume ab, in die Wohnräume wollte er gar nicht. An manchen Stellen schlug die Rute schwach aus, an einer Stelle aber so heftig, dass es aussah, als habe er Mühe, sie zu halten.

»An dieser Stelle befindet sich nicht nur eine Wasserader, hier kreuzen sich auch Erdstrahlen«, erklärte er uns.

Wie wir feststellten, kreuzten sich die Strahlen genau unter Pauls Bett. Die Tatsache, dass der Rutengänger keine Ahnung davon gehabt hatte, wo sich unser Schlafzimmer befand, überzeugte meinen Mann schlagartig von dessen Kunst.

»Du solltest in einen der Räume ziehen, wo die Rute nicht ausgeschlagen hat«, riet er meinem Mann.

Das lohne nicht, erklärte dieser, er gedenke eh, anzubauen. Da das aber noch eine Weile dauern würde, empfahl Franz ihm, für die Übergangszeit auf einer Seite seiner Kammer zu schlafen, die kaum belastet war. Dann ging Franz mit der Wünschelrute das Grundstück rund ums Haus ab und zeigte Paul eine Stelle, wo er bauen könne, weil die für seine Gesundheit unbedenklich sei.

Nachdem der Bankkredit genehmigt war, konnte es losgehen. Nach Südosten ließen wir zweistöckig anbauen. Wenn schon angebaut wurde, dann sollte das Haus auch ein Frühstückszimmer bekommen. Denn das Gedränge beim Frühstück in der Küche war sowohl für die Urlauber als auch für uns eine

Zumutung geworden. In dem neuen Raum unter unserem Schlafzimmer würden alle Gäste gleichzeitig Platz finden. Er fiel sogar so geräumig aus, dass sich ein Frühstücksbüffet aufbauen ließ. So etwas lag voll im Trend. Abgesehen davon, dass Feriengäste ein solches Büffet liebten, ersparte es mir auch eine Menge Arbeit. Das Frühstückszimmer wurde von der Morgensonne durchflutet, und bei gutem Wetter konnte man sogar im Freien frühstücken, denn durch die gläserne Flügeltür gelangte man gleich auf die Terrasse. Diese und auch den Frühstücksraum wollte Paul sofort mit ansprechenden Möbeln komplett ausstatten.

Auch hier sträubte sich seine Mutter, die meinte, es sei damit getan, dass man nach und nach möbliere und sich einstweilen mit dem behelfe, was man aus den verschiedenen Räumen zusammentragen könne.

»Nein!«, widersprach mein Mann. »Was nützt uns ein schöner Frühstücksraum, der sich nicht optimal nutzen lässt? Wenn wir etwas machen, dann machen wir es auch gleich richtig, selbst wenn wir einen weiteren Kredit aufnehmen müssen. Das zahlt sich aus.«

Obwohl ich mich, ehrlich gesagt, anfangs auch dagegen sträubte, weitere Schulden zu machen, kann ich rückblickend nur bestätigen, dass Paul mit seiner Entscheidung richtig gelegen hatte. Mit der Zeit sah das sogar seine Mutter ein. Wir wären nie so weit gekommen, wenn Paul nicht immer wieder den Mut gehabt hätte, Kredite aufzunehmen.

Über dem Frühstücksraum wurde also unsere neue Schlafkammer errichtet. Dabei erlaubten wir uns den Luxus, gleich daneben ein Bad für uns zu installieren. Damit entfiel für unsere junge Familie das allmorgendliche und allabendliche Gedränge vor dem Badezimmer zu Zeiten, in denen wir Gäste beherbergten. In der neuen Schlafkammer ging es Paul kontinuierlich besser. Nach einem Jahr schlief er wie ein Murmeltier und konnte sich kaum noch daran erinnern, dass er jemals unter Schlafstörungen gelitten hatte. Demnach war mit dem Anbau die richtige Entscheidung getroffen worden. Seitdem schwor er auf Wünschelrutengänger.

Einige Wochen, nachdem der Anbau fertig war, zur Zeit der Heuernte, hatte Paul erneut eine Diskussion mit seiner Mutter. Diesmal ging es um irgendeine Lappalie, an die ich mich nicht mehr erinnere. Wir saßen am Mittagstisch. Plötzlich sprang Schwiegermama so hastig auf, dass ihr Stuhl umfiel. Sie machte sich nicht die Mühe, ihn wieder aufzuheben. Wutentbrannt rauschte sie ab in ihr Zimmer und knallte die Tür zu. Da sie die Küchentür bei ihrem hastigen Abgang offen gelassen hatte, hörten wir, dass sie den Schlüssel im Schloss drehte.

»Sie wird sich schon wieder besinnen«, versuchte mein Mann, sich selbst und die Kinder zu beruhigen, die ganz verstört dreinschauten. Zum Glück waren wir weitgehend mit dem Essen fertig, denn in dieser Situation hätte kaum einer von uns einen Bissen hinuntergebracht. Paul begab sich nach draußen, um das Heu zu wenden, und ich legte die beiden Kleinen zum Mittagsschlaf nieder. Anschließend half mir unsere Große ganz stolz beim Abtrocknen. Danach verließen wir beide ebenfalls das Haus, um dem Papa beim Heuwenden zu helfen. Petra schwang fröhlich einen kleinen Kinderrechen.

Da die Oma sich nicht blicken ließ, als es an der Zeit gewesen wäre, das Nachtessen zu richten, genoss ich es, das einmal selbst tun zu dürfen. Auch als wir schon alle um den Tisch versammelt waren, war von Zenta nichts zu sehen. Sie schmollte wohl noch immer. Nachdem ich die Kleinen ins Bett geschafft hatte, spülte ich wieder gemeinsam mit meiner Tochter ab.

Allmählich machte sich Paul aber doch Sorgen um seine Mutter. Er klopfte an ihrer Tür, rief nach ihr und drückte die Klinke nieder, als keine Reaktion kam. Die Tür gab nicht nach. Nun riskierte er einen Blick durchs Schlüsselloch.

Er kehrte zurück in die Küche und berichtete, von innen stecke kein Schlüssel und es brenne auch kein Licht. Um uns zu vergewissern, ob sie noch im Haus sei, begaben wir uns nach draußen und stellten fest, dass ihr Fenster geschlossen war. Üblicherweise stand es in den Sommermonaten zumindest einen Spalt offen. Die Übergardinen waren ordentlich zugezogen. Daher vermuteten wir, dass Zenta sich, während wir beim Heuen gewesen waren, aus dem Haus geschlichen haben und zu einer ihrer Töchter gefahren sein musste. Dazu konnte sie den Bus genommen haben, vielleicht hatte sie sich auch von einem Nachbarn mitnehmen lassen.

Selbst am nächsten Tag gab es im Haus kein Lebenszeichen von Oma. Egal bei welcher ihrer Töchter sie ist, dachte ich, da ist sie bestens aufgehoben. Deshalb machte ich mir keinerlei Sorgen. Im Gegenteil, ich fühlte mich, als sei ein Druck von mir genommen worden, ich konnte freier atmen. Jetzt erst wurde mir das Sprichwort, das bei meiner Mutter über dem Herd hing, in seiner vollen Bedeutung bewusst: *Eigener Herd ist Goldes wert.*

Am dritten Tag, wir hatten uns gerade am Mittagstisch niedergelassen, stand meine Schwiegermutter in Lebensgröße wie aus dem Erdboden gewachsen vor uns. Wir hatten weder die Haustür gehört noch ein Fahrzeug, das draußen gehalten hätte.

Erschrocken fragten Paul und ich wie aus einem Munde: »Wo kommst du denn so plötzlich her?«

»Aus meiner Kammer. Ihr solltet auch mal Angst um mich haben«, gab sie bissig zur Antwort.

Hatte sie sich doch tatsächlich zwei Tage lang in ihrem Zimmer verschanzt, um uns einen Schrecken einzujagen! Bei mir hatte sie damit allerding das Gegenteil erreicht. Die beiden Tage hatte ich so genossen, dass ihre Rückkehr eine erneute schmerzliche Umstellung für mich bedeutete. Nicht nur, dass wir fortan wieder das essen mussten, was auf den Tisch kam, ich musste wieder eine schreckliche Angewohnheit von ihr ertragen. Sie hatte die Unart, in der Küche ihr künstliches Gebiss aus dem Mund zu nehmen, wenn es sie drückte, und es auf die Arbeitsplatte zu legen – direkt zwischen Gemüse, Kartoffeln und Fleisch, falls es welches gab. Jedes Mal, wenn ich das sah, drehte sich mir der Magen um. Aber ich schwieg still.

Sie hatte eine weitere schlechte Angewohnheit, vor der es mir in ihrer Küche grauste. Abspülen durfte ich zwar nicht, das blieb – wie das Kochen – Chefsache, aber Abtrocknen war mir gestattet. Dagegen war eigentlich nichts einzuwenden. Doch dabei musste ich immer wieder mit ansehen, wie sie ihre Zähne aus dem Mund nahm, im Spülwasser schwenkte und wieder einsetzte. Anschließend wusch sie unbekümmert Teller, Töpfe und Besteck in diesem Wasser ab. Jahrelang schwieg ich auch dazu und ekelte mich nur im Stillen.

Zwei Jahre, nachdem der Anbau bezogen und unsere Schulden längst getilgt waren, erklärte mir Paul am Abend in unserer Schlafkammer: »In den nächsten Tagen werde ich meine Mutter bitten, dass sie mir endlich den Hof überschreibt.«

»Du wirst schon wissen, was du tust.« Dass ich auf diese Mitteilung so verhalten reagierte, hatte einen Grund. Von ihm hatte es bereits eine erste Anfrage dieser Art gegeben, ein Jahr nach unserer Hochzeit.

Damals lehnte Pauls Mutter sein Ansinnen mit folgender Begründung ab: »Da steckt doch nur deine Madame dahinter. Sie kann es wohl nicht erwarten, Herrin auf dem Hof zu werden? Wir wollen doch erst mal sehen, wie *die* sich anstellt. Außerdem bist du noch zu jung, um die Verantwortung für das Anwesen zu übernehmen.«

Damit hatte sich mein Mann einstweilen zufriedengegeben. Aber er fühlte sich in seinen Aktivitäten immer gebremst, denn vor jeder Veränderung, die er am Anwesen vornehmen wollte, musste er bei seiner Mutter, der Hofbesitzerin, bitten und betteln.

Bereits am folgenden Tag nach dem Nachtessen fasste sich Paul ein Herz und sprach das heikle Thema an: »Mama, ich meine, jetzt ist es an der Zeit, dass du übergibst.«

Zunächst sagte sie gar nichts. Sie dachte wohl über Gegenargumente nach. Da ihr offensichtlich keines einfiel, fragte sie: »Warum hast es jetzt auf einmal so eilig?«

»Wieso eilig? Seit meiner ersten Anfrage sind drei Jahre vergangen. Inzwischen bin ich alt und erfahren genug, um Bauer auf dem Hof sein zu können.«

»In Wirklichkeit bist du's ja, nur noch nicht auf dem Papier. Du kannst doch schalten und walten, wie du willst.«

»Auf den Feldern und im Stall, ja. Aber nicht, was das Haus angeht. Ich hab da so einige Pläne, wie man es moderner und attraktiver gestalten könnte. Ich möchte zum Beispiel endlich eine Zentralheizung einbauen lassen.«

»Bis jetzt sind wir ganz gut ohne ausgekommen.«

»Aber nicht mehr lange. Die Urlauber begnügen sich nicht mehr mit überschlagenen Zimmern. Sie möchten es warm haben. Rundum bauen die Bauern Heizungen ein. Wenn wir nicht nachziehen, werden uns die Gäste wegbleiben.«

»Also gut, bau sie ein«, antwortete sie mit säuerlichem Gesicht. »Ich will ja nicht so sein.«

»Dazu brauche ich aber wieder einen Kredit von der Bank. Die machen sich schon lustig über mich, weil du immer, wie bei einem kleinen Bub, mitgehen musst zum Unterschreiben.«

Das wollte sie anscheinend doch nicht, dass sich ihr geliebter Sohn lächerlich machte. Zähneknirschend gab sie nach: »Also gut. Wann willst du zum Notar?«

Nun hatte Paul gewonnen. Er bekam schon sehr bald einen Termin bei einem Rechtsanwalt von der

Landwirtschaftskammer. Dieser setzte einen Übergabe-Vertrag auf, in dem genau festgelegt wurde, welche Rechte und Pflichten beide Seiten hatten. Dann begaben sich Mutter und Sohn zum Notar, damit er das Ganze beurkundete. Danach konnte der Jungbauer endlich als neuer Besitzer ins Grundbuch eingetragen werden. Nun hatte er die Hand frei, um auf dem Hof Anschaffungen tätigen und im Haus Änderungen nach seinem Gutdünken vornehmen zu können.

Doch immer, wenn er eine neue Idee hatte, was wir noch ändern oder anschaffen könnten – das war auch schon vor dem Übergabe-Vertrag so gewesen –, versuchte ich ihn zu bremsen: »Paul, das hat doch noch Zeit. Lass uns warten, bis wir wieder genug zusammengespart haben, damit wir nicht schon wieder Geld aufnehmen und Zinsen zahlen müssen.«

»Das verstehst du nicht, Nannerl«, erklärte er mir. »Wir müssen Schulden machen, wenn wir vorwärtskommen wollen. *Wir* zahlen doch nicht die Zinsen, das machen die Urlauber.«

Irgendwie musste ich ihm recht geben.

Für mich war es ein langwieriger Lernprozess gewesen, bis ich endlich begriffen hatte, dass ich mit meiner Schwiegermutter besser klarkam, wenn ich zu allem Ja und Amen sagte, selbst wenn sie mir direkt ins Gesicht log. Eines Tages aber explodierte ich, wie ein Kessel, der dauernd unter Dampf stand.

Alles begann so harmlos, in den ersten Maitagen 1980. Paul hatte wie jedes Jahr seinen Dienst bei der Liftgesellschaft beendet, und unsere letzten Wintergäste waren kurz nach Ostern abgereist. Der Schnee war weitgehend geschmolzen, nur an schattigen Stellen lagen noch ein paar weiße Reste, sodass ich schon im Freien arbeiten konnte. Der Frühling hielt mit bunten Blumen und munterem Vogelgezwitscher Einzug. Den ganzen Tag hatte ich im Garten gearbeitet und mich gut gefühlt. Doch am Abend, als ich das Geschirr abtrocknen sollte, grauste es mir erneut. Die Schwiegermutter zog ihre Zahnprothese wieder einmal durchs frische Spülwasser, bevor sie mit dem Spülen begann.

Mein Gesicht muss wohl noch von den Spuren des Ekels gezeichnet gewesen sein, als ich mich in unsere Schlafkammer zurückzog. Mein Mann fragte: »Welche Laus ist dir denn über die Leber gelaufen? Du machst ja ein Gesicht wie drei Tage Regenwetter. Und das an solch einem herrlichen Tag.«

Nun sprudelte es aus mir heraus. Ich beschrieb ihm die Unarten seiner Mutter, vor denen es mir schon seit Jahren bei der Küchenarbeit grauste.

»Das Problem lässt sich leicht aus der Welt schaffen«, meinte Paul.

Fragend schaute ich ihn an. »Willst du ihr etwa sagen, dass sie das unterlassen soll? Was meinst du, was dann los ist?!«

»Nein«, antwortete er. »Ich denk an eine ganz andere Lösung. Sie bekommt ihre eigene Küche, in der kann sie schalten und walten, wie sie will, und du brauchst dir das nicht mehr anzuschauen und kannst endlich selbst kochen.« Wieder blickte ich ihn fragend an.

»Neben unserem Bad ist doch ein Raum übrig geblieben. In den lässt sich ohne viel Aufwand eine Küche einbauen.«

Bereits am nächsten Abend, ich hatte die Kinder zu Bett gebracht und anschließend abgetrocknet, gesellte sich Paul zu uns in die Küche und bat seine Mutter und mich, am Tisch Platz zu nehmen. Kaum dass wir saßen, schnitt er das bewusste Thema an. Ganz sachte und ganz diplomatisch, wie mir schien. »Mami, du solltest dir mehr Ruhe gönnen. Wir können nicht verlangen, dass du stets für unsere wachsende Familie kochst. Deshalb meine ich, es wäre langsam an der Zeit, den Kochlöffel an Marianne weiterzureichen.«

Der Mutter fiel die Kinnlade herunter. Doch schnell hatte sie sich wieder gefasst: »Sag doch gleich, wie es ist, ich koche ihr nicht gut genug.«

»Das behauptet niemand. Allerdings würde sie auch gern mal etwas kochen, was sie von daheim gewohnt ist.«

»Und was ist mit mir? Soll ich etwa das Zeug essen, das *die* kocht?«

»Aber nein, Mami. Du bekommst deine eigene Küche und kochst dir weiterhin das, was dir schmeckt.«

»Und wo soll das bittschön sein?«

Auch darauf wusste der Sohn eine Antwort: »Du weißt doch, in unserem Anbau ist noch ein Kammerl übrig. Eigentlich wollten wir das selbst nutzen, als Abstellkammer oder als Schuhschrank. Aber wir überlassen es dir. Dort werde ich eine nette kleine Küche für dich einrichten, mit Essplatz und allem was du brauchst.«

Da ging es aber los! Zornesrot im Gesicht fauchte sie mich an: »Das hast du dir ja schön ausgedacht! Erst hast du mir meinen Sohn weggenommen, dann mein Anwesen und nun willst du mich noch aus meiner Küche vertreiben!«

Der Sohn unterbrach ihren Redeschwall: »Nein, Mutter!« Mit Erstaunen registrierte ich, dass er in meiner Gegenwart zum ersten Mal das Wort »Mutter« statt »Mami« gebrauchte. »Das siehst du falsch. Die Marianne hat damit nichts zu tun. Es war ganz allein meine Idee, dass du mir das Sachl überschreiben solltest. Ich wollte endlich freie Hand haben, um die notwendigen Modernisierungen vornehmen zu können.«

»Ach, red mir doch nichts ein!«, fauchte sie nun den eigenen Sohn an. »Ich weiß genau, wie der Hase läuft. *Die* ist es doch, die dir ständig in den Ohren liegt, du sollst dieses und jenes ändern.«

Erneut wagte Paul zu widersprechen: »Nein, Mutter, ich bin Manns genug, meine eigenen Entscheidungen zu treffen.«

»Deine eigenen Entscheidungen! Dass ich nicht lache! Seit du dieses Weibsbild kennst, bist du doch nicht mehr du selbst. Du bist doch Wachs in ihren Händen. Sie hat dich so verhext, dass du gar nicht merkst, dass du nur noch das tust, was sie will. Damit sie endlich Bäuerin wird, hat sie keine Ruhe gegeben, bis du mich zur Übergabe gezwungen hast. Weil sie das wollte, hast du die Zentralheizung eingebaut. Weil sie das wollte, hast du den Anbau gemacht. Das alles wäre nicht nötig gewesen. Wir hätten sehr gut so weiterleben können wie bisher. Nur wegen ihr hast du so viel Geld rausgeschmissen.«

Das war genug. Nun konnte ich nicht mehr an mich halten: »Das stimmt alles nicht! Ich hab den

Paul zu nichts gedrängt. Im Gegenteil, wenn er mir von neuen Plänen erzählte, war ich es, die ihn zu bremsen versuchte. Mir war ja selbst nicht geheuer wegen der immer neuen Schulden.«

»Du lügst!«, herrschte sie mich an.

»Frag ihn doch selber!«

Höhnisch lachte sie auf: »Der wird mir gewiss nicht die Wahrheit sagen. Der wird dir nach dem Mund reden. Du bist eine Hexe. Du lügst doch, wenn du nur den Mund aufmachst.«

In dem Moment konnte ich nicht anders. Es war genug, was ich im Laufe der Jahre geschluckt hatte. Doch im Gegensatz zu ihrem lauten Ton, trug ich ganz ruhig vor: »Ich lüge nicht. Da gibt es hier im Haus ganz andere, die Lügen herumerzählen.«

Nach dieser meiner Äußerung war Feuer unterm Dach! Wutentbrannt sprang sie auf und machte einen Schritt auf mich zu. Ich befürchtete schon, sie wolle mir an die Gurgel gehen. Deshalb sprang ich ebenfalls auf, bereit zur Flucht. Im letzten Augenblick hielt sie jedoch in der Bewegung inne. Im Bruchteil einer Sekunde schien sie es sich anders überlegt zu haben. Breitbeinig pflanzte sie sich vor mir auf und schleuderte mir mit hasserfülltem Blick ins Gesicht: »Ich verfluche dich! Dir soll es mal genauso ergehen, wie es mir ergangen ist!«

Bei diesen Worten erstarrte ich zur Salzsäule. Mir blieb die Sprache weg. Gleichzeitig hatte ich das Gefühl, als weiche mir alles Blut aus dem Gesicht. Da ich befürchtete, ich könne umkippen, ließ ich mich auf meinen Stuhl sinken. Dabei traf mein Blick das Gesicht meines Mannes. Kreidebleich war er geworden.

Als mein Gehirn endlich wieder seine Arbeit aufnahm, sausten mir die Gedanken wild durch den Kopf. Nachdem ich sie mühsam sortiert hatte, fragte ich meine Schwiegermutter mit tonloser Stimme: »Weißt du überhaupt, was du da gesagt hast?« Gleichgültig zuckte sie mit den Schultern. »Soeben hast du deinem eigenen Sohn den baldigen Tod gewünscht!«

Da erschrak sie selbst und schlug sich die Hand vor den Mund. Die Verwünschung aber war ausgesprochen und ließ sich nicht mehr zurücknehmen.

Schweigend verließen Paul und ich die Küche, und eine verstörte Zenta blieb zurück. Unverzüglich gingen wir zu Bett, sprachen aber kein Wort miteinander. Meinem Mann erging es vermutlich ebenso wie mir. Jeder musste erst einmal das Gehörte verdauen, mit sich selbst klarkommen.

Ruhelos wälzte ich mich hin und her, während vor meinem geistigen Auge Schreckensbilder auftauchten. Ich sah eine Lawine auf meinen Mann zurollen. Ich sah ihn unter Schneemassen begraben. Ich sah ihn elend darunter ersticken. Dass solche Bilder vor mir auftauchten, war nicht abwegig. Denn im Winter auf seinem täglichen Weg zur Arbeit und von dort wieder zurück kam er an fünf oder sechs Lawinenstrichen vorbei.

Ihm mögen ähnliche Bilder durch den Kopf gegangen sein, denn auch er wälzte sich schlaflos hin und her. Erst gegen Mitternacht senkte sich der gnädige Schlaf über uns, der alles vergessen macht. Daher wachten wir am nächsten Morgen einigermaßen erholt auf. Doch sogleich stiegen die bösen Worte meiner Schwiegermutter wieder in mir auf, und die schlimmen Visionen von der Nacht überfielen mich erneut.

Unsere Kinder und die täglichen Pflichten vermochten mich nicht wirklich abzulenken. Immer wieder schweiften meine Gedanken zu dem schrecklichen Fluch und zu den Folgen, die er haben würde. Bei den unvermeidbaren Begegnungen mit der Altbäuerin wechselten wir kein Wort. Die Mahlzeiten nahmen wir schweigend ein, was den Kindern zum Glück nicht auffiel. Wie immer plapperten sie munter drauflos.

Nach dem Nachtessen zogen mein Mann und ich uns sofort in unsere Kammer zurück. Seine ersten Worte waren: »Das kann ich dir wirklich nicht mehr zumuten, mit meiner Mutter in einer Küche zu arbeiten. Deshalb hab ich heute gleich bei einigen Handwerkern angerufen. Nächste Woche beginnen sie schon mit den Installationen. Dazu werden sie vermutlich nicht lange brauchen.«

»Gott sei Dank! Das wird mir das Leben wirklich erleichtern. Aber was ist mit der Einrichtung?«

»Auch daran habe ich gedacht. Morgen fahren wir in die Stadt, um Kühlschrank, Elektroherd und die Möbel auszusuchen. Den Raum habe ich schon vermessen und einen Plan gezeichnet.«

Plötzlich warf ich mich ihm in die Arme und schluchzte laut los.

Erschrocken fragte er: »Was hast du, Nannerl? Was ist denn passiert? Warum weinst du?«

»Da fragst du noch? – Der Fluch deiner Mutter!«

»Ah, geh, Nannerl, das darfst doch nicht ernst nehmen«, versuchte er, mir meine Besorgnis auszureden.

Doch unter Tränen brachte ich hervor: »Du bist jetzt neunundzwanzig. Wenn sich die Verwünschung deiner Mutter erfüllt, hättest du nur noch achtzehn Jahre zu leben. Deshalb weine ich!«

»Aber, Nannerl, so ein Fluch bedeutet doch gar nichts. Der wird gewiss nicht in Erfüllung gehen.«

»Doch, schon, ich glaub daran. Und du selbst auch. Du bist gestern auch ganz schön erschrocken, als sie die Verwünschung ausgestoßen hat. Ganz blass bist geworden.«

»Das stimmt, im ersten Moment war ich geschockt. In der Nacht habe ich dann lange wach gelegen und darüber nachgedacht.«

»Das hab ich gemerkt. Auch ich konnte lange nicht einschlafen, weil mir die schrecklichsten Bilder durch den Kopf gegangen sind.«

»Marianne, das alles solltest du ganz schnell vergessen. So ein Fluch hat nicht die geringste Wirkung. Das ist nur altes Weibergeschwätz. Da ist absolut nichts Wahres dran. Schon bald hast du deine eigene Küche, und dann wird alles gut.«

Nach zwei Wochen waren die Installationen bereits abgeschlossen, und schon zwei Wochen später wurden die Möbel und die Elektrogeräte eingebaut, nebst einer netten kleinen Essecke. Paul führte seine Mutter eigenhändig hin, zeigte und erklärte ihr alles. Aber statt sich dafür zu bedanken, machte sie nur ein Gesicht, als ob sie Essig geschluckt hätte.

Fortan aber war ich Herrin über eine eigene Küche. Es war niemand mehr da, der mir dreinredete, ich musste mir keine Vorwürfe und keine Schmähreden mehr anhören, und vor allem musste ich das unappetitliche Gebiss nicht mehr ertragen. Eigener Herd ist Goldes wert, ging es mir immer wieder durch den Kopf. Dennoch konnte ich mich über mein eigenes Reich nicht so freuen wie erwartet. Immer wieder kreiste die Androhung der Altbäuerin in meinem Kopf: *Dir soll es mal genauso ergehen, wie es mir ergangen ist!*

Es wurde Mitte Juni, die ersten Urlauber reisten an, und ich musste immer ein fröhliches Gesicht aufsetzen, was mir nicht leichtfiel. Alle vierzehn Tage war Bettenwechsel. Daher hatte ich neben der üblichen Arbeit so viel zu tun, dass ich kaum zum Nachdenken kam. Am Abend sank ich meist todmüde ins Bett und fiel sogleich in wohltuenden Schlaf.

Sobald es aber auf den Herbst zuging und sich Anfang November durch die ersten Schneeflocken gar der Winter ankündigte, hatte ich das Gefühl, als ob ein eiserner Ring mein Herz zusammendrücke. Anfang Dezember würde es wieder losgehen, dass Paul auf seinem Weg zur Arbeit und auf dem Heimweg die Straße mit den Lawinenstrichen passieren musste. Dass diese Strecke es wirklich in sich hatte, war mir bekannt. Schreckliche Geschichten kursierten in unserer Gegend. Demnach hatte es in den vergangenen Jahrzehnten schon häufig Lawinenunfälle gegeben, mit Verletzten und sogar Toten. Der schlimmste Fall, der mir bekannte wurde, hatte sich 1963 ereignet. Eine Lawine war über ein fahrendes Auto niedergegangen und hatte es mit in die Tiefe gerissen. Die Insassen konnten erst nach Tagen nur noch tot geborgen werden. Von anderen Fällen hatte ich gehört, da war der Fahrer mit dem Schrecken davongekommen. Entweder hatte er noch rechtzeitig bremsen können, als vor ihm eine Lawine zu Tal stürzte, oder ein Fahrer war gerade noch einer Lawine entkommen, weil er geistesgegenwärtig aufs Gaspedal trat, als erste Schneeklumpen auf sein Auto fielen.

Jeden Morgen, wenn mein Mann das Haus verließ, krampfte sich mein Herz zusammen. Der Druck ließ erst nach, wenn er am Abend wohlbehalten zurück war. Um durch die außerordentliche nervliche Anspannung nicht krank oder verrückt zu werden, redete ich mir bald ein: *Jetzt brauchst noch keine Angst zu haben. Falls der Fluch wörtlich gemeint sein sollte, bleibt uns noch Zeit. Dann wird das Schicksal den Paul erst ereilen, wenn er siebenundvierzig Jahre alt ist. Warum soll ich mir das Leben jetzt schon vermiesen lassen?* Danach wurde ich wirklich etwas ruhiger.

Mein Mann wirkte eh wie die Ruhe selbst. Er schien tatsächlich nicht daran zu glauben, dass sich ein Fluch erfüllen könne. Dennoch, bald fiel mir auf, dass er sich jeden Morgen, bevor er den Weg zur Arbeit antrat, im Radio den Lawinenwarndienst anhörte.

Nicht nur ich atmete auf, als am ersten Mai 1981 sein Saison-Dienst zu Ende ging, auch er wirkte irgendwie erleichtert und entspannter.

Wenig später gab es eine Aufregung anderer Art für mich, die ebenfalls durch die Altbäuerin verursacht war. An einem Vormittag in der zweiten Juniwoche, die Urlaubsgäste waren noch nicht eingetroffen, mein Mann war beim Mähen, die Kinder spielten hinterm Haus, und ich kochte gerade, da klopfte es an der Küchentür. Bei uns konnte jeder ein- und ausgehen, unsere Haustür war tagsüber nie abgeschlossen. Wozu auch? Bei uns kam niemand des Weges, vor dem man sich hätte fürchten müssen.

Vor meiner Küchentür stand Oswald, unser Bürgermeister, ein Mann von Mitte fünfzig. Höflich fragte er an, ob er mal telefonieren dürfe. Ich fragte ihn nicht, warum und weshalb, und auch nicht, wieso er sich in unsere Gegend verirrt hatte. In der Telefonzelle notierte ich den Zählerstand und bat Oswald, nach seinem Telefonat in die Küche zu kommen, wegen der Bezahlung. Dann ging ich wieder an meine Arbeit.

Es dauerte und dauerte, aber es erschien kein Bürgermeister zum Abrechnen. Der führt aber ein langes Gespräch, machte ich mir Gedanken. Endlich hörte ich eine Tür gehen. Der war doch nicht etwa abgehauen, ohne zu bezahlen? Schon stürzte ich in den Hausgang und riss die Haustür auf, um den Fliehenden noch abzufangen. Aber auch dort war von unserem Ortsoberhaupt nichts zu sehen, dafür aber plötzlich etwas von ihm zu hören. Nanu? Ich spitzte die Ohren. Aus der Küche meiner Schwiegermutter vernahm ich eindeutig seine Stimme. Das machte mich neugierig. Also trat ich lautlos näher an die Türe heran und spitzte die Ohren.

Schon hörte ich, wie sie sich beklagte: »Oswald, schau dir das mal an, in solch einem Kälberstall muss ich für mich kochen.«

Es wäre für ihn ein Leichtes gewesen, ihr zu sagen, dass sie froh sein solle, ihre eigene Küche zu haben und wie nett und zweckmäßig diese eingerichtet sei. Auch die wundervolle Aussicht von dort über die Bergkette hätte er lobend erwähnen können. Dazu fehlte ihm wohl der Mumm, stattdessen murmelte er nur: »Jaja, aber daran kann ich auch nichts ändern.«

Damit hatte ich genug gehört und begab mich wieder in meine Küche. Es dauerte noch geraume Zeit, bis er endlich kam, um seine Telefonschulden zu begleichen.

Später erfuhr ich, dass die Altbäuerin ihm noch einige Lügen über mich aufgetischt haben musste, Sachen, die weder Hand noch Fuß hatten. Für meine Begriffe war es schon schlimm genug, dass er diese offenbar glaubte. Noch schlimmer aber wurde es dadurch, dass er diese, ohne sie zu hinterfragen, im Dorf weitererzählte. Durch solche Geschwätzigkeit kann der gute Ruf eines Menschen für lange Zeit oder sogar auf Dauer zerstört werden!

Als mein Mann im Jahr darauf den Bürgermeister bei einer Gemeindeversammlung darauf ansprach, äußerte der nur: »Ja, es wird schon recht schwierig sein mit deiner Mutter.«

Vor jedem weiteren Winter nahmen meine Angstzustände zu. Auch Paul war eine gewisse Unruhe und Besorgnis anzumerken. Ihn ließ die Sache bei Weitem nicht so kalt, wie er mich immer glauben machen wollte. Wenn er sich eine halbe Stunde, bevor er losfahren musste – mittlerweile legte er die Strecke im eigenen Wagen zurück –, den Lawinenwarndienst anhörte, hieß es schon mal, dass seine Strecke gesperrt worden war, weil in der Frühe eine Lawine niedergegangen sei. Später informierte man darüber, dass die Straße wieder befahren werden könne. So kam Paul manchmal mit Verspätung an seinem Arbeitsplatz an.

Das machte aber nichts, denn die meisten Skifahrer trafen ebenfalls später ein, weil sie dieselbe Strecke passieren mussten. Einige Mitarbeiter von Paul hielten den Liftbetrieb unterdessen notdürftig für die Winterurlauber in Gang, die in dem liftnahen Hotel wohnten. Diese Kollegen, die von weiter herkamen, pflegten sich in jeder Wintersaison ebenfalls in diesem Hotel einzuquartieren. Allerdings begnügten sie sich mit den einfacheren Zimmern.

Gelegentlich rief Pauls Chef an, um ihm mitzuteilen, er könne daheimbleiben, weil auf seiner Strecke in der Nacht Lawinen niedergegangen waren. Es gab auch immer wieder einmal eine so unsichere Schneelage, dass man für den Tag mit mehreren Lawinenabgängen rechnete. Dann empfahl der Chef seinem Angestellten, zu Hause zu bleiben.

Nach solchen Anrufen konnte ich richtig sehen, wie Paul aufatmete – aber nicht etwa, weil er einen freien Tag hatte, sondern weil ihm der Weg durch das Lawinengebiet erspart blieb. Mein Mann hatte einen wirklich anstrengenden Dienst, das heißt, normalerweise arbeitete er in der Wintersaison sieben Tage in der Woche. In dieser Zeit verdiente er das Geld für die Sommermonate mit.

Hatte sein Chef den Dienst abgesagt, begab sich Paul gut gelaunt an häusliche Arbeiten, die längst fällig gewesen waren.

Immer wieder gab es auch Tage, an denen kam er nicht pünktlich nach Hause. In diesen Stunden griff die Angst wieder mit eisigen Klauen nach mir. Jetzt hat es ihn erwischt, dachte ich dann immer. Stand er endlich wohlbehalten vor mir, weinte ich vor Freude und umklammerte ihn, als wollte ich ihn nie wieder loslassen. Er erklärte dann, eine oder mehrere Lawinen hätten erst weggeräumt werden müssen, ehe die Straße passierbar gewesen sei.

Vor Jahr zu Jahr verschlimmerten sich meine Ängste. So manche Nacht schreckte ich hoch, weil mich Albträume plagten. »Gott sei Dank! Nur ein Traum«, sagte ich mir dann und schlief wieder ein.

In den Sommermonaten fühlte ich mich etwas besser – zum einen, weil ich Paul bei der Feldarbeit ständig um mich hatte, zum anderen, weil ich mit den Urlaubsgästen ziemlich ausgelastet war. Zudem gab es immer noch die eine oder andere Anschaffung zu machen oder etwas ins Haus zu investieren. So ließ Paul 1982 neue Fenster einbauen. Die alten Fenster im Altbau, ich weiß gar nicht, aus welchem Jahrhundert sie stammten, wurden von Jahr zu Jahr undichter, im Winter pfiff der Wind durch sämtliche Ritzen.

»Ah, hat sie dich jetzt wieder angestachelt, dass du neue Fenster einbauen musst«, stellte die Schwiegermutter fest, als der Schreiner mit seinem Lehrling ins Haus kam.

»Niemand hat mich angestachelt, Mutter«, gab Paul in ruhigem Ton zurück. »Das musst du doch selbst gemerkt haben, dass der Wind durchs ganze Haus pfeift. Dagegen können wir nicht anheizen.

Was ich jetzt für neue Fenster ausgebe, das sparen wir innerhalb weniger Jahre an Heizkosten ein.«

Damit gab sie sich vorerst zufrieden. Doch als der Schreiner die alten Fenster auf seinen Kleinlaster lud, um sie zu entsorgen, worüber wir sehr froh waren, da uns diese Arbeit erspart blieb, giftete sie mich an: »Jetzt weiß ich auch, warum wir das viele Geld für neue Fenster ausgeben mussten. Da steckst doch nur wieder du dahinter. Die alten lässt du zu deinem Bruder schaffen, damit er sie bei sich einbauen kann. Da spart er eine Menge Geld.«

Dazu gab ich keinen Kommentar. Das war mir zu dumm.

Im Mai 1983 leisteten wir uns endlich einen Schlepper, aber keinen gewöhnlichen, sondern einen, der speziell für Hanglagen konstruiert war. Vorbei die Zeit, in der man das Heu mühsam mit der Schloapf in die Tenne beförderte. Damit die Zugmaschine überhaupt eingesetzt werden konnte, musste mein Mann quer zum Hang Wege anlegen. Nun brauchten wir das Heu nur noch zu diesen Wegen zu rechen, wo es automatisch auf den Ladewagen transportiert wurde. Auf den leicht steigend verlaufenden Wegen konnte der Schlepper die Last gefahrlos nach oben befördern.

Im Frühjahr '86 stand wieder eine große Veränderung ins Haus. In allen Gastzimmern ließen wir Duschen einbauen, nebst Toiletten. Wie zu erwarten, meckerte die Altbäuerin auch hier, das sei völlig überflüssig und nur wieder eine meiner spinnerten Ideen. Ihr Sohn verteidigte mich, indem er erklärte, dass ich gar nichts damit zu tun hatte, es sei an der

Zeit, dass wir mit der Entwicklung Schritt hielten. Unser Hof war einer der letzten, dessen Gästezimmer mit Dusche und WC ausgestattet wurden.

Selbst als Paul im Jahr darauf den Stall modernisierte und unter anderem eine elektrische Melkanlage installierte, wurde das mir zur Last gelegt.

Für mich war es schon schlimm genug, dass dieser Fluch auf mir lastete, zusätzlich belastete es mich, dass sie nach immer neuen Angriffsflächen suchte, um mir das Leben schwer zu machen. Nach wie vor verbreitete sie Lügen über mich, und wie blöd und unfähig ich sei, im Dorf und bei ihren Töchtern.

Wenn man das ständig zu hören kriegt, dass man nichts kann, nichts taugt und erst recht nichts leistet, dann glaubt man das am Ende selbst. Nachdem ich so viel Negatives über mich gehört hatte, war mein letztes bisschen Selbstwertgefühl dahin. Pauls Mutter war es gelungen, mich seelisch so fertigzumachen, dass ich mir selbst im Wege stand. Im Winter litt ich besonders, weil mein Mann fernab am Skilift arbeitete und ich mich meiner Tyrannin den ganzen Tag ausgeliefert sah, die immer wieder etwas an mir auszusetzen fand.

Lebt man in einem Haus, in dem man ständig angefeindet wird und zurückstecken muss und nie den Mund aufmachen darf, leidet selbst die größte und schönste Liebe. An einem frühen Nachmittag Anfang Mai hatte es von der Schwiegermutter wieder heftiges Schimpfen und Schmähungen gehagelt. Da hatte ich die Nase voll. Ich packte meine Koffer, zog mich und meine Kinder reisefertig an und war schon an der Haustür, um dieses ungastliche Haus für immer zu verlassen.

Da hörte ich, wie Zenta die Küchentür aufriss und mir zurief: »Hast nichts Besseres zu tun, als am hellen Nachmittag spazieren zu fahren?«

»Ich fahre nicht spazieren«, rief ich zurück. »Ich haue ab! Mir reicht's!«

»Das passt. Dann bin ich dich endlich los!«

Diese Aussage weckte einen gesunden Trotz in mir. Wenn sie das so sah … Diesen Gefallen wollte ich ihr nicht tun. Ich wandte mich um und zog den Kindern die Jacken wieder aus. In meinem Zimmer packte ich die Koffer aus und ordnete alles zurück in den Schrank. Dann ging ich zur Tagesordnung über.

Ob die Kinder ihrem Papa am Abend von dem abgebrochenen Ausflug erzählt hatten und er daraufhin seine Mutter zur Rede stellte, weiß ich nicht. Vermutlich hatte sie aber von sich aus ein schlechtes Gewissen und wollte bei mir wieder gutes Wetter machen, denn am nächsten Tag schenkte sie mir zwei neue Betttücher.

Im Jahr darauf, als sie mir wieder einmal schlimme Dinge an den Kopf geworfen hatte, stürzte ich in mein Zimmer und warf hastig einige Kleidungsstücke für mich und die Kinder in einen Koffer. Dann holte ich meine Kinder aus ihrem Zimmer und strebte in Richtung Ausgang.

Das muss sie befürchtet haben. Gerade als ich auf die Haustür zusteuerte, stellte sie sich mir in den Weg. »Was ist denn jetzt los? Was hast du vor?«

»Ich fahr zu meiner Mutter!«

»Die wird nicht gerade erbaut sein, wenn du ihr mit drei Kindern auf die Pelle rückst.«

»Kann sein, aber dort brauche ich mir wenigstens nicht dauernd anzuhören, dass ich dumm, faul und minderwertig bin.«

Nun schlug sie einen anderen Ton an: »Das kannst du doch nicht machen! Du kannst Paul nicht einfach die Kinder wegnehmen. Du kannst ihn doch nicht einfach verlassen!«

»Doch«, warf ich ihr trotzig hin. »Das kann ich! Du darfst ihm ausrichten, wo ich zu finden bin, und dass er nachkommen kann, wenn ihm etwas an uns liegt. Dann bauen wir uns irgendwo eine neue Existenz auf.«

»Ja, aber … aber was soll dann aus mir werden? Ihr könnt mich doch nicht allein hier sitzen lassen!«

»Und ob wir das können!«

Da rannen ihr, der Hartgesottenen, doch tatsächlich Tränen über die faltigen Wangen. In diesem Augenblick wurde ich wieder weich und kehrte um. Irgendwie verstand ich die Welt nicht mehr und sah diese Frau mit etwas anderen Augen. Sie schien zwei Gesichter zu haben. Jahrelang spielte sie mir gegenüber die Harte, Unnahbare und Herzlose, und plötzlich zeigte sie sich von einer ganz anderen Seite.

Am nächsten Tag überreichte sie mir zwei Garnituren Bettwäsche, wohl in der Annahme, damit etwas wiedergutmachen zu können. Eine Zeit lang ging es nun wirklich gut, aber das war nur ein trügerischer Frieden.

Zum siebten Geburtstag schenkte die Oma unserem Ältesten fünfzig Schilling, die er erfreut sogleich in sein Sparschwein steckte. Bisher hatte es von der

Oma noch nie Geschenke – gleich welcher Art oder gleich zu welchem Anlass – gegeben. Verständlicherweise, denn sie, die zeitlebens eine arme Frau gewesen war, hatte stets jeden Schilling zweimal umdrehen müssen. Durch unseren unermüdlichen Fleiß und Pauls geschickte Investitionen hatten wir es zu einem bescheidenen Wohlstand gebracht, von dem Zenta ebenfalls profitierte.

Deshalb freute ich mich, dass sie ihre verbesserte finanzielle Situation dazu nutzte, ihrem Enkel eine Freude zu machen. Da im Mai die nächsten Kindergeburtstage anstanden – unsere Tochter wurde neun und unser Jüngster sechs –, erwartete ich, dass die Großmutter auch diese beiden mit einem Geldgeschenk bedenken würde. Doch nichts dergleichen geschah. Die Kinder sagten zwar nichts, aber ihre traurigen Gesichter sprachen Bände, als die Oma mit leeren Händen gratulierte.

In meinem Gerechtigkeitssinn sah ich mich daher genötigt, ihr dezent meine Ansicht mitzuteilen: »Es war sehr nett von dir, dem Matthias zum Geburtstag fünfzig Schilling zu schenken. Die beiden andern waren aber schon sehr enttäuscht, dass sie nichts von dir bekamen. Ich finde, man sollte alle Enkelkinder gleich behandeln. Entweder gibt man allen das Gleiche oder keinem etwas.«

Darauf antwortete sie nichts, entschied sich aber für Letzteres.

Wieder ein paar Monate später geriet ich erneut mit ihr aneinander. Ich hatte ihr vorgehalten, dass mir abermals Unwahrheiten zu Ohren gekommen seien, die sie über mich in Umlauf gesetzt hatte. Am folgenden Tag kam sie scheinheilig auf mich zu und gab mir eine neue Geldtasche. Das wurde mir dann doch zu blöd. Da ich eh nichts zu verlieren hatte, sagte ich: »Das ist ja erfreulich, dass du mit deinen Geschenken was gutzumachen versuchst. Aber das kannst du dir sparen. Diese miesen Äußerungen über mich, die du nach außen getragen hast, lassen sich nicht mehr zurücknehmen, nicht durch Geschenke und auch nicht dadurch, dass ich zu den Leuten gehe und ihnen erzähle, wie es wirklich war. Die Menschen glauben nämlich das Schlechte lieber als das Gute.«

Daraufhin stellte sie die Geschenke ein, aber ihre Anfeindungen mir gegenüber gingen weiter. Eines Tages packte ich wieder einmal wutentbrannt meine Koffer. Es war warm an diesem Junitag, also brauchten die Kinder nichts Zusätzliches anzuziehen. So, wie sie waren, stiegen sie mit mir in unsere Familienkutsche, denn ein eigenes Auto besaß ich nicht. Paul würde schon eine Möglichkeit finden, um zu uns zu gelangen, sollte er den Wagen dringend brauchen. Ich ließ den Motor an und begann, so zu rangieren, dass ich vorwärts aus der Einfahrt kommen würde. Plötzlich erfolgte ein Schlag auf das Heck des Fahrzeugs. Erschrocken trat ich auf die Bremse, würgte den Motor ab und stieg aus, um nachzusehen, was da los sei.

Mein Mann stand vor mir, mit entsetztem Gesicht. Er war vorzeitig vom Feld heimgekommen, hatte uns nicht im Haus angetroffen und war sofort nach draußen gestürmt, weil er schon nichts Gutes ahnte.

Er schickte die Kinder hinters Haus zum Spielen, nahm die Koffer aus dem Wagen und ergriff liebevoll meine Hand. So führte er mich in unsere Küche. Seine Mutter stand in ihrer offenen Küchentür und beobachtete das Schauspiel.

»Komm nur her!«, rief ihr der Sohn zu. »Ich glaub, was wir zu besprechen haben, geht uns alle an.«

Zögernd näherte sie sich. Schweigend nahmen wir um den Küchentisch Platz.

»Ihr braucht mir gar nichts zu erzählen«, eröffnete Paul das Gespräch. »Wenn die Marianne wegwill, wird sie schon ihre Gründe dafür haben. Aber das sag ich dir, Mutter, wenn meine Frau und meine Kinder gehen, zünde ich auf der Stelle das Haus an und bringe mich um.«

Aus diesen Worten des sonst so besonnenen Mannes klang echte Verzweiflung. Das spürte nicht nur ich, das spürte auch seine Mutter. Wir beide erschraken so sehr, dass wir kein Wort herausbrachten.

Seitdem ging es friedlicher auf dem Bärenhof zu. Keine offenen Anfeindungen mehr vonseiten der Altbäuerin, keine Vorwürfe, keine Lügen. Und dennoch blieb für mich das ungute Gefühl, mit dem unter der Decke schwelenden Brand zu leben.

»Du sollst keine andere Frau neben mir haben«

Nach jeder Wintersaison, die Paul unbeschadet überstand, dankte ich dem Himmel. Gleichzeitig belastete mich aber der Gedanke, dem Unglück schon wieder ein Jahr nähergekommen zu sein. Denn nach wie vor – da konnte sich mein Mann noch so optimistisch geben – lebte ich unter dem Druck, der Fluch werde sich erfüllen. Je näher es auf seinen siebenundvierzigsten Geburtstag zuging, desto nervöser und depressiver wurde ich.

Zu meiner Sorge um meinen Mann und zu der bedrückenden Situation, die im Hause herrschte, gesellte sich noch ein weiterer Kummer: der um meine Figur. Ich bin nämlich ein Stressfresser. Weil ich den ganzen Tag mit niemandem über meine Probleme reden konnte, fraß ich alles in mich hinein, im wahrsten Sinne des Wortes. Dadurch setzte ich ganz schön Kummerspeck an. Als ich merkte, dass mir Hosen und Kleider zu eng wurden – auf die Waage traute ich mich schon lange nicht mehr –, war ich so deprimiert, dass ich noch mehr in mich hineinstopfte.

Am letzten Novembersamstag 1987 befand sich mein Mann an der Liftstation, obwohl die Saison noch gar nicht begonnen hatte. In den Sommermonaten hatte die Betreibergesellschaft einen neuartigen

Lift erbauen lassen. Bevor dieser nun in Betrieb genommen werden konnte, mussten alle Mitarbeiter daran geschult werden. Es galt nicht nur, den praktischen Umgang mit dem neuen Lift zu erlernen, es gehörte auch eine Menge Theorie dazu, denn es gab immer wieder neue Sicherheitsbestimmungen. In der Einladung hieß es, der Lehrgang beginne am Samstagnachmittag um 14 Uhr und werde am Sonntag in der Frühe fortgesetzt. Daher biete sich am Abend die Gelegenheit zu einem gemütlichen Beisammensein für alle Mitarbeiter, sowohl für die des Liftbetriebes als auch für die Ingenieure und Arbeiter, die den Lift erbaut hatten. Da es nach dem Essen vermutlich feuchtfröhlich zugehen würde und Paul mit dem eigenen Wagen unterwegs war, hatte ich ihm empfohlen, in der Nacht nicht mehr nach Hause zu fahren und stattdessen bei einem Kollegen im Hotel zu übernachten.

Am Abend dieses Tages, als meine Kinder bereits in süßem Schlummer lagen, wurde ich mir erst dessen bewusst, welchen Fehler ich gemacht hatte. Ich saß allein in meiner Küche und würde auch die Nacht allein verbringen müssen. Das war noch nie vorgekommen, seit ich auf dem Bärenhof lebte. Gewiss, im Haus wohnte auch die Schwiegermama. Aber abgesehen davon, dass ich es aufgrund unseres angespannten Verhältnisses tunlichst vermied, mit ihr zusammen zu sein, ging sie auch immer mit den Hühnern schlafen. Deshalb begab ich mich ebenfalls früh zu Bett. Freilich, ich hätte eines der Kinder zu mir herüberholen können, aber eine solche Sitte wollte ich erst gar nicht einreißen lassen.

Da lag ich nun, und der erlösende Schlaf mied mein Lager. So vieles ging mir durch den Kopf, und es machte mich so niedergeschlagen, dass mich sogar Selbstmordgedanken quälten. *Nein!*, zog ich mich am eigenen Schopf aus dem Sumpf, solche Gedanken darfst du gar nicht zulassen! *Du musst für deine Kinder da sein und für deinen Mann, solange du ihn noch haben darfst.* Um auf andere Gedanken zu kommen, schaltete ich das Radio auf meinem Nachtkastl ein. Vielleicht fand ich einen Sender mit heiterer Musik, die mich aus meinem seelischen Tief herausholen würde, oder ich fand einschläfernde Musik, die in der Lage war, mich ins Reich der Träume zu versetzen. Eifrig drehte ich den Suchknopf hin und her.

Plötzlich hielt ich im Drehen inne. Etwas erregte meine Aufmerksamkeit, aber keine Musik, sondern ein Satz, den ich aufschnappte. Wie gebannt verfolgte ich den nachfolgenden Dialog. Schon nach kurzer Zeit fand ich heraus, dass dies eine Sendung war, in der es um Lebenshilfe ging. Zuhörer riefen an und schilderten ihre Probleme. Eine Frau, die auf mich einen sehr kompetenten Eindruck machte, beantwortete die Fragen und erteilte Ratschläge, wie die Schwierigkeiten in den Griff zu kriegen seien. Diese Sendung bewirkte in mir zweierlei: Zum einen erkannte ich, dass ich nicht der einzige problembelastete Mensch war, zum andern wusste ich nun eine Stelle, an die ich mich in meiner Not wenden konnte. Die Fragen, die gestellt wurden, ließen erkennen, dass die Anrufer ebenfalls unter starkem psychischem Druck standen, und ihnen wurde vernünftiger Rat zuteil.

Reiner Zufall, dass ich in diese Sendung geraten war? – Nein, ich sah es als Fügung an. Auf diese Weise wollte mir Gott einen Weg aufzeigen, der mir Hilfe bringen würde.

Am Ende des Beitrages notierte ich mir die angegebene Telefonnummer. Mit dem Vorsatz, mir am nächsten Wochenende dort Rat zu holen, schlief ich ganz schnell ein. Erst als der Hahn im Hof mächtig krähte, erwachte ich wieder. Den ganzen Tag über war ich guter Dinge, was ich seit Jahren schon nicht mehr gekannt hatte. Ja, auch die folgenden Tage blieb ich optimistisch, und die Arbeit ging mir flott von der Hand. Begegnete ich einmal meiner Schwiegermutter, grüßte ich freundlich und amüsierte mich heimlich über ihr erstauntes Gesicht. Die ganze Woche fieberte ich dem Samstag entgegen.

Zufällig würde Paul an dem Abend wieder nicht zu Hause sein. Am frühen Nachmittag dieses Tages sollte der neue Lift feierlich eingeweiht und offiziell in Betrieb genommen werden. Aus diesem Anlass waren alle Pfarrer und Bürgermeister der umliegenden Gemeinden eingeladen worden, und sogar der Bezirkshauptmann, der neben einigen anderen eine Festrede halten sollte. Dieser Lift bedeutete schließlich für die ganze Region eine wichtige Einnahmequelle. Anschließend waren alle zu einem Festessen geladen, und da es mit Sicherheit auch reichlich zu trinken geben würde, war es mir recht, dass Paul wieder bei seinem Kollegen übernachtete. Somit brauchte er nicht in alkoholisiertem Zustand die nächtliche Fahrt auf sich nehmen und würde außerdem am folgenden Morgen pünktlich zur Stelle sein.

Mir passte das genau in meine Planung: So konnte ich später ungestört bei dem bewussten Sender anrufen.

Als es aber auf den Abend zuging, wurde ich zusehends nervöser. Gewiss, im Laufe der Woche hatte ich mir schon durch den Kopf gehen lassen, welche Fragen ich stellen und wie ich sie formulieren sollte. Damit ich sie nicht wieder vergaß, hatte ich mir jede einzelne Frage gleich aufgeschrieben. In der vergangenen Woche hatte man am Ende der Sendung empfohlen, wolle man eine Chance haben, mit seiner Frage dranzukommen, solle man die Stunde vor deren Beginn zu einem Anruf nutzen. Die Psychologin benötige Zeit, um die Fragen zu sichten und sich darauf vorzubereiten.

Als jedoch die Zeit zum Anrufen gekommen war, hatte ich schweißnasse Hände, und mich überfiel ein so starkes Herzklopfen, dass ich befürchtete, die Stimme könne mir versagen. Während ich in meiner Kammer auf- und abmarschierte in der Hoffnung, ruhiger zu werden, überlegte ich hin und her. Und mir rann die Zeit davon. Irgendwie aufatmend, schaltete ich pünktlich das Radio ein und dachte: *Na gut. Hörst dir erst noch mal einige Anrufer an. Vielleicht haben sie ähnlich gelagerte Probleme, und du bekommst Antworten auf deine Fragen, ohne selbst aktiv zu werden.* Aber nichts in der Art wurde angesprochen. Eigentlich hätte mir das klar sein müssen! Es würde nicht so leicht einen weiteren Fall geben, in dem eine Mutter einen Fluch aussprach, der für den eigenen Sohn ein Todesurteil bedeutete. Dennoch, interessant waren die Fälle alle. Ich lauschte ihnen mit großer Aufmerksamkeit und konnte aus der einen oder anderen Antwort doch ein bisschen für mich profitieren.

Nach dem Ende der Sendung war ich keineswegs enttäuscht, dass ich den Zeitpunkt versäumt hatte, mich zu melden. Nein, ich wollte gar nicht mehr in die Sendung hinein. Zwar wurden dort keine Familiennamen genannt und selbst den Vornamen konnte man ändern, aber ich befürchtete, so manch einer könnte mich an der Stimme erkennen oder gar an meiner Geschichte. Ich wollte mich nicht der Gefahr aussetzen, dass man mit dem Finger auf mich zeigte oder hinter meinem Rücken tuschelte, ich sei doch die, die familieninterne Probleme an die Öffentlichkeit zerrte.

Dennoch, mit dieser Psychologin musste ich unbedingt reden. Ein paar Tage ging ich noch mit mir zurate. Am vierten Tag endlich, am Mittwochnachmittag, hatte ich mich zu einem Anruf durchgerungen. Die äußeren Bedingungen dazu waren äußerst günstig. Mein Mann weilte wie immer auf der Arbeit, seine Mutter war mit dem Bus ins Dorf gefahren, die Kinder saßen in der Küche über ihren Hausaufgaben, und Urlauber waren noch nicht im Haus. Die ersten von ihnen würden erst in der Woche vor Weihnachten anreisen. Ich schlich mich also in die Telefonzelle und wählte, meinen ganzen Mut zusammennehmend, mit zittrigen Fingern die Nummer des Senders. Wenig später meldete sich eine Männerstimme. Ich nannte meinen Namen, den Titel der Sendung und den Namen der leitenden Psychologin.

»Tut mir leid«, antwortete der Unbekannte mit der sympathischen Stimme. »Frau Peters ist nicht im Haus. Sie ist erst am Samstag wieder zu erreichen, eine Stunde vor Beginn der Sendung«.

Ein bisschen enttäuscht war ich schon, zumal ich befürchtete, dass es am Samstag keine so günstige Konstellation geben würde. Nun ja, die Kinder würden rechtzeitig im Bett sein und ihre Oma ebenfalls. Aber was machte ich mit meinem Mann? *Ach, was soll's!*, sagte ich mir nach einigem Überlegen. *Genug mit der Heimlichtuerei. Wenn er von der Arbeit kommt, werde ich ihm alles erklären.*

Zu meiner Überraschung hieß er meinen Plan gut und versicherte mir, er werde mich bei dem Telefonat nicht stören.

Vermutlich war ich an diesem Abend die erste Person, die zur festgesetzten Stunde beim Sender anrief. Zu meiner Enttäuschung war aber nicht die Psychologin am Apparat, sondern eine Mitarbeiterin. »Nennen Sie Ihren Namen, Ihre Telefonnummer und Ihre Frage«, schnarrte sie geschäftsmäßig herunter.

Verschüchtert hauchte ich in die Muschel, ich wolle Frau Peters persönlich sprechen.

»Das geht leider nicht. Sie muss sich mit den eingehenden Fragen beschäftigen. Sobald Sie mir Ihre Frage mitteilen, werde ich sie unserer Psychologin vorlegen. Erscheint ihr diese interessant genug, werden wir Sie anrufen, und Sie können Ihre Frage in der Sendung direkt an Frau Peters richten.«

»Nein, das will ich nicht. In der Sendung möchte ich nicht über meine Probleme reden.«

»Ja, gute Frau, warum haben Sie überhaupt bei uns angerufen?«

»Weil ich mein Problem mit Frau Peters unter vier Augen besprechen möchte.«

»Das geht natürlich nicht. Wo kämen wir hin, wenn das jeder wollte! Nennen Sie jetzt Ihre Frage, und ich werde sie weiterleiten.«

»Das ist eben das Problem. Meine Frage ist so komplex und bedürfte einer eingehenden Betrachtung. Das würde den Rahmen der Sendung sprengen.«

»Dann sind Sie bei uns fehl am Platz. Leider müssen wir die Leitung jetzt frei machen, damit andere Anrufer durchkommen. Schönen Abend noch!«

Aufgelegt!

Da stand ich nun wie mit kaltem Wasser übergossen. Tief enttäuscht begab ich mich zu meinem Mann. Nun war ich heilfroh, dass er im Hause war. Mit ihm ließ sich nämlich alles so schön sachlich beleuchten.

Nachdem ich ihm geschildert hatte, wie das Gespräch verlaufen war, empfahl er: »Du solltest auf gar keinen Fall aufgeben! Diese Psychologin ist dir nicht umsonst im Radio begegnet. Ich bin überzeugt davon, dass sie dir helfen kann.«

»Aber wie soll ich an sie rankommen?«

»Du musst halt am Ball bleiben.«

»Leichter gesagt als getan. Hast du einen Vorschlag für mich?«

Nach kurzem Nachdenken erklärte er, in der Redaktion gäbe es gewiss mehr als nur eine Mitarbeiterin. Er empfahl mir, jeden Samstag zur bewussten

Zeit dort anzurufen, bis ich auf eine Person träfe, die genug Herz und Mitgefühl zeigen würde, um mir weiterzuhelfen. Das baute mich wieder auf.

Doch die beiden folgenden Samstage, den vor Weihnachten und den vor Silvester, ließ ich aus. Mit den Festvorbereitungen und dem Haus voller Gäste hatte ich so viel zu tun, dass ich kaum zum Nachdenken, geschweige denn zu einem Anruf kam.

Am ersten Samstag im neuen Jahr erreichte ich im Sender eine Person, die mich sofort abwimmelte. Eine Woche später geriet ich wieder an die Dame vom ersten Mal und legte gleich auf. Am dritten Samstag hatte ich Glück. Nicht nur, dass diese Mitarbeiterin Verständnis für mich zeigte, mir fiel auch ganz spontan die richtige Begründung ein, warum ich unbedingt mit Frau Peters sprechen müsse: »Es geht um Leben und Tod.«

Darauf erwiderte die Frau am anderen Ende der Leitung: »Verlieren Sie nicht den Mut. Nach der Sendung werde ich Frau Peters von Ihnen erzählen, ihr Ihre Telefonnummer geben und sie bitten, Sie zurückzurufen. Versprechen kann ich aber nichts.«

Ich dankte ihr herzlich und bat darum, dass ein Rückruf nicht vor acht stattfinden möge, »damit meine Schwiegermutter davon nichts mitbekommt.«

Da lachte die Frau vom Sender: »Aha, die scheint also das Problem zu sein. Deshalb versuche ich mein Bestes.«

Nach diesem Gespräch fühlte ich mich schon wesentlich wohler. Es vergingen einige Tage, dann war die Radio-Psychologin tatsächlich am Apparat. Ich schilderte ihr kurz meine Ängste und Depressionen, daraufhin bot sie an, dass wir uns zeitnah treffen und alles in Ruhe besprechen sollten.

Vier Wochen später fuhr ich mit unserem Auto nach Innsbruck. Je näher ich meinem Ziel kam, desto aufgeregter wurde ich. Im vereinbarten Café stand vor mir eine gepflegte Erscheinung, die um die sechzig sein mochte. Ich selbst war zu der Zeit dreiunddreißig.

In einer Ecke, geschützt vor fremden Ohren, ließen wir uns nieder. Nach einigen Höflichkeitsfloskeln kam ich zur Sache. Mit hochroten Wangen schilderte ich ihr, unter welchen Anfeindungen vonseiten der Schwiegermutter ich seit Beginn meiner Ehe zu leiden hatte. Als ich von dem Fluch berichtete, zeigte sich Frau Peters wirklich erschrocken, unterbrach mich aber mit keinem Wort.

Erst als ich eine Atempause einlegte, warf sie ein: »Das ist ja ungeheuerlich! Kein Wunder, dass Sie seit diesem Fluch von Ängsten verfolgt werden und unter Depressionen leiden. Mit dieser Verwünschung offenbart sie Ihnen gegenüber eine tiefe Abneigung. Aber eins gleich vorweg: Sie brauchen keine Angst zu haben, dass sich dieser Fluch erfüllt. Eine solche Macht besitzt diese Frau nicht. Eine solche Macht besitzt kein Mensch.«

Wie gern hätte ich diesen Worten geglaubt, ich konnte es jedoch nicht. Die Angst saß zu tief. Die will mich nur beruhigen, dachte ich. Was Frau Peters aber danach sagte, machte mir Mut und hob schon ein bisschen mein Selbstwertgefühl. Sie erklärte, nach dem wenigen, das sie bisher über diesen Fall gehört hatte, könne sie schon behaupten, dass dieses feindselige Verhalten meiner Schwiegermutter nicht speziell meiner Person gelte. Sie meinte, egal wer die Schwiegertochter geworden wäre, Zenta hätte sich gegenüber jeder Frau ebenso feindselig verhalten wie bei mir, nach dem Motto: »Du sollst keine andere Frau neben mir haben!«

Für einen Moment war ich sprachlos. In plötzlicher Erkenntnis antwortete ich: »Das muss es sein.«

»Davon bin ich überzeugt. Es gilt nun, herauszufinden, warum sie so ist. Das lässt sich allerdings nicht innerhalb von zwei Stunden klären. In der Kürze lassen sich auch Ihre letzten dreizehn Lebensjahre nicht aufarbeiten. Sie brauchen dringend professionelle Hilfe.«

Frau Peters gab mir den Rat, mich an eine Psychologin in meiner Nähe zu wenden, die mit mir Punkt für Punkt alles aufarbeite. Es würden viele Sitzungen nötig sein, damit aus mir wieder ein lebensfroher Mensch werde.

Beim Abschied bedankte ich mich herzlich, und sie gab mir ihre Privatnummer, wobei sie versicherte, dass ich sie jederzeit anrufen könne, auch wenn ich eine Psychologin gefunden hätte.

Tief beeindruckt und sehr erleichtert trat ich meine Heimreise an. Nun blieb mir die Aufgabe, mich nach einer Therapeutin umzusehen. Interessiert blätterte ich in den Gelben Seiten. Es war aber nichts dabei, das mich so richtig ansprach. Einen Internet-Anschluss gab es bei uns damals noch nicht, sonst hätte ich mich sicher dort schlau gemacht.

Wenig später kam mir ein Zufall zu Hilfe. Oder war es abermals Fügung? In der nächstgelegenen

Stadt wurde ein Computerkurs angeboten. Nicht dass ich vorhatte, mir in absehbarer Zeit einen PC zuzulegen – zunächst war es reine Neugier, die mich dorthin führte. Gleichzeitig dachte ich, es könne nicht schaden, wenn ich etwas Zusätzliches lerne, nicht ahnend, wie wichtig der Computer in vielerlei Hinsicht noch für mich werden sollte. Gewiss würde mich das Seminar auch ein wenig von meinen Problemen ablenken.

In dem Kurs waren wir zwölf Frauen, alle etwa in meinem Alter. Die einen erhofften sich durch den Lehrgang eine bessere Qualifizierung für ihren Job, andere waren Hausfrauen wie ich, die für einige Stunden dem Alltag entfliehen wollten. In der Pause trat ich zu einer Gruppe von drei Frauen, die anscheinend ihre Erfahrungen mit Psychologinnen austauschten. Da spitzte ich die Ohren. Anschließend ließ ich mir eine Telefonnummer geben. Die Frau, zu der die Nummer gehörte, war genau die Richtige für mich, wie sich bald herausstellen sollte.

In vielen Sitzungen breitete ich mein ganzes Leben vor ihr aus, jeden Monat einmal weilte ich für eine Stunde bei ihr. Diese Stunden bezahlte ich aus eigener Tasche. Damals wusste ich noch nicht, dass mir mein Hausarzt nur eine Überweisung hätte schreiben müssen mit der Diagnose, dass ich unter Depressionen leide und suizidgefährdet sei. Aber ich bereue nichts, nicht eine Stunde bei ihr. Jeder Schilling, den ich in die Therapie investierte, hat sich gelohnt. Ich wurde tatsächlich wieder ein freier, fröhlicher Mensch.

Heutzutage erinnere ich mich natürlich nicht mehr an jede Einzelheit, die ich mit Frau Anders besprach. Ihre wichtigsten Ratschläge hab ich jedoch unauslöschlich verinnerlicht. Nachdem ich ihr das Verhalten meiner Schwiegermutter mir gegenüber geschildert hatte, umschrieb meine Therapeutin Zentas Verhältnis zu Paul mit exakt den gleichen Worten wie Frau Peters damals: Zenta verhielt sich ihrem Sohn gegenüber nach dem Motto »Du sollst keine andere Frau neben mir haben!«.

Es überraschte mich sehr, dass die Psychologin genau die Worte benutzte, die auch Frau Peters verwendet hatte. Diese konnte unmöglich mit ihr gesprochen haben. Wie konnte Frau Peters wissen, welche Psychologin ich mir aussuchen würde?

Anschließend erklärte Frau Anders mir Folgendes: »Durch die dramatische Geburt ihrer Zwillinge, von denen sie einen bereits nach wenigen Stunden verlor, hat Zenta zu dem überlebenden Buben eine sehr innige Beziehung aufgebaut, zumal er ihr einziger Sohn ist – noch dazu ein sehr spät geborener, nach fünf Töchtern. Als dieses Kind zweieinhalb Jahre alt geworden ist, kommt ihr geliebter Mann auf tragische Weise ums Leben. Nun klammert sich die Frau an ihren Sohn, der ihr emotional als einziger ›Mann‹ geblieben ist. Einige Jahre später ist er das auch noch in existenzieller Hinsicht. Nur mit seiner Hilfe kann sie den Hof erhalten. In diese enge Mutter-Sohn-Beziehung platzt nun eine fremde Frau und macht ihr scheinbar den Sohn streitig. Das kann sie nicht zulassen. Deshalb kämpft sie mit allen Mitteln gegen diese Person, um sie zu vergraulen. Eifersucht und

Missgunst nehmen in ihrer Seele einen breiten Raum ein. Dieser Frau fehlt die soziale Kompetenz, sonst würde sie nicht eifersüchtig auf die Schwiegertochter reagieren, sondern in ihr eine tüchtige Person sehen, die ihr einen Großteil der Arbeit abnimmt. Sie könnte sie als Freundin akzeptieren, mit der sie einsame Stunden verbringen könnte, während ihr Sohn den ganzen Tag über fernab auf seiner Arbeitsstelle weilt. Stattdessen aber, da sie ihr Glück so früh verloren hat, gönnt sie Ihnen Ihr Glück auch nicht. Hinzu mag noch der Neid auf Ihre Jugend kommen. Sie ist neidisch darauf, dass Sie das Leben noch vor sich haben, während sie auf dem absteigenden Ast ist. Ich nehme an, sie neidet es Ihnen, dass Sie es vermeintlich besser haben als einst sie selbst – ich meine, in finanzieller und gesellschaftlicher Hinsicht.«

Damit bekam ich endlich Antworten auf meine brennendste Frage, warum sich Zenta mir gegenüber so verhielt. Es lag also gar nicht daran, dass *ich* so unzulänglich war, wie sie mich immer hinstellte! Das baute mein Selbstwertgefühl wieder auf, von Sitzung zu Sitzung mehr.

Ein anderes Thema, das mich sehr beschäftigte, schnitt ich ebenfalls an: »Meine Schwiegermutter ist sehr fromm. Früher rannte sie, egal bei welchem Wetter, jeden Sonntag in die Kirche. Und seit ihr Sohn ein Auto besitzt, lässt sie sich im Sommer jeden Sonntag von ihm dorthin kutschieren. Im Winter geht das ja nicht, weil er auch an allen Sonntagen Dienst am Skilift hat. Wenn ich sie zum Gottesdienst mitnehmen will, lehnt sie kategorisch ab. Wie ist das zu verstehen, dass eine so fromme Frau auf ihren sonntäglichen Gottesdienst verzichtet, nur weil ihr Sohn sie nicht fahren kann, und wie bringt eine so fromme Frau es fertig, mich wie den letzten Dreck zu behandeln und sogar zu verfluchen?«

Auch auf diese Fragen wusste meine Psychologin einleuchtende Antworten. Bei Zenta handle es sich offenbar um eine äußerliche Frömmigkeit, eine Scheinfrömmigkeit. Mit dieser wolle sie bei den Mitmenschen ein gutes Bild von sich vermitteln. »Damit, dass sie sich von Ihnen nicht zum Gottesdienst mitnehmen lässt, will sie vor aller Welt demonstrieren, wie schlecht Sie in ihren Augen sind. Dass Sie eine unmögliche Person wären, will sie damit unterstreichen, dass Sie sie, die arme Altbäuerin, noch nicht mal zur Kirche mitnehmen. Wäre Ihre Schwiegermutter wirklich so fromm, wie sie das nach außen zeigt, dann wäre sie nicht imstande, Sie so zu behandeln oder gar zu verfluchen. Meiner Meinung nach mangelt es ihr an religiöser Bildung, sonst würde sie das Jesuswort beherzigen: *Du sollst deinen Nächsten lieben wie dich selbst.* Vermutlich liebt sie nur sich selbst. Auch die Liebe, die sie ihrem Sohn gegenüber an den Tag legt, scheint mir eher eine Affenliebe zu sein. Würde sie ihn wirklich lieben, hätte sie sich darüber gefreut, dass er so schnell die passende Frau gefunden hat und dass er mit Ihnen glücklich ist.«

Diese Worte waren Balsam für meine verwundete Seele. Eigentlich, so dachte ich nun, müsste meine Schwiegermutter therapiert werden. Denn sie war es doch, die alles falsch gemacht hat, was man nur falsch machen konnte. Aber sie in Therapie zu schicken, wäre ein aussichtsloses Unterfangen gewesen.

Nie und nimmer wäre sie zu einer Psychologin gegangen, dazu war es vermutlich sowieso zu spät. Sie schien so erstarrt in ihrem Denken und Handeln, dass nichts mehr ihre Einstellung ins Wanken bringen konnte.

Wer sich ändern musste, das war ich, wenn ich weiterhin mit ihr unter einem Dach leben wollte. Nun, da ich wusste, dass ich keine minderwertige Person war, sondern dass sich Zentas Feindseligkeit gegen jede Frau gerichtet hätte, die es wagte, ihr den »Mann wegzunehmen«, musste ich mich nur seelisch wappnen.

Dabei half mir die Erklärung der Therapeutin, zu einem Psychoterror gehörten mindestens zwei Personen: eine, die den Terror ausübe, und eine, die es mit sich machen lasse. »In Zukunft dürfen Sie sich also nicht alles zu Herzen nehmen«, riet sie mir. »Weder bei Ihrer Schwiegermutter noch bei sonst jemandem brauchen Sie sich zu rechtfertigen. Sie müssen niemandem etwas erklären. Sie müssen einfach alles an sich abprallen lassen.«

Die Frau hatte gut reden! Das würde für mich nicht so einfach werden. Doch mit ihrer Hilfe wollte ich es lernen, nahm ich mir fest vor. Da ich die Altbäuerin an der Ausübung ihres Terrors nicht hindern konnte, musste ich mir einfach eine seelische »Ölhaut« zulegen, an der alles abrann. Mithilfe meiner Therapeutin gelang mir das von Monat zu Monat mehr, sodass ich äußerst zufrieden mit ihr war.

Dennoch rief ich von Zeit zu Zeit bei der Radiopsychologin an, um mich bei ihr ebenfalls auszusprechen. Es tat mir gut, auch von ihrer Seite immer wieder eine Bestätigung zu bekommen, dass ich auf dem richtigen Wege sei. So entwickelte sich eine richtige Freundschaft, die bis zum heutigen Tag besteht. Treffen wir uns ab und zu, dann nicht, damit sie mir aus einem seelischen Loch hilft, sondern nur, um zu ratschen, von Frau zu Frau.

So verliefen die folgenden Jahre immer angenehmer für mich, da ich ja auf die ständige Unterstützung durch meine beiden Psychologinnen zählen konnte. Um meiner Seele zusätzlich etwas Gutes zu tun und mein Wissen zu erweitern, besuchte ich verschiedene Lehrgänge. Anfangs Persönlichkeitsseminare, später kamen fachbezogene Kurse dazu, in denen es beispielsweise um Themen aus der Landwirtschaft oder um Tourismus ging. Öfter mal von zu Hause weg zu sein, war nun für mich möglich, da die Kinder aus dem Gröbsten heraus waren. Endlich fühlte ich mich im seelischen Gleichgewicht. Da trat ein Ereignis ein, das mich wieder aus der Bahn warf.

Der Nachkömmling

Jahrelang hatte ich mich erfolgreich gegen einen Fernseher in unserem Haus gewehrt, obwohl die Kinder schon lange darum bettelten. Da auch immer mehr Feriengäste nach einem solchen Gerät verlangten, ließ ich 1990 endlich einen in der Stube installieren. Vermutlich waren wir das letzte Haus in unserer Gemeinde, das einen Fernsehanschluss bekam. Die Kinder sahen zufrieden aus, die Urlauber ebenfalls, und selbst die Oma schlich sich immer häufiger in die Stube zum Fernsehen – ein nicht zu verachtender Vorteil. In diesen Stunden war sie ruhiggestellt und konnte keine Attacken gegen mich landen. Meine Therapiesitzungen liefen unterdessen weiter.

Nach etwa fünf Jahren psychotherapeutischer Begleitung hatte ich das sichere Gefühl, seelisch stabilisiert zu sein und wieder ein gesundes Selbstbewusstsein zu haben. Frau Anders sah das ganz genauso. Wir verabschiedeten uns freundschaftlich voneinander, und ich steckte die gewonnene Zeit wieder in ein Seminar.

Einige Monate nach meiner letzten therapeutischen Sitzung, im Mai 1992, machte ich eine Entdeckung, die mich erschreckte. Meine Regelblutung, die ich bisher immer sehr pünktlich bekommen hatte, blieb aus. Nun ja, beruhigte ich mich wieder, zwei, drei Tage über die Zeit waren immerhin möglich.

Doch danach wuchs meine Sorge erneut. Mit meinen achtunddreißig Lenzen konnte ich doch noch nicht in den Wechseljahren sein! Nach einigen weiteren Tagen der Ungewissheit hielt ich es nicht mehr aus und konsultierte unseren langjährigen Hausarzt.

»Na, wo drückt denn der Schuh?«, empfing er mich freundlich, als er mein sorgenvolles Gesicht sah. In unserem Dorf duzte der Arzt jeden.

»Ich fürchte, ich bin schwanger«, fiel ich mit der Tür ins Haus.

»Wieso fürchten? Du bist noch jung und gesund, da dürfte dir eine Schwangerschaft nicht schaden.«

»So gesund, wie Sie meinen, bin ich leider nicht. Körperlich ja, sonst wäre ich längst zu Ihnen gekommen. Psychisch bin ich aber stark angeschlagen.«

»Nana, so schlimm wird es nicht sein. Jetzt gehst du erst mal ins Labor und lässt einen Test machen.«

Nach kurzer Zeit wurde ich wieder ins Sprechzimmer gerufen. »Gratuliere!«, kam der Doktor betont fröhlich auf mich zu. »Du siehst tatsächlich wieder Mutterfreuden entgegen.«

Da brach ich in Tränen aus.

»Aber, aber, das ist doch kein Grund zum Weinen! Was meinst du, wie viel Frauen überglücklich wären über eine solche Nachricht!«

»Das kann sein«, schluchzte ich. »Aber für mich bedeutet es eine Katastrophe.«

»Wieso denn das?«

Nachdem ich mir meine Tränen abgewischt hatte, schilderte ich ihm in groben Zügen, wie ich unter dem Verhalten meiner Schwiegermutter und ihrem Fluch zu leiden hatte, sodass ich depressiv geworden war und vor einiger Zeit sogar Selbstmordgedanken gehegt hatte. »Durch eine fünfjährige Psychotherapie habe ich endlich mein Selbstwertgefühl zurückerlangt und mühsam mein seelisches Gleichgewicht zurückerobert, und nun das!«

Wieder brach ich in Tränen aus. Unter Schluchzen erklärte ich dem Mediziner: »Mein armes Kind wird ohne Vater aufwachsen müssen.«

»Ja, Marianne, wie kommst du denn auf so was?«

»Der Fluch! Wenn er sich erfüllt, wird mein jüngstes Kind gerade mal fünf Jahre alt sein.«

»Aber geh, Marianne, glaub doch nicht solch einen Schmarrn! Niemand mehr in unserem aufgeklärten Jahrhundert glaubt noch an so was.«

»Doch ich.«

»Jetzt bin ich aber erstaunt. Haben dir deine beiden Therapeutinnen das nicht ausreden können?«

»Sie haben's versucht. Aber ich komme nicht los von diesem Gedanken. Und was die anhaltenden Anfeindungen der Zenta betrifft, so fürchte ich, dass ich das in meinem momentanen Zustand nicht so gelassen hinnehmen kann wie bisher.«

Der alte Herr, er musste die sechzig schon weit überschritten haben, tätschelte mir väterlich den Rücken. »Ach, Kindchen, du musst das nicht so schwarzsehen. Da gibt es Mittel und Möglichkeiten, dir zu helfen. Heutzutage gibt es so gute Psychopharmaka, die machen dich völlig gelassen. Sie lassen dir deine Schwiegermutter geradezu als Engel erscheinen.«

»Nein, um Gottes willen! Mit so was will ich mich nicht vollstopfen. Außerdem will ich mein Kind nicht schon vor seiner Geburt vergiften.«

»A geh, Marianne, so schlimm ist das nicht.« Nachdenklich wiegte er sein greises Haupt und bot mir wenig später eine neue Lösung an: »Was hältst du davon, wenn ich dich in eine Nervenheilanstalt einweise? Dann wärst du nicht nur weit weg von deiner Schwiegermutter, dort bekämst du auch psychiatrische Behandlung und könntest in Ruhe der Geburt deines Kindes entgegensehen.«

Ich erklärte ihm, ich könne doch nicht so einfach von der Bildfläche verschwinden und meine Familie, meine Feriengäste und meine anderen Pflichten sich selbst überlassen! Abgesehen davon, hielt ich von dem Vorschlag gar nichts. Das verriet ich meinem wohlmeinenden Arzt jedoch nicht, sondern verabschiedete mich mit den Worten: »Das kann ich nicht allein entscheiden. Darüber muss ich erst mit meinem Mann reden.«

Auf dem Heimweg machte ich mir Gedanken, wie Paul darauf reagieren würde, so spät noch einmal Vater zu werden, unser Franz-Josef war schließlich schon vierzehn.

Als mein Mann vom Feld kam, hätte ich ihn am liebsten gleich mit der Neuigkeit überfallen. Doch erst sollte er sich ein bisschen erholen und in aller Ruhe essen. Der Zeitpunkt für eine solche Mitteilung wäre bestimmt auch günstiger, wenn die Kinder im Bett waren und seine Mutter vor dem Fernseher saß. Nach dem Nachtessen zog ich Paul gleich ins eheliche Gemach und eröffnete ganz vorsichtig: »Was hieltest du davon, wenn wir noch ein Kind kriegen?«

»Das klingt verlockend. Dann lass uns gleich an die Arbeit gehen.«

»Halt, halt, du brauchst dich gar nicht mehr zu bemühen! Es ist bereits passiert.«

»Wie? Wirklich? Ist das auch sicher?«

Ich nickte.

»Das ist ja toll!«

Alles hatte ich erwartet, nur nicht eine solche Reaktion. Um nicht gleich meine Bedenken auf den Tisch zu legen, hakte ich nach: »Ist dir bewusst, was das bedeutet? Damit kommen noch mehr Kosten auf uns zu, für mehr Nahrung, mehr Kleidung, eine Ausbildung.«

»Ach, Nannerl, mach dir doch deswegen keine Sorgen. Wenn wir drei aufgebracht haben, bringen wir auch ein viertes auf.«

Seine Worte erleichterten es mir erheblich, mein eigentliches Problem anzusprechen: »Du weißt, dass meine beiden Therapeutinnen mit viel Mühe mein Selbstwertgefühl wiederaufgebaut haben. Du weißt auch, dass ich mir dank ihrer Beharrlichkeit eine Art Ölhaut um meine Seele gelegt habe. Jetzt hab ich Angst, in meinem Zustand könne die Haut schnell wieder dünner werden, sodass ich den ständigen Anfeindungen durch deine Mutter nicht mehr standhalte und meine Depressionen wiederkommen.«

»Das ist wirklich zu befürchten«, gab er freiweg zu. »Hast du deinem Arzt davon erzählt?«

»Ja. Doch er hatte keinen besseren Rat außer den, dass ich mich während der restlichen Schwangerschaft in eine Nervenheilanstalt verkriechen sollte.«

»Der ist wohl nicht ganz dicht!«, empörte sich mein Mann. »Eine Depression ist doch kein Fall für die Klapsmühle. Wenn du dort hingehst, denkt doch jeder, du spinnst. Dann bist du für den Rest deines Lebens gezeichnet und unser Kind gleich dazu. Nein, nein, es muss einen anderen Weg geben.«

Nachdem er eine Weile nachgedacht hatte, rief er: »Jetzt hab ich eine Idee! Versprechen will ich dir noch nichts, weil ich nicht weiß, ob es klappt.«

Deshalb drang ich nicht weiter in ihn, sondern schnitt ein anderes Thema an, dass mir ebenfalls auf der Seele brannte. Unsere Kinder waren mittlerweile siebzehn, fünfzehn und vierzehn Jahre alt. »Ich fürchte mich auch vor der Reaktion unserer Kinder. Vermutlich werden sie sagen: ›Konnte denn die alte Kuh nicht besser aufpassen?‹«

»Nannerl, da kennst du unsere lieben Kleinen aber schlecht. So negativ wird sich gewiss keines von ihnen äußern.«

»Aber denken werden sie's gewiss!«

»Auch das glaub ich nicht.«

In den nächsten Tagen nahm ich mir jedes Kind einzeln vor, um ihm die Neuigkeit mitzuteilen. Dabei fühlte ich mich wohler, als wenn gleich alle drei mit diversen Bemerkungen über mich herfallen würden. Doch ich erlebte eine freudige Überraschung. Alle drei reagierten in etwa gleich: »Das ist ja großartig, Mami!«

»Dann haben wir endlich mal ein Baby im Haus.«

»Dann bekomme ich endlich mal mit, wie aus einem Baby ein Kind wurde.«

Meine Tochter versicherte: »Mami, in diesem Sommer werde ich dir schon helfen, was die Gäste angeht. Und wenn das Baby mal da ist, erst recht.«

Und auch meine Söhne boten ihre Dienste an, vor allem wollten sie sich um das kleine Geschwisterchen kümmern. Das waren wirklich gute Aussichten, meine Stimmung hob sich enorm.

Nun hielt ich es für nötig, auch meine Schwester anzurufen, zu der ich seit vielen Jahren ein gutes Verhältnis hatte. Noch bevor ich dazu kam, ihr vorzujammern, welche Belastung ich auf mich zukommen sah, reagierte sie ganz toll: »Gratuliere, Schwesterherz! Ich freue mich mit dir! Mach dir keine Sorgen, ich helfe dir, wo ich kann. Zusammen schaffen wir das.«

Anfang Juni lud Paul seine Mutter in unsere Küche zu einer Unterredung ein, während ich es vorzog, mich in unsere Schlafkammer zurückzuziehen. Anschließend berichtete er mir davon. Das Gespräch musste in etwa so verlaufen sein:

»Mutter, die Marianne ist schwanger.«

»Na und? Was geht das mich an?«

»Das geht dich sehr wohl etwas an. In ihrem Zustand verträgt sie die dauernden Spannungen nicht.«

»Was willst du damit sagen?«, brauste Zenta auf.

»Das weißt du ganz genau«, gab er in ruhigem Ton zurück. »Die ganzen Vorwürfe, die du ihr machst, die dauernden Anfeindungen, das verträgt sie in ihrem Zustand nicht.«

»Ich sage nur Dinge, die stimmen«, verteidigte sie sich.

»Mutter, du sagst oft Dinge, die *nicht* stimmen und die sehr verletzend sind. Es wäre also für Mariannes Gesundheit und für den Frieden im Haus wichtig, dass du dich in der nächsten Zeit damit zurückhältst.«

»Ach, jetzt will man mir sogar den Mund verbieten im eigenen Haus! Die Wahrheit verträgt die Prinzessin anscheinend nicht«, spottete sie. »Ich war oft genug in anderen Umständen; auf mich hat auch niemand Rücksicht genommen.«

»Du hattest auch keine Schwiegermutter im Haus.«

»Ja, wenn du das so siehst, kann ich ja gehen! Ich hab fünf Töchter, von denen nimmt mich jede mit Kusshand. Dann brauche ich mich nicht mehr mit deiner Frau rumzuärgern.«

»Das finde ich ganz gut, dass du selbst auf diese Idee kommst«, pflichtete er ihr bei. »In den nächsten Tagen werde ich alle meine Schwestern einladen, dann können wir gemeinsam überlegen, zu welcher du am besten ziehen könntest.«

Ihrer Miene sah Paul an, dass sie ihre Aussage nicht wirklich so gemeint hatte. Einen Rückzieher wagte sie aber auch nicht mehr zu machen.

Seine Schwestern zu einem gemeinsamen Termin einzuladen, war leichter gesagt als getan. Da sie alle fünf Bäuerinnen waren und die Heuernte vor der Tür stand, war vorerst keine von ihnen abkömmlich. Danach musste das Getreide eingebracht werden. Dass sich das Treffen meiner Schwägerinnen so hinauszögerte, belastete mich aber nicht weiter. Allein die Aussicht, dass die Schwiegermutter schon bald das Feld räumen würde, wirkte sich auf mein Befinden positiv aus.

Es wurde Ende August, bis alle Schwestern meines Mannes endlich auf dem Bärenhof eintrafen. Sie sparten nicht mit giftigen Blicken mir gegenüber. Zur

Beratung zog sich die ganze Familie in die Stube zurück. Da ich nicht das geringste Bedürfnis verspürte, dabei zu sein, verbrachte ich diese Zeit in unserer Schlafkammer.

Erst nach der Beratung berichtete mein Mann mir ausführlich, wie das Gespräch verlaufen war. Demnach hatte sich keine von den fünf Töchtern um die Mutter gerissen. Im Gegenteil, jede von ihnen brachte zunächst mehrere Ausreden vor, warum Zenta nicht bei ihr wohnen könne. Für die Geschwister war es ein schweres Stück Arbeit, schließlich Katharina, die zweite Tochter, zu überreden, die Mutter zu sich zu nehmen. Katharina besaß von den fünf Schwestern die kleinste Landwirtschaft, deshalb würde sie am ehesten Zeit für die Mutter aufbringen können, redete man ihr ein. Zwar vermietete sie, seit ihre Kinder aus dem Haus waren, ebenso wie ihre Schwestern alle Schlafräume an Urlauber. Nun würde sie halt einen davon opfern müssen. Das Argument, das sie letztlich überzeugte, war das, dass ihr Bruder ihr eine anständige monatliche Summe für den Unterhalt der Mutter zusagte. Dennoch bat sie ihn, sich noch bis Ende Oktober zu gedulden, da bis dahin bei ihr noch alle Zimmer belegt wären.

Am frühen Morgen des letzten Oktobertages erschien sie dann tatsächlich, nachdem sie sich telefonisch bei der Mutter angemeldet hatte. Daher hatte diese bereits ihre bewegliche Habe zusammengepackt. Zur Verstärkung brachte Katharina ihre Schwester Zenzi mit, die ihr beim Hinaustragen und beim Einladen der Gepäckstücke ins Auto half.

In meiner Küche räumte ich gerade das Frühstücksgeschirr ab, als die drei Damen eintraten. Meine Schwiegermutter verabschiedete sich wortkarg. Die beiden Töchter dagegen waren offensichtlich gekommen, um noch ein paar Gehässigkeiten loszuwerden.

Unter anderem sah Zenzi eines der Frühstücksmesser mit der Schneide nach oben liegen. Das veranlasste sie zu der bösartigen Bemerkung: »So oft ein Messer bei euch so liegt, sollst du an deinen heutigen Freudentag denken müssen.«

Das tat ich in Zukunft tatsächlich immer wieder, aber nicht mit bitteren Gedanken, sondern mit einem frohen, dankbaren Gefühl. Denn für mich lief nun alles friedlicher und freier ab.

Im Februar war es dann so weit. Ferdinand, unser Nachkömmling kam im Spital zur Welt – für mich die schönste und einfachste Geburt von allen. Mit Wonne legte ich ihn am zweiten Tag an die Mutterbrust, in dem Bewusstsein, das Stillen zu Hause fortsetzen zu können. Es konnte mich ja niemand mehr daran hindern.

Meine Großen, die mir bereits während der Schwangerschaft so einiges an Arbeit abgenommen hatten, überschlugen sich geradezu an Hilfsbereitschaft, als ihr kleiner Bruder endlich da war.

Inzwischen dankte ich dem Himmel aus tiefstem Herzen, dass er mir dieses Kind noch geschenkt hatte. Nicht nur, dass deswegen die Schwiegermutter das Haus verlassen hatte, nein, durch dieses Kind erlebte ich endlich echtes und wahres Muttersein. Schon allein das Glücksgefühl beim Stillen, und auch die vielen Stunden der Muße, die mir blieben! Meine Großen nahmen mir so viel Arbeit ab, dass ich wirklich viele Stunden am Tag meinem Nachzügler widmen konnte.

Für meine anderen Kinder war nie genügend Zeit geblieben. Da sie dicht aufeinander gefolgt waren, konnte ich mich ihnen damals nicht so zuwenden, wie ich das gern getan hätte. Meine Liebe und Aufmerksamkeit musste ich ja stets durch drei teilen und mich zudem auf die Arbeit in Stall, Haus und mit den Gästezimmern konzentrieren. Und wenn ich bedenke, wie viele Windeln zu waschen waren! Denn zeitweilig hatte ich zwei Kinder gleichzeitig in Windeln. Diese Wascherei entfiel bei Ferdinand, inzwischen konnten wir uns Wegwerfwindeln leisten.

Überhaupt war Ferdi ein pflegeleichtes und braves Kind, und meine Depressionen waren vollkommen verschwunden. Und doch – je weiter die Zeit fortschritt, desto mehr nagte der Kummer wegen des Fluches in mir. Dennoch zürnte ich meiner Schwiegermutter nicht. Durch meine Psychologinnen wusste ich ja, dass alles, was sie mir angetan hatte, der Eifersucht erwachsen sein musste, weil ich ihr den »Mann weggenommen« hatte. Damit sie immer wieder an ihrem Sohn erfreuen konnte, sorgte ich auch dafür, dass er sie regelmäßig besuchte. Damit auch der Kontakt zu den Enkeln erhalten blieb, gab ich Paul bei jedem seiner Besuche eines oder zwei unserer Kinder mit. Darüber schien Zenta sich wirklich zu freuen, wie ich aus dem Erzählen der Kinder heraushörte. Als der Jüngste zwei Jahre alt war, schickte ich ihn zum ersten Mal mit zur Oma. Darüber freute sie sich ganz besonders, wie mir mein Mann anschließend berichtete.

Je näher es aber auf Pauls siebenundvierzigsten Geburtstag zuging, desto unruhiger wurde ich. Denn noch immer glaubte ich daran, dass sich der Fluch seiner Mutter erfüllen werde. Selbst als die Wintersaison 1997/98 zu Ende ging, konnte ich noch nicht richtig aufatmen, Paul würde ja erst zwei Monate danach siebenundvierzig werden. Dann bestand zwar nicht mehr die Gefahr, dass er einer Lawine zum Opfer fiel, aber das Schicksal konnte sich ja etwas anderes ausgedacht haben.

Normalerweise wurden Geburtstage bei uns nicht groß gefeiert. Sollte mein Mann in diesem Jahr den 29. Juni, also seinen siebenundvierzigsten Geburtstag, wohlbehalten überstehen, würde ich jedoch den nächsten Tag mit ihm als Beginn seines neuen Lebens feiern: Für den 30. Juni hatte ich extra eine Flasche Sekt gekauft. Unsere drei erwachsenen Kinder sollten mit uns am Abend auf Papas neues Lebensjahr anstoßen. Zuvor ereignete sich zudem noch etwas äußerst Erfreuliches.

Versöhnung

Mitte Juni waren, wie alljährlich, unsere ersten Sommergäste angereist und hatten uns am 29. Juni wieder verlassen. Am nächsten Nachmittag war ich gerade damit beschäftigt, die gewaschene und gebügelte Bettwäsche in den Schrank zu räumen, da rief Ferdinand: »Mami, da stehen fremde Leute vor unserer Tür!«

Da unsere Nachfolgegäste ihre Zimmer bereits am Vortag bezogen hatten, nahm ich an, es seien neue Interessenten auf der Suche nach einem Quartier. Ich eilte also zur Haustür, um ihnen zu erklären, dass bei uns alle Zimmer belegt seien. Wie staunte ich aber, dass ich in bekannte Gesichter blickte, die mich verlegen anlächelten! Vor mir stand ein Ehepaar, das fünfundzwanzig Jahre lang seinen Urlaub auf unserem Hof verbracht hatte. Doch seit dem Tag, als meine Schwiegermutter ausgezogen war, hatten sie sich nicht mehr blicken lassen. Auch andere Urlauber waren uns von dem Tag an ferngeblieben. Das machte uns nichts aus, weil wir ja genügend anderweitige Nachfragen bekamen, ich hatte mich lediglich darüber gewundert.

Als die Frau auf mich zutrat und mir die Hand reichte, entdeckte ich, dass sich hinter ihnen meine Schwiegermutter versteckt hielt. In diesem Moment wurde mir klar, dass sie wohl einige von unseren

Gästen abgeworben und mit zu ihrer Tochter genommen haben musste. Vermutlich hatte sie diese Urlauber mit einseitigen Informationen über mich versorgt.

Warum aber tauchten diese Gäste mitsamt meiner Schwiegermutter so plötzlich bei uns auf? Zunächst bat ich die drei in unsere Stube und setzte ihnen etwas zu trinken vor. Wir wussten alle vier nicht so recht, worüber wir reden sollten, deshalb wählten wir ein Verlegenheitsthema: das Wetter. Aber was gab ein sonniger Tag in dieser Hinsicht schon viel an Gesprächsstoff her?

»Was macht Paul?«, kam es endlich von meiner Schwiegermutter. Eigentlich eine nahe liegende Frage, wenn die Mutter im Haus ihres Sohnes Besuch machte.

»Der ist auf dem Feld, um die letzte Fuhre Heu zu holen.«

»Und die Kinder?«

»Petra und Franz-Josef sind auf der Arbeit, und Matthias hilft seinem Vater beim Heueinbringen. Soll ich den Ferdinand hinausschicken, damit er die beiden heimholt?«, bot ich an.

»Nein, nein, nicht nötig. Sie müssen ja fertig werden. Außerdem will ich mit dir reden. Komm mal mit in die Küche.«

Höchst interessiert, aber dennoch etwas misstrauisch begleitete ich sie. Schwerfällig ließ sie sich auf einen Stuhl fallen. Ich setzte mich ihr gegenüber auf die Bank.

»Gell, wir zwei sind doch immer gut miteinander ausgekommen?«, begann Zenta.

Diese Aussage verschlug mir die Sprache. Als ich sie endlich wiedergefunden hatte, antwortete ich wahrheitsgemäß: »Nein, das kann ich nicht sagen. Aber das ist vorbei. Alles vergeben und vergessen.«

Doch sie schien noch etwas auf dem Herzen zu haben. Offensichtlich wusste sie nicht, wie sie beginnen sollte. Um ihr den Anfang zu erleichtern, fragte ich: »Nun, wie ist's dir denn bei Katharina ergangen?«

Da platzte es aus ihr heraus: »Ich musste jetzt zehn Jahre für das büßen, was ich dir angetan habe.«

In Wirklichkeit hatte sie nur gut fünf Jahre bei ihrer Tochter gewohnt, demnach mussten ihr diese wie zehn Jahre vorgekommen sein. Noch ehe ich ein Wort dazu äußern konnte, spazierte unser Jüngster herein.

In dem Augenblick, als er Zenta entdeckte, steuerte auf sie zu und reichte ihr unaufgefordert die Hand: »Hallo, Oma!«

Über diese freundliche Begrüßung war sie so gerührt, dass sie in ihrer Handtasche kramte und einen Hundert-Schilling-Schein zutage förderte, den sie dem kleinen Enkel in die Hand drückte.

Ferdinand, hocherfreut über den unverhofften Geldsegen, stellte sich auf die Zehenspitzen, drückte der Großmutter ein Busserl auf die runzlige Wange und rief: »Danke, liebe Oma! Das Geld steck ich sofort in mein Sparschwein!« Und weg war er.

Zurück blieb eine verdutzte Großmutter mit einem Strahlen im Gesicht. »Der mag mich ja!«

»Warum sollte er dich nicht mögen?«

»Ja, hast du ihn denn nicht gegen mich aufgehetzt?«, erkundigte sie sich vorsichtig.

Darauf meine Gegenfrage: »Warum sollte ich? Mit dem Verhältnis, wie es zwischen uns bestand, hat er absolut nichts zu tun. Er soll sich seine Meinung selbst bilden. So habe ich es mit all unseren Kindern gehalten.«

Da kullerten ihr doch tatsächlich ein paar Tränen aus den Augen, die sie verstohlen wegwischte. Beklommen schwiegen wir beide eine Weile, bis sie erneut das Wort ergriff: »Es ist mir nicht leichtgefallen, herzukommen. Aber bevor ich die Augen für immer schließe, muss ich dir eins sagen: Ich bin so froh, dass du meinen Sohn geheiratet hast! Eine Bessere hätte er nicht finden können.«

Da konnte auch ich meine Tränen nicht mehr zurückhalten. Am liebsten hätte ich die alte Frau in die Arme genommen und herzlich gedrückt. Doch solche Gesten waren bei uns damals nicht üblich. Stattdessen nahm ich ihre Hände in die meinen und hielt sie lange Zeit fest, während uns beiden die Tränen über die Wangen rollten.

Nachdem meine Schwiegermutter mit den beiden Gästen wieder abgefahren war, blieb ich ziemlich aufgewühlt zurück. Ich glaube, so glücklich bin ich in meinem ganzen Leben noch nicht gewesen. Mir kam es vor, als sei mir eine Zentnerlast von der Seele genommen worden. Dass diese zähe alte Bäuerin zu so später Einsicht gekommen und über ihren eigenen Schatten gesprungen war, konnte ich kaum fassen.

Anschließend versuchte ich, das Ganze zu analysieren. Dass sie ausgerechnet einen Tag nach dem siebenundvierzigsten Geburtstag ihres Sohnes erschienen war, konnte kein Zufall sein! Wahrscheinlich glaubte sie selbst an ihren Fluch und litt bis dahin ebenso wie ich darunter. Vermutlich hatte sie sogar jahrelang gebetet, dass er sich nicht erfüllen möge. Und nun, da sie sich davon überzeugen konnte, dass er nicht in Erfüllung gegangen war, empfand sie gewiss eine ebenso große Erleichterung wie ich.

Verständlich, dass sie sich nach so langer Zeit nicht allein zu uns traute. Ihr »Geleitschutz« in Form unserer ehemaligen Feriengäste verlieh ihr eine gewisse Sicherheit. Nach der Äußerung, dass sie zehn Jahre gebüßt habe, verstand ich auch, warum sie sich nicht von ihrer Tochter Katharina hatte bringen lassen.

Ihre Entschuldigung, das späte Geständnis, dass sie froh darüber sei, dass ich ihren Sohn geheiratet hatte, blieb die eine Sache. Und ich war sicher, dass sie mit sich selbst ins Reine kommen wollte, bevor sie diese Erde verließ.

Am Abend, als unsere Großen von der Arbeit zurückkehrten und der Kleine bereits schlief, konnten wir frohen Herzens mit Sekt anstoßen und den Beginn von Papas neuem Leben, ja, unser aller neuem Leben feiern.

Dass es für Oma höchste Zeit gewesen war, ihre letzten Dinge zu regeln, erfuhren wir schon bald. Wenige Wochen nach ihrem Besuch bei uns begann sie zu kränkeln und stand von ihrem Krankenlager nicht mehr auf. Der Arzt stellte Wasser in den Beinen fest, das langsam aufstieg, weil Herz und Nieren nicht mehr richtig arbeiteten.

Vielleicht hatte sie sich so lange aufrecht gehalten, um mit mir Frieden zu schließen, bevor sie von dieser

Welt abtrat. Wir besuchten sie noch mehrere Male, und bei jedem Besuch erschien sie uns schwächer. Sie wirkte aber durchaus zufrieden.

Alle ihre Kinder, Schwiegerkinder und Enkel besuchten sie am Sterbebett, wo sie jedes Einzelne segnete. Noch bevor das Jahr zu Ende ging, mussten wir sie begraben, sie starb im neunundachtzigsten Lebensjahr.

Als wir nach der Beerdigung beisammensaßen, erzählte ich meinen Schwägerinnen, dass sich ihre Mutter bei mir für ihr Verhalten entschuldigt hätte. Das konnten oder wollten diese nicht glauben, es war mir aber auch nicht wichtig. Für mich zählte nur, dass diese Frau die Größe besessen hatte, ihren Fehler einzugestehen, womit sie mir für mein weiteres Leben eine neue Perspektive eröffnete. Es gab noch einen weiteren, rein äußerlichen positiven Effekt. Nach der Versöhnung verlor ich ganz allmählich meinen Kummerspeck, sodass ich seitdem mit meiner Figur völlig zufrieden bin.

Seit ihrem Tod sind zwanzig Jahre vergangen.

Inzwischen hielt der technische Fortschritt bei uns Einzug. Mitte der Neunzigerjahre bekamen wir einen privaten Telefonschluss, ebenso wie alle umliegenden Höfe. Deshalb baute die Telefongesellschaft die Zelle mit dem öffentlichen Fernsprecher in unserem Hausgang ab, und das Hinweisschild neben der Haustür verschwand. Bald nachdem das private Telefon bei uns installiert war, bekamen wir auch einen Internet-Anschluss. Über diesen wurden fortan die Zimmer vermietet, niemand musste noch »an der Haustüre nachfragen«. Selbst in vielen anderen Bereichen wurde uns der Computer bald unentbehrlich, selbst im Stall.

Unsere Kinder haben alle einen Beruf erlernt, der sie ernährt. Sie sind aus dem Haus und haben eigene Familien. Nur Matthias, unser ältester Sohn, ist auf dem Hof geblieben. Nachdem sein Vater vor zwei Jahren in den Ruhestand getreten ist, hat er ihm das Anwesen übergeben, ohne dass es unter den Geschwistern Neid und Streit gab. Damit unser Ältester schalten und walten kann, wie er das für richtig hält, zogen wir uns völlig zurück. Unten im Dorf kauften wir uns ein kleines Haus, also weit genug weg vom Bärenhof, damit ich erst gar nicht in Versuchung komme, als »böse Schwiegermutter« im Haus herumzugeistern. Wenn wir gebraucht werden, sind wir allerdings zur Stelle, sei es, dass mal ein Enkel zu hüten ist oder der Sohn Vertretung im Stall braucht.

Im Übrigen führen wir unser eigenes Leben. Seit mein Mann Pensionist ist, kann er sich endlich einen lang gehegten Traum erfüllen: Von Kind auf bedauerte er stets, dass zu seinem Hof keine Alm gehörte. Deshalb träumte er jahrzehntelang davon, einst als Senn zu arbeiten.

Auch als Paul sich entschloss, Almler zu werden, schauten wir ins Internet, um nach einem geeigneten Objekt zu suchen. Eine Alm zu kaufen – auf die Idee wäre er gar nicht gekommen, zum Kauf wurde auch gar nichts angeboten. Es gab auch nur wenige Almen, für die man einen Pächter suchte. Dagegen standen viele Suchende im Netz, die für einen Sommer eine Alm bewirtschaften wollten. Deshalb stellten wir selbst eine Suchanzeige in das entsprechende Internet-Portal.

Noch bevor sich jemand darauf meldete, kam ich auf einer Fußwallfahrt mit einer Frau ins Gespräch. Beiläufig erwähnte sie, dass sie einen Almler für ihre Berghütte suche. Am folgenden Tag schon schauten wir uns diese Hütte mit den umgebenden Bergweiden an.

Begeistert entschloss sich Paul, hier Senner zu werden. Von dieser Alm war ich ebenfalls sehr angetan, denn ganz in der Nähe gab es ein Gasthaus mit einem Alm-Shop, für den man eine Verkäuferin suchte. Da war ich wieder in meinem Element.

Am Abend aber, nach getaner Arbeit, saßen mein Mann und ich häufig auf der Bank vor der Hütte und schauten schweigend in den Sonnenuntergang. Dabei ließ ich mehr als einmal mein Leben Revue passieren und kam zu folgender Erkenntnis: Im Alter von zwanzig Jahren sollte man nicht unbedingt in einen Bauernhof einheiraten, noch dazu in einen mit Vermietung und einer Schwiegermutter, die einem nicht wohlgesonnen ist. Doch verliebt wie ich war, stürzte ich mich in dieses Abenteuer und ließ alles über mich ergehen. Mit meinem heutigen Wissen und meinem heutigen starken Selbstwertgefühl hätte ich mir längst nicht alles von ihr gefallen lassen. Mit Sicherheit hätte ich den Aufstand geprobt und sie in ihre Schranken gewiesen. Aber was nützt alles »Wenn« oder »Hätte-ich«, das Rad der Zeit lässt sich nicht mehr zurückdrehen. Mit zwanzig war ich eben noch ein dummes Ding und verliebt, ja, so verliebt, dass ich nicht sehen konnte und sehen wollte, was auf mich zukommen würde.

Rückblickend muss ich mir trotzdem eingestehen, dass es kein Fehler gewesen war, meinen Paul so früh geheiratet zu haben. Er ist der beste Mann, den man sich wünschen kann, und er hielt immer zu mir, obwohl es für ihn oft schwierig gewesen sein muss. Gleichzeitig ist und bleibt er für mich auch der beste Freund. Bei ihm kann ich alles loswerden, was mir auf der Seele liegt.

Wenn wir so dasitzen und den Sonnenuntergang betrachten, dann denke ich: *Alles, was ich erlebt und durchgemacht habe, musste so sein.* Voller Dankbarkeit erkenne ich, dass ich dadurch gereift bin und zu dem Menschen wurde, der ich heute bin. Ich bin unendlich dankbar dafür, dass ich meinen Mann behalten durfte und wir beide noch gesund genug sind, um auch in Zukunft vieles gemeinsam unternehmen zu können. Vielleicht schenkt mir der liebe Gott noch einige geruhsame Jahre mit meinem Paul.

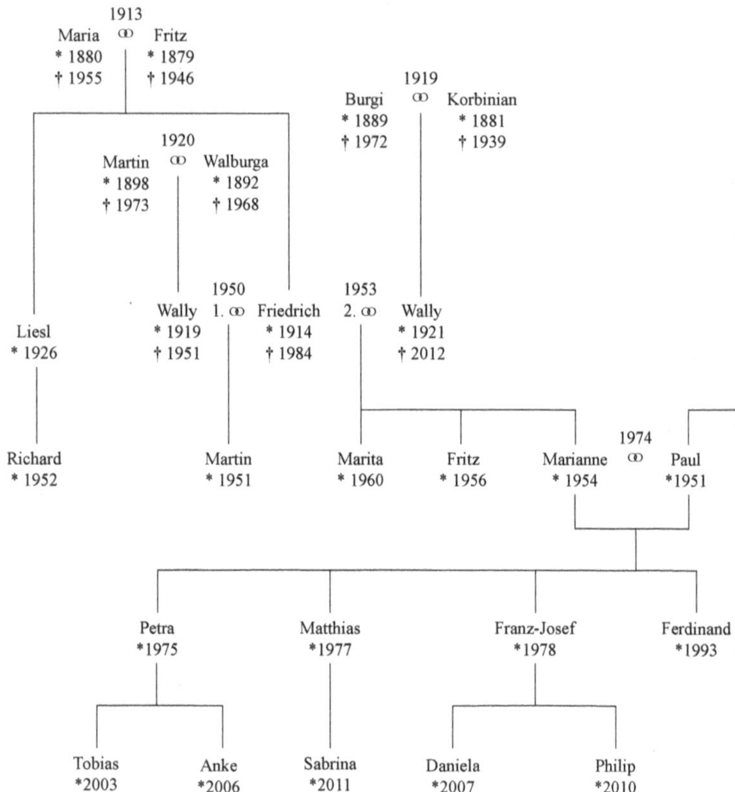
1913
Maria ∞ Fritz
* 1880 * 1879
† 1955 † 1946
1919
Burgi ∞ Korbinian
* 1889 * 1881
† 1972 † 1939
1920
Martin ∞ Walburga
* 1898 * 1892
† 1973 † 1968
1950 1953
Wally 1. ∞ Friedrich 2. ∞ Wally
* 1919 * 1914 * 1921
† 1951 † 1984 † 2012
Liesl
* 1926
Richard
* 1952
Martin
* 1951
Marita
* 1960
Fritz
* 1956
1974
Marianne ∞ Paul
* 1954 *1951
Petra
*1975
Matthias
*1977
Franz-Josef
*1978
Ferdinand
*1993
Tobias
*2003
Anke
*2006
Sabrina
*2011
Daniela
*2007
Philip
*2010

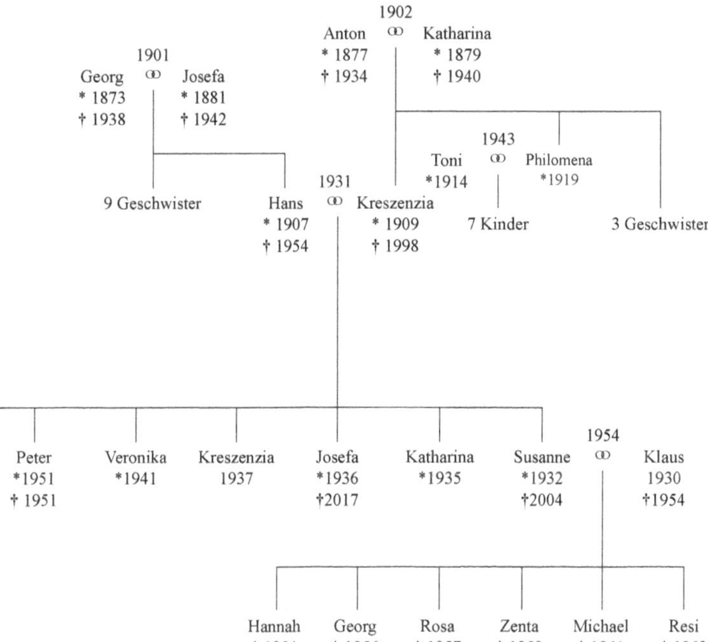
1902
Anton
* 1877
† 1934
Katharina
* 1879
† 1940
1901
Georg
* 1873
† 1938
Josefa
* 1881
† 1942
1943
Toni
*1914
Philomena
*1919
9 Geschwister
1931
Hans
* 1907
† 1954
Kreszenzia
* 1909
† 1998
7 Kinder
3 Geschwister
Peter
*1951
† 1951
Veronika
*1941
Kreszenzia
1937
Josefa
*1936
†2017
Katharina
*1935
1954
Susanne
*1932
†2004
Klaus
1930
†1954
Hannah
* 1954
Georg
* 1956
Rosa
* 1957
Zenta
* 1959
Michael
* 1961
Resi
* 1963

Von Roswitha Gruber bereits erschienen

Sommererde
320 Seiten
ISBN 978-3-475-54716-4

Die vierzehnjährige Maria, Tochter eines armen Bergbauern, muss nach dem Tod der Mutter ihre 12 Geschwister aufziehen. Später wird sie Lehrerin, muss jedoch ihren Beruf aufgeben, als sie ihre große Liebe Josef heiratet. Um das Überleben der bald siebenköpfigen Familie zu sichern, sehen sich die Eltern schließlich dazu gezwungen, ihre zehnjährigen Zwillingstöchter als Mägde in Dienst zu schicken. Die beiden Mädchen Hanni und Berta müssen allerlei erdulden und viele Schwierigkeiten überwinden, bevor sie endlich ihre eigenen Wege gehen dürfen.

Informationen zu unserem Verlagsprogramm finden Sie unter www.rosenheimer.com